FACULTÉ DE DROIT DE PARIS

DE LA CONDITION DU FONDS PROVINCIAL

EN DROIT ROMAIN

DU ROLE ET DES ATTRIBUTIONS

DU CONSEIL DE FAMILLE

EN DROIT FRANÇAIS

PAR

M. LANGLOIS

Avocat à la Cour d'Appel de Paris

PARIS

L. LAROSE ET FORCEL

Libraires-Éditeurs

22, RUE SOUFFLOT, 22

1884

THÈSE

POUR LE DOCTORAT

DE LA CONDITION DU FONDS PROVINCIAL

EN DROIT ROMAIN

DU ROLE ET DES ATTRIBUTIONS
DU CONSEIL DE FAMILLE

EN DROIT FRANÇAIS

THÈSE POUR LE DOCTORAT

Soutenue publiquement devant la Faculté de Droit de Paris

Le Samedi 21 juin 1884, à midi

PAR

M. LANGLOIS

Avocat à la Cour d'Appel de Paris

Président: M. BUFNOIR

Suffragants:
- MM. GÉRARDIN, CAUWÈS, } professeurs.
- LEFEBVRE, BEAUREGARD, } agrégés.

PARIS

L. LAROSE ET FORCEL

Libraires-Éditeurs

22, RUE SOUFFLOT, 22

1884

A LA MÉMOIRE DE MON PÈRE

—

A MA MÈRE

DROIT ROMAIN

INTRODUCTION

Il ne serait pas très hardi d'affirmer que les anciens n'ont point connu le droit des gens. L'ennemi, en ces temps, c'était l'étranger, et vis-à-vis de lui tout était permis. Lorsqu'une guerre éclatait entre deux peuples, il s'agissait alors pour chacun d'eux de combattre, non pour la gloire, pour des conquêtes politiques, mais pour sa vie et ses biens. Les anciens ignoraient les idées du respect de la vie et des biens des sujets de l'État vaincu : ceux-ci, suivant la pratique ancienne, étaient à l'entière discrétion du vainqueur. Les citoyens pouvaient être tués et par grâce étaient réduits en esclavage. Le territoire devenait la propriété du vainqueur. Ce fut ainsi, que durant tout le cours de son histoire, Rome agit avec les peuples soumis. Jurisconsultes et historiens nous disent que le territoire conquis devenait public.

Cette pratique brutale, Rome l'observa aussi bien vis-à-vis de peuples du Latium et de l'Italie, auxquels elle tenait par plus d'un lien, qu'à l'égard des autres peuples, dont nous avons seuls à nous occuper ici.

Nous avons dit que le territoire conquis devenait public, c'est-à-dire propriété de l'État romain, et non point des soldats, ni collectivement de l'armée qui s'en était emparée, alors qu'au contraire le butin mobilier, également réservé à l'État en principe, devenait souvent la propriété de celui-là même qui s'en était saisi. Doneau nous en donne très bien la raison juridique. Si les objets mobiliers enlevés à l'ennemi devenaient la propriété du premier occupant, du moins dans certains cas, c'est qu'à leur égard la possession individuelle, et l'acquisition d'une propriété particulière résultant de celle-ci, se conçoit très bien. Il n'en est pas de même pour le sol : *Non potest autem obtineri ea possessio*, dit Doneau, *quæ ab hostibus retinetur utpote nondum devictis, aut expulsis. Postquam autem devicti sunt aut expulsi hostes, exinde omnia hostium veniunt in jus et potestatem victoris, cui ad eam rem milites et duces navant bello operam non sibi* (1). C'est au nom et comme représentants de l'État que les soldats envahissent un territoire et s'en emparent ; c'est au profit de celui-ci que se réalisent la possession et l'acquisition de la propriété. Cujas apporte une explication différente : si nous l'avons bien compris il considère que les territoires conquis par les soldats devenaient publics, et non la propriété de ceux-ci, par ce que l'État en avait besoin pour solder et entretenir ses armées. Cette idée ne nous paraît pas exacte : la pratique dont nous parlons remonte en effet aux temps primitifs de Rome, à une époque ou le soldat s'équipait et s'entretenait lui-même (2).

On voit à quelle misérable condition se trouvait réduit le peuple vaincu : celui qui se rendait et qui ne parais-

(1) Doneau, *op. omnia*, t I, col. 781, éd. d'Oswald Hilliger.
(2) Cujas, *op. omnia*, t. III, col. 545.

sait pas assez fort pour exiger quelques ménagements n'était pas mieux traité. Il devait se mettre, corps et biens, à la disposition du peuple romain. Tite-Live nous a conservé le texte de la formule par laquelle les ambassadeurs de Collatie rendirent cette ville à la République : *Dedistis ne vos, populumque Collatinum, urbem, aquam, terminos, delubra, utensilia, divina, humanaque omnia in meam, populique romani ditionem,* leur demanda le magistrat romain. *Dedimus*, répondirent-ils. *At ego recipio*, conclut le magistrat.

Le peuple qui passait ainsi sous le joug romain perdait toute nationalité : deditius, il était à l'entière disposition de la République.

Cette condition exceptionnelle parmi les sujets Italiens de Rome, fut générale chez ses sujets étrangers. Sa première conquête hors de l'Italie fut la Sicile. Elle la frappa immédiatement d'un nom, qu'elle devait donner à toutes les autres, et qui, dans les idées romaines, exprimait bien clairement l'humble situation des vaincus, et leur devait toujours rappeler leur défaite. La Sicile reçut le nom de provincia, et s'il faut en croire Festus, ce mot dérivait de *provincere : Nomen*, dit-il *venit, inde quod populos eos Roma provicit.* Si l'on accepte cette explication, les provinciaux, c'étaient les vaincus. Les modernes ont à la vérité proposé une autre étymologie. Provincia serait un dérivé de vincire, peu usité, et qui signifie lier : son sens primitif serait charge, fonction (1) : la province ce serait alors la charge, le soin proposé, l'affaire personnelle, de celui qui est chargé de la gouverner, selon les expressions de M. Fustel de Coulanges (2). Ainsi

(1) M. Bergaigne, *le Nom de la Province romaine* (Biblioth. de l'École des hautes études), t. XXIV, p. 115 et suiv.

(2) *Cité antique*, p. 458.

entendu le mot provincia indique encore bien la sujétion des pays soumis à Rome.

Ces considérations générales nous ont paru nécessaires pour faire comprendre que la situation inférieure, dans laquelle on trouve ce que l'on peut à peine appeler la propriété provinciale, n'était que la résultante, la conséquence même des idées des anciens sur les rapports internationaux : elles sont dès à présent suffisantes pour faire prévoir quelle sera cette condition.

PREMIÈRE PARTIE

DE LA NATURE DU DROIT EXISTANT SUR LES FONDS PROVINCIAUX.
— AGRI ASSIGNATI. — AGRI COLONICI. — AGRI REDDITI —
AGRI DIMITATE.

Que faisait Rome des territoires conquis hors de
l'Italie, des territoires provinciaux, en un mot?

Une partie du sol ainsi acquis à la République était
intégralement maintenu dans son domaine; il restait à
son entière disposition, et ne faisait l'objet d'aucun
contrat. Il était, lorsqu'il ne recevait pas quelque destination spéciale, abandonné à l'usage commun de tous.
Chacun y pouvait mener paître ses troupeaux, moyennant telle redevance par tête de bétail: cette espèce de
loyer s'appelait scriptura. Chacun s'emparait de toute
l'étendue de terrain qu'il pouvait occuper et cultiver, et
même quelquefois de plus, de tout ce qu'il pouvait espérer cultiver, nous disent les agrimensores. La part que
chacun se taillait ainsi soi-même dans le sol public s'appelait possessio, ager occupatorius, parce que le titre de
chacun n'était que dans l'occupation qu'il avait réalisée;
et parce que, détenteur précaire et sans droit sur le
fonds vis-à-vis de l'État, celui qui le possédait ne pouvait en aucune façon se qualifier autre chose que possesseur. Celui qui jouissait ainsi du sol public payait
aussi une redevance appelée vectigal. — Ces possessiones
n'étaient l'objet d'aucune limitation officielle (1), et, s'il

(1) *Nullum æs, forma erat horum agrorum.* Sic. Flac., p. 138.
éd. L.

en était fait quelqu'une par les particuliers, elle n'obligeait personne. — A raison de cette absence de limites, elle portait aussi le nom d'agri arcifinii, ou arcifinales. Siculus Flaccus nous explique ce mot : *Deinde, ut quisque virtute colendi quid occupavit, arcendo vicinun, arcifinalem dixit* (2). Ces terres auraient été ainsi appelées parce qu'elle n'avaient d'autres limites que celles qui se trouvaient en quelque sorte imposées à l'occupant par la résistance de ses voisins, et qu'il avait réussi à atteindre en repoussant ceux-ci, *fines ab arcendo.*

L'État affermait une autre partie de son domaine moyennant un vectigal.

Une autre partie était ordinairement affectée à récompenser les soldats vétérans. Les champs ainsi attribués aux vieux soldats, in præmio, faisaient ordinairement l'objet d'une limitation, d'une division officielle, que nous décrirons tout à l'heure.

Il pouvait arriver aussi que Rome, afin de contenir le pays vaincu, y fondât une colonie. Longtemps Rome ne créa point de colonies hors de l'Italie. La première colonie provinciale fut Carthage, dont l'établissement fut décrété en 632 sur les instances de Caïus Gracchus : édifiée sur l'emplacement de l'ancienne Carthage, que Scipion avait dévouée aux dieux, après avoir détruit cette ville, la colonie romaine perdit bientôt son titre, et ce ne fut plus qu'une assignation. Ces colonies étaient ou des fondations civiles ou des fondations militaires, Avec ce dernier caractère, elles se multiplièrent sous Auguste en Espagne, dans la Gaule Narbonnaise, la Sicile, la Macédoine et la Grèce.

Le territoire assigné à ces colonies faisait l'objet

(2) P. 138, éd. Lachmann.

d'une limitation officielle et solennelle, dont le plan, æs ou forma, était déposé en un exemplaire dans les archives impériales.

Cette division ou limitation du territoire se faisait suivant des règles que nous allons très brièvement résumer.

L'agrimensor qui accompagnait toute expédition coloniale, se plaçait en esprit au nord, où les anciens avaient imaginé généralement être la demeure des dieux. Dans cette position idéale, il traçait mentalement d'arrière en avant une ligne idéale, que ses aides portaient sur le terrain et qui était ainsi dirigée du nord au midi. Se plaçant ensuite de manière à avoir le midi à sa gauche et le nord à sa droite, il traçait une deuxième ligne qui coupait la première à angle droit. La première s'appelait cardo, la seconde decumanus. Par le cardo et le decumanus le territoire se trouvait aussi partagé en quatre sections. Celle qui se trouvait à droite et en arrière de l'agrimensor, en le supposant placé au point d'intersection du cardo et du decumanus, ayant le nord à droite et le midi à gauche, s'appelait dextra postica : celle qui se trouvait à droite et en avant était nommée dextra antica : les deux régions placées à sa gauche, c'est-à-dire au midi s'appelaient l'une sinistra postica, la seconde sinistra antica. Il restait alors à l'agrimensor à fixer les bornes de chacune de ces quatre régions illimitées. A cet effet deux lignes perpendiculaires étaient menées sur le cardo à une certaine distance à droite et à gauche parallèlement au decumanus, et sur le decumanus de la même manière parallèlement au cardo. Tout ce tracé de lignes déterminait un grand rectangle.

Restait alors à diviser ce rectangle en lots. Pour fractionner ainsi la région, des lignes étaient menées a égale distance à l'intérieur du grand rectangle perpendi-

culairement au cardo et parallèlement au decumanus et
d'autres étaient menées de la même manière perpendi-
culairement au decumanus et parallèlement au cardo, de
façon à déterminer sur le terrain une série de petits
rectangles égaux qui portait le nom de centuria, et dont
la contenance était de deux cents jugera. On subdivisait
ensuite ces centuries en lots dont l'importance varia avec
les nombres des terres disponibles et la libéralité de
ceux qui faisaient les assignations, et qui étaient eux-
mêmes l'objet d'un bornage solennel et officiel.

Les agrimensores suivirent d'abord de tout point les
règles que nous venons d'indiquer : mais nous devons
signaler, pour n'être pas accusé d'erreur, qu'ils modi-
fièrent ensuite leur pratique. Au lieu de se placer pour
tracer les decumanus le visage à l'ouest, ils regardent
l'orient. De là dans le nom des régions une transposi-
tion de noms que le lecteur fera facilement lui-même.

Sur le tracé du grand decumanus et du grand cardo
on ouvrait deux larges voies, et des cheminots sur celui
des *limites decumani et cardines*. Ainsi s'appelaient les
lignes menées parallèlement au cardo et au decumanus.

Quant aux limites-bornes de chaque lot, elles portaient
le nom de fines. Les fines étaient constituées par un
espace de cinq pieds placés entre les deux propriétés
voisines.

Les terres dont nous venons de parler, agri assignati
et agri colonici, constituent donc des agri limitati.

Agri limitati étaient aussi des terres que le peuple romain faisait vendre aux enchères par le questeur. Ces
terres étaient tenues par leurs acquéreurs moyennant
une redevance annuelle ou vectigal.

Enfin, à moins que la République n'eût d'énormes
griefs contre les vaincus, elle rendait à ceux-ci partie de

leur territoire, en les soumettant au payement d'une redevance appelée vectigal. Cette restitution était faite ou
à titre collectif, comme celle qui fut faite aux villes de
Sicile (1), ou a titre individuel et de grâce particulière,
s'il faut en croire Siculus Flaccus (2). Lorsque partie de
son terrain était ainsi rendu à une ville conquise, il pouvait être procédé à une divisio, c'est-à-dire à une limitation solennelle semblable à celle qui était pratiquée
lors de la fondation d'une colonie. Ordinairement et régulièrement elle en différait en un point. Les *limites*
tracées à l'intérieur du rectangle inscrit dans le territoire
étaient disposées et sectionnées de façon à s'interrompre
pour reparaître ensuite sur leur direction de manière à
former au lieu de figures rectangulaires identiques, des
rectangles dont les côtés decumani étaient plus longs
que les côtés cardines, et d'autres présentant la figure
inverse. Les premiers s'appelaient strigæ, les seconds
scamna. On opposait ce procédé à la limitation *more
calonico* que nous avons précédemment décrite (3). —
Lorsque le territoire avait été ainsi délimité, il restait à
poser les bornes indiquant les limites de chacune des
propriétés comprises dans la figure décrite sur le terrain
par l'agrimensor. Ces bornes portaient une inscription
indiquant que le sol conquis par le peuple romain avait
été restitué par lui et ainsi conçue : *Occupati a privatis
fines. P. R. (populus romanus) restituit* (4). Ces agri
étaient alors dits divisi et limitati.

Quels étaient les différents droits des possesseurs sur

(1) Cic. *In Verr.* 2 act., III.
(2) P. 155 éd. Lachmann.
(3) Frontinus, p. 3. Hyginus, p. 117, éd. Lachmann.
(4) Hyginus, p. 112, éd. Lachmann.

ces fonds, acquis de différentes manières, traités, même jusqu'au bornage, de différentes façons ?

Sur deux de ces classes d'agri il ne peut y avoir de doute. Les possessiones et les agri vectigales, qui ne sont point particuliers aux provinces et qu'on retrouve en Italie, sont la propriété véritable de l'État. Le possesseur des possessiones n'est qu'un détenteur précaire, dont l'État peut, quand il lui plaît, révoquer la concession. Le possesseur de l'ager vectigalis n'est qu'un fermier à long bail, à bail perpétuel, avec un droit réel sur l'objet affermé, qui peut lui être repris s'il n'acquitte pas sa redevance.

Mais quels sont les droits du possesseur de l'ager redditus ?

Est-ce un droit spécial aux provinces qui lui appartient ? Est-ce le même droit qui est attribué aux acquéreurs des agri quæstorii, agri assignati, agri colonici ?

Un premier point est complètement hors de doute aujourd'hui : les agri redditi dont la jouissance était laissée aux vaincus n'étaient point susceptibles du dominium ex jure Quiritium. Les Romains, comme tous les peuples, avaient donné à la propriété une organisation spéciale : elle s'acquérait et se transmettait suivant des modes déterminés, cessio in jure, mancipatio, usucapio. Ce système constituait une propriété civile quant à son objet, c'est-à-dire qui ne pouvait s'appliquer qu'aux fonds situés dans le territoire même de la cité, et qui ne s'appliqua effectivement d'abord qu'aux fonds romains, à ce qui formait l'ager romanus. Lorsqu'un territoire se trouvait conquis à la République, pas plus que le peuple vaincu lui-même, il n'acquérait la cité ; le sol, comme les habitants, restait étranger, et constituait l'ager peregrinus.

Mais à une époque qu'il est impossible de préciser, mais qu'on peut considérer comme très rapprochée de l'extension à tous les Italiens du droit de cité, à laquelle aboutit la guerre sociale, le sol de toute l'Italie fut rendu susceptible du dominium ex jure Quiritium, et si la qualification d'ager romanus n'y fut point appliquée, du moins l'assimilation juridique avec celui-ci fut-elle complète (1).

Jamais semblable droit ne fut étendu aux provinces, quelques territoires seulement reçurent le privilège du jus italicum, que nous étudierons, et ainsi furent élevés à la condition juridique du sol italien.

Ainsi donc le solum provinciale n'était point susceptible de mancipation ni d'aucun de ces modes de transmission spéciaux au droit quiritaire ; en résumé, n'était point soumis au régime spécial de la propriété foncière imaginé par les Romains.

Mais quelle sorte de droit existait donc sur ces fonds provinciaux ? Le nom même de ce droit ne peut rien nous apprendre de sa nature : les dénominations sous lesquelles il est désigné sont vagues : il est tour à tour qualifié dominium, comme le dominium ex jure Quiritium lui-même, proprietas, terme qui n'est point du tout une désignation propre à ce droit, et n'a point été créée à son occasion, mais est bien au contraire complètement synonyme du mot dominium et, avec autant d'énergie, est employé pour signifier le dominium ex jure Quiritium : fructus et possessio s'y appliquent également, ce sont

(1) Sur l'étendue de l'ager romanus proprement dit. Voyez : *Dict. des Antiquités* de Daremberg, V° *Ager romanus*.

les termes que l'on trouve dans les courts passages où les auteurs ont essayé de préciser ce droit. Le mot possessio nous apparaît ici, comme en nombre de cas, comme indiquant qu'il s'agit d'un droit, non pas d'origine romaine et ancienne, mais d'un droit étranger à l'ancien droit civil romain.

Quant à sa nature même, voici que nous en disent les auteurs : Gaïus s'exprime d'abord ainsi à propos de la question de savoir si une inhumation rend religieux un fonds provincial : *Sed in provinciali solo placet plerisque solum religiosum non fieri, quia in eo solo dominium populi romani est vel Cæsaris : nos autem possessionem tantum et usumfructum habere videmus* (1).

L'agrimensor Frontinus nous donne une définition analogue : *Possidere enim illis quasi fructus tollendi causa et præstandi tributi condicione concessum est* (2).

De ces deux définitions paraît ressortir d'une façon évidente que le dominium même du sol résidait dans la personne du peuple romain ou de l'empereur, selon qu'il s'agissait d'une province de César, ou d'une province du peuple. Elles sont encore corroborées par ce que nous dit Théophile sur le § 40 du Liv. II des *Institutes, de divisione rerum.* — Nous donnons la traduction latine de ce passage : *Qui olim ex concessione populi vel principis stipendaria vel tributaria prædia habebant, domini non erant : non dominium illorum erat aut apud populum aut apud principem : sed usum et fructum eorum ita habebant, et plenissimam possessionem, et ut transferre possent in alios et ad hæredes transmittere.*

Si de ce passage il semble résulter que les fonds pro-

---

(1) II, 7.
(2) P. 36, éd. Lachmann.

— 13 —

vinciaux n'étaient point la propriété de ceux qui les
possédaient, il en ressort également que néanmoins ils
pouvaient être aliénés entre vifs et transmis à cause de
mort soit par testament soit ab intestat. Ceci pourrait
au besoin être confirmé par les passages du *Pro Flacco*
où Cicéron nous parle de ventes de fonds situés en Asie,
et des confiscations faites par Verrès des hereditates
échues (1) à divers habitants de la Sicile. Ces droits reconnus aux possesseurs des fonds provinciaux, Théophile
les résume en trois mots : *usus* (χρῆσις), *fructus* (ἐπικαρπία),
plenissima possessio (πληρεστατη κατοχή). — Ainsi si ces possesseurs n'étaient point propriétaires ; ils avaient dans le
commerce privé tous les avantages que peut conférer
ce titre, jouissant et disposant du fonds comme ils l'en-
tendaient.

Ceux qui, s'en tenant aux textes, ont accepté les conséquences qui en découlent nécessairement sont arrivés
à une doctrine qui peut se formuler ainsi : — Les possesseurs des fonds provinciaux n'en avaient point la
propriété de droit, mais une propriété de fait, qui dans
le commerce privé produit des effets aussi énergiques
qu'une vraie propriété, et que l'État romain à respectée,
en ne portant jamais atteinte à leur jouissance, et en
n'usant point de son droit de propriété incontestable cependant : aussi les agri provinciales pouvaient-ils être
qualifiés sans inexactitude d'agri privati. Le vectigal
payé par eux est une sorte de fermage du sol qu'ils
exploitent. Les idées des Romains sur l'impôt foncier
étaient toutes différentes de celle des économistes modernes. Ils ne le concevaient que « comme l'indice et le
signe permanent d'un droit supérieur » (2).

(1) *In. Ver.* 2 act., III.
(2) M. Accarias.

Ce système, qui n'est que la traduction des passages de Gaïus, de Frontin et de Théophile que nous avons rapportés, n'est cependant pas sans adversaires, et il a été repoussé par MM. de Savigny et Niebuhr.

M. Pellat résume ainsi dans une note sur une dissertation de M. de Savigny relative aux impôts romains, l'opinion du romaniste allemand : « Ce domaine éminent, n'était qu'une fiction imaginée par les publicistes pour expliquer l'impôt foncier. Il n'avait aucune existence réelle, et il n'est pas indispensable de l'admettre pour expliquer l'impossibilité du domaine quiritaire dans le territoire provincial » (1).

Quant à Niebuhr, il ne nie pas qu'on ait à une certaine époque considéré et traité les fonds provinviaux comme propriété du peuple ou de César : mais ce serait là, suivant lui, une injustice, et une violation de la loi primitive, qu'il explique de la manière suivante : « En Irlande, l'ignorance du droit du pays amena, après la révolte de Tyrone, la confiscation des biens de tous les sujets des chefs insurgés : on leur appliqua volontiers les principes de féodalité, qui étaient tout à fait étrangers à la nation. Par une semblable ignorance, les tribunaux allemands ont méconnu les droits des possesseurs héréditaires qui ne devaient au seigneur de la terre que des laudèmes, de légers services et des prestations de pure reconnaissance de suzeraineté : ces tribunaux ont décerné à leurs maîtres avides le droit de les réduire à un bail temporaire, et de les expulser à leur gré. C'est absolument ainsi que la jurisprudence romaine s'est méprise sur les terres provinciales. Il est incontestable que déjà sous les Antonins elle attribuait au peuple romain

(1) Thémis, X, p. 252, note 3.

ou à l'empereur la propriété de la terre dans les provinces, selon que l'empereur ou le peuple y était considéré comme souverain » (1).

Dans cette doctrine le vectigal payé par les détenteurs des fonds a *le caractère d'un impôt foncier payé
à l'État comme tel et non comme propriétaire éminent du
sol* (2). Le possesseur du fonds provincial est un véritable propriétaire ; seulement, son droit n'est point cette
propriété qu'avait organisée le droit ancien et original de
Rome ; il conserve vis-à-vis du dominium ex jure Quiritium une infériorité, mais une infériorité purement nominale, et qui ne se traduit que par l'impossibilité où l'on
est de lui appliquer, pour le transmettre, les formes so-
lennelles du droit quiritaire. La conséquence de ce système, la principale et essentielle conséquence qui en
découle est celle-ci : le peuple ou le prince n'ayant
aucun droit dans la chose, ne peut la retirer à son possesseur, sans violer le droit de celui-ci ; une confiscation
opérée sur un tel bien a le même caractère d'injustice et
d'illégalité que celle qui aurait pour objet un fonds italien. Ce défaut de payement du vectigal ne donnerait
lui-même pas ouverture au retrait.

A dire vrai, parmi les auteurs qui considèrent que le
dominium des fonds provinciaux est retenu par le peuple
ou le prince, il en est qui réduisent ce droit à n'être que
purement nominal, un mot. Le droit du possesseur serait
une propriété privée mais non quiritaire, tenue de l'État
sous la réserve d'un domaine éminent et sous la condition du payement d'une redevance : la perception du vectigal serait le seul attribut de ce domaine éminent, et le

(1) Trad. Golbéry, t. III, p. 207.
(2) M. Pellat Thémis, X, p. 253, à la note 2.

fisc non payé n'aurait point le droit de résolution, et ne serait qu'un créancier muni du droit de faire vendre le fonds qui est son gage, comme l'ensemble des biens de son débiteur. Cela revient à dire que le dominium de l'État est une fiction imaginée non par les publicistes, comme le disait M. de Savigny, mais par l'État lui-même, non pour expliquer, mais pour justifier la perception du vectigal.

L'État, en vérité, n'aurait aucun droit dans le fonds : car il ne peut y avoir de domaine éminent au profit du concédant, alors qu'il n'existe pour lui aucune faculté de reprendre la chose concédée : celle-ci est alors complètement et définitivement aliénée.

Quels arguments peut faire valoir chacune de ces doctrines ? Niebuhr et Savigny appuient leur thèse sur un passage de la seconde *Verrine* (III, VI, § 13), où Cicéron fait une opposition entre les villes dont le territoire est échu à Rome par le sort de la guerre, et celles dont le territoire a été laissée aux habitants moyennant le payement d'une dîme. L'orateur, dit Niehbuhr reconnaît par cette opposition que le sol de ces dernières est resté la propriété privée de leurs habitants. Il invoque encore un passage du premier discours du même orateur sur la loi agraire proposée par le tribun Rullus ; le projet présenté par celui-ci exceptait de la vente générale du domaine public qu'il proposait le territoire de Recentore, en Sicile, ager recentoricus. Cicéron dit : « Si cet ager est privatus, il est inutile de l'excepter : il ne saurait être enlevé à ses possesseurs (1). »

Il rappelle enfin un passage de l'agrimensor Fronti-

____

(1) *De lege agraria*, 1, 4, 11.

nus, où il voit une nouvelle opposition entre les *arva publica* et les *agri privati*.

On peut ajouter à tout cela un autre passage de la deuxième *Verrine* (1). Cicéron rapporte qu'un Sicilien poursuivi par Verrès pour n'avoir pas acquitté la dîme, s'est défendu en opposant *se dominum non esse fundi*.

On peut encore faire valoir cette considération : que l'on ne voit nulle part dans les historiens que l'État romain ait jamais invoqué son droit pour déposséder les détenteurs des fonds provinciaux ; que nul auteur antérieur à l'Empire et même à Domitien, puisque Frontinus a écrit, pense-t-on, sous cet empereur, ne nous présente l'impôt comme une redevance payée pour prix de la jouissance de la propriété romaine ; que, alors même que l'Italie était exempte de l'impôt foncier que payaient les provinces en argent ou en nature, une partie de cette région fournissait cependant pour l'alimentation de Rome et des armées une certaine quantité de blé, annona, sans qu'on ait jamais pensé pour cela à dire que les fonds de l'Italia annonaria n'était point la propriété de ceux qui les possédaient ; que lors du partage de l'empire entre les Césars sous Dioclétien, Maximien étendit l'impôt foncier provincial à l'Italie, dont le sol était la pleine propriété de ses détenteurs, sans que cela paraisse avoir heurté les idées des historiens ou des jurisconsultes sur l'impôt : ainsi ce ne serait point du tout à titre de redevance foncière que l'impôt eût été établi dans les provinces, et ce caractère ne lui aurait été attribué que par erreur par certains jurisconsultes, qui se seraient mépris, comme nos publicistes con-

____

(1) III. XXII.

temporains ont erré dans leur théorie sur l'impôt, et en ont donné diverses définitions dont l'inexactitude pourra tromper les historiens de l'avenir. Enfin Aggenus Urbicus dans son commentaire sur le livre de Frontinus, *De condicionibus agrorum*, fait d'une phrase de l'auteur une glose qui paraîtrait donner raison à la doctrine que nous exposons : Frontinus ayant qualifié de publica les fonds provinciaux, Aggenus dit : *Quod publica arva coli dicit, nec ammiremini : nam ideo publica hoc loco eum dixisse existimo, quod omnes etiam privati agri tributa atque vectigalia persolvant.* Aggenus Urbicus, veut expliquer au lecteur pourquoi Frontin a qualifié les fonds provinciaux d'arva publica, pensant que celui-ci pourrait s'en étonner : on peut faire remarquer d'abord sur ce passage que si Aggenus songe à prévenir l'étonnement du lecteur, c'est que cette qualification de publica était inexacte, en second lieu que le commentateur, au lieu d'expliquer l'emploi de cette expression en disant tout simplement que ces fonds sont en effet publics, paraît vouloir dire seulement que cette qualification, peut-être un peu inexacte, peut s'expliquer néanmoins par l'existence de tributa et stipendia, qui sont comme un caractère de ces fonds commun avec ceux qui payent un vertigal, et sont loués à bail perpétuel.

Nous ne croyons cependant pas devoir nous rendre à ces raisons. Si nous les reprenons une à une, nous verrons qu'elles sont peu solides.

D'abord si nous considérons la dernière, nous verrons qu'elle est sans valeur, puisqu'en admettant que tel eût été le sens du passage invoqué, Aggenus Urbicus a pris soin de se refuter lui-même en s'appropriant et en reproduisant le passage de Frontinus que nous avons cité (1).

(1) P. 63, éd. Lachmam.

Voici maintenant les termes du passage de la seconde *Verrine* dont Niebun tire son principal argument : *Perpaucæ Siciliæ civitates sunt bello a majoribus nostris subactæ : quarum ager, quum esset publicus romani populi factus, tamen illis est redditus. Fœderatæ civitates duæ sunt quarum decuma venire non soleant, Mamertina et Tauromenitana.. — Præterea omnis ager Siciliæ civitatum decumanus est.* Selon l'éminent historien allemand, en disant que le territoire de certaines cités est devenu publicus populi romani, tandis que d'autres payent la dîme, l'orateur romain aurait indiqué que ceux-ci étaient restés la propriété de leurs anciens détenteurs. L'opposition que fait Cicéron est différente et s'explique autrement : quand il dit que certains territoires publici romani populi facti sunt, il entend dire par là qu'ils ont été complètement enlevés à leurs habitants, et sont entrés, au moins momentanément dans l'ager publicus placé immédiatement dans l'exploitation par l'État, alors que d'autres ont été laissés aux habitants, mais il ne dit pas qu'en aucune façon ils ne sont devenus la propriété du peuple : les différences de droit et de fait existant entre l'ager publicus stricto sensu, et l'ager provincialis suffisent à expliquer l'opposition que fait l'orateur.

La qualification de privatus donné à cet ager ne permet pas non plus de poser une conclusion aussi affirmative que la doctrine de nos adversaires. L'ager vectigalis loué à emphytéose par le peuple n'était-il pas qualifié de privatus? Un ager est privatus du moment qu'il est concédé en jouissance perpétuelle.

De ce que dit Cicéron de l'ager Recensoricus, savoir, que s'il est privatus il ne peut être enlevé aux possesseurs on peut induire à la vérité qu'une loi agraire ne pouvait

retirer la concession d'un ager provincialis : c'est tout
ce qu'il est permis de dire.

Il n'y a dans le passage de Frontin cité aucune opposition entre les *agri privati provinciales* et les *arva publica* :
bien au contraire, ces mots comprennent, c'est ainsi
qu'Aggenus Urbicus les entend, tous les fonds provinciaux, *etiam privati* : *quod*, nous dit le commentateur,
omnes etiam privati tributa atque vectigalia persolvant.

A la vérité nous serions plus embarrassé pour répondre à l'argument tiré du prétendu silence des auteurs
anciens sur le droit de propriété du peuple romain, qu'à
ces inductions plus ou moins ingénieuses tirées des textes;
mais il n'existe pas. Cicéron lui-même (au chap. III du
livre Ier de la seconde *Verrine*) dit en parlant de la Sicile :
*Et quoniam quasi quædam prædia populi romani sunt
vectigalia nostra atque provinciæ, quemadmodum vos pro-
pinquis vestris prædiis maxime delectamini, sic populo
Romano jucunda suburbanitas est hujusce provinciæ.*
Si l'on ajoute ce témoignage aux témoignages déjà rapportés de Théophile et Gaïus, aucune considération ne
saurait prévaloir contre la doctrine selon laquelle le dominium des fonds provinciaux résidait réellement dans
le peuple ou le prince. Si nous ne voyons nulle part, du
moins d'une manière claire et certaine, le peuple romain
ou le prince user de son droit pour retirer à lui le sol
des provinces, excepté : dans les cas où il s'agissait
de punir une province rebelle, cas auquel l'idée de peine
permet d'expliquer la confiscation sans recourir à l'idée
d'un droit supérieur de propriété, c'est qu'en somme de
telles confiscations eussent été sans objet, sans utilité;
si l'Italie paye l'annona puis la capitatio terrana, sans
que cet impôt pussent se justifier par l'idée d'un droit
supérieur de l'État sur les fonds de cette région, ce n'est

pas que tel n'est pas le fondement de l'impôt provincial
c'est qu'en ces matières les anciens n'eurent jamais d'idées
nettes et fixes, qu'ils n'eurent en somme d'autres règles,
quand ils avaient besoin d'argent ou de blé, que d'en
prendre où il y en avait ; si, à défaut de payement de la
redevance le fisc faisait vendre au lieu de retirer le fonds,
c'est qu'en somme cette mesure était plus pratique et
plus utile que la seconde : le fisc eût sans doute été fort
embarrassé du fonds et n'en eût tiré que peu de profit.

Le fonds provincial abandonné ou restitué aux habitants était donc la propriété du peuple et du prince.

Il nous reste à dire si la condition que nous venons
d'assigner aux fonds restitués à des villes provinciales
était celle de tous les autres fonds, que nous avons
indiqués, agri assignati, colonici, quæstorii, ou si au
contraire ils étaient susceptibles du dominum ex jure Quiritium (1). Selon certains auteurs l'assignatio faite collectivement à des vétérans ou à des citoyens, ou la
fondation d'une colonie aurait entraîné pour le sol partagé et le sol de la colonie capacité de propriété quiritaire. Il semble difficile aux partisans de cette opinion
que les solennités qui accompagnaient le partage des
lots, et que nous avons décrites, n'entraînassent pas au
profit de ceux à qui ils étaient attribués acquisition du
dominium quiritaire. On invoque aussi la loi Thoria de

(1) Nous signalons ici une opinion rapportée par Doneau, *ap. omnia*, t. I, lib.IV, cap. xix, note 2, selon laquelle tout fonds provincial appartenant à un citoyen romain aurait été res mancipi. Cette doctrine, indiquée par Rævardus, *ad. L. XII tab.*, cap. xvi, p.74, éd. de 1622, est purement conjecturale et contredit trop évidemment le sens du texte de Gaïus pour être admise.

l'an de Rome 643, de laquelle il résulte que les assignations faites en exécution des lois agraires proposées par les Grecs en Italie avaient emporté attribution pour les bénéficiaires du dominium ex jure Quiritium sur les terres concédées.

Si nous n'avions que cette loi pour nous éclairer sur l'effet des assignations, il faudrait accepter cette conclusion qu'on prétend en tirer.

Mais nous croyons pouvoir démontrer qu'elle n'est qu'une généralisation imprudente d'une règle particulière.

On sait que ce sont justement des colonies qui ont reçu le privilège du jus italicum, dont l'un des effets était, comme nous l'expliquerons, de rendre le sol de la cité à laquelle il était concédé susceptible du domaine quiritaire, et l'autre, conséquence du premier, de le décharger du vectigal, stipendium ou tributum. En admettant que le jus italicum produisit d'autres effets, il serait fort difficile de comprendre pourquoi les empereurs en auraient fait la concession à des colonies, dont le territoire eût été capable de dominium, au lieu de leur conférer spécialement et expressément le troisième des droits que Savigny y reconnaît et qui serait d'avoir une organisation municipale indépendante (1).

D'un autre côté Frontin nous dit (2) : *At si ad provincias respiciamus, habent agros colonicos ejusdem juris, habent et colonicos qui sunt immunes, et colonicos stipendiarios.*

Aussi les agri colonici n'étaient point tous immunes : or l'immunitas était considérée comme le signe du domi-

____

(1) Beaudouin. N. R. H. D. f. et E., t V, p. 182.
(2) P. 35, éd. Lachmann.

nium ex jure Quiritium : à la page suivante il s'exprime
ainsi au sujet des possesseurs des agri redditi : *Vindicant tamen inter se non minus fines ex æquo ac si privatorum agrorum... ; nam et controversias inter se tales
movent quales in agris iumunibus et privatis solent eve-
nire* (1). Si certaines colonies étaient immunes et jouissaient du dominium, il ne faut donc point dire que tel
était le principe. La condition juridique de leur territoire
était celle des agri redditi : les formes qui lui étaient ap-
pliquées pouvaient même être identiques : car les agri
redditi pouvaient être divisés, c'est-à-dire solennellement
délimités, partagés et bornés, tout comme les agri colonici (2), et l'impression des auteurs qui prétendaient tirer,
en faveur de leur système une conclusion de la délimi-
tation solennelle de ces derniers, était mal justifiée.

S'il en est ainsi, nous ne voyons non plus aucune raison de ne pas considérer les agri assignati et les agri
quæstorii comme prædia populi vel Cœsaris, et pour les
mettre hors du système, que le § 7 du Com. II de Gaïus
nous présente comme général.

Nous considérons donc que les territoires rendus aux
cités provinciales, les territoires des colonies, des mu-
nicipes, tous les agri provinciales étaient, à moins qu'ils
n'eussent reçu le jus italicum, propriété du peuple ou du
prince. Mais cela n'est vrai que du territoire provincial
proprement dit, de celui dont les habitants étaient dans
une mesure plus ou moins large sous l'autorité du magistrat romain.

Il existait au milieu des provinces des villes qui n'en
faisaient point partie, à proprement parler : c'étaient les

(1) Page 36, Lachmann
(2) Hyginus.

civitates fœderatæ et les civitates sine fœdere immunes et liberæ. Les premières étaient *in amicitia populi romani,* à la suite d'un traité conclu avec la République, dont deux exemplaires étaient habituellement rédigés, l'un pour la cité et conservé par elle, l'autre pour la République et déposé au Capitole. Les secondes jouissaient de la libertas, ou autonomie, en vertu d'une loi ou d'un sénatus-consulte, qui avait effacé pour elles les conséquences de la conquête. Les unes et les autres, c'est ce que nous retenons de leur régime particulier, étaient immunes, c'est-à-dire que leur territoire n'était point sujet au vectigal. Les unes et les autres conservaient la propriété de leur sol (1). Mais nous pensons, avec M. Beaudouin, que leur sol restant peregrinus ne devenait point susceptible de domaine quiritaire. — C'est une troisième sorte de sol à côté du sol italique et du sol provincial, qui constitue ce qu'on peut appeler ager privatus ex jure peregrino. Ce sol était régi par la loi propre des cités (2).

La propriété provinciale telle que nous l'avons définie était au contraire réglementée par le magistrat envoyé par Rome dans la province. Alors même qu'une cité se trouvait constituée en municipe, et avait obtenu de conserver une certaine indépendance quant à ses affaires intérieures et ses lois, il nous semble qu'en ce qui touche la propriété, cette législation cessait néanmoins d'être appliquée. Comment reconnaître une véritable propriété, alors que la conquête avait supprimé celle-ci et l'avait fait passer au peuple romain. Le préteur romain, auquel ne s'imposait en aucune façon la loi du pays, réglementait ces droits provinciaux à sa

---

(1) L. 7, pr. § 1, *D.*, XLIX, 15. — Lex Antonia de Thermessibus. — Giraud p. 609.

(2) Art. cité.

guise, et rédigeait surtout son édit à l'instar du préteur romain. Pour établir notre théorie, nous rappellons que la Publicienne s'appliquait aux fonds provinciaux. Cela ne se comprend qu'en supposant que les édits du préteur romain se substituaient complètement à l'ancienne loi locale.

DEUXIÈME PARTIE

I

Nous devons maintenant indiquer quelles différences pratiques séparaient au point de vue du commerce privé, le droit spécial que nous venons de définir, et que nous appellerons pour faciliter le langage, la propriété provinciale.

Viennent d'abord les modes d'acquisition.

Le fonds provincial n'étant point susceptible du dominium, ne peut être aliéné par voie de mancipation. La formule même de la mancipation ne permettait pas de l'y appliquer, puisque l'acquéreur devait dire en touchant la chose : *Hanc rem ego ex jure Quiritium meam esse aio, eaque mihi empta hoc ære æneaque libra.* Mais l'immeuble provincial étant l'objet d'une possession, comme nous le verrons, qui à vrai dire constituait seule le droit du détenteur, il pouvait s'aliéner au moyen de la tradition. C'était aussi la tradition qui remplaçait à l'égard du fonds provincial l'in jure cessio, inapplicable pour les raisons que nous avons indiquées pour la mancipation. Le demandeur-acquéreur devait dans l'instance fictive qui constitue l'in jure cesso dire : *Hoc ego prædium ex jure Quiritium meum esse aio,* formule sans application possible au fonds provincial.

Cette tradition réalisait l'aliénation du fonds. Nous verrons tout à l'heure comment était protégé le droit qui en naissait.

Cette tradition servait à réaliser tous les contrats, qu'ils fussent à titre gratuit ou à titre onéreux. Le titre de la possession était différent suivant le contrat.

On sait que le legs per vindicationem ne pouvait s'appliquer aux choses que le testateur avait in bonis, mais dont il n'avait pas le domaine quiritaire (1). Cela était-il la conséquence de la formule : les mots *habeto*, *capito*, *sumito*, avaient-ils une énergie telle qu'ils impliquaient transport du dominium? Quelle qu'en fût la raison, il nous paraît permis de conclure de cette règle que le fonds provincial non plus ne pouvait être ainsi légué. Cette restriction aux pouvoirs du testateur perdit de son importance quand le sénatus-consulte néronien fut venu décider que tout legs, nul auparavant à raison de l'impropriété de la formule, vaudrait comme legs per damnationem.

Si après les modes volontaires, unilatéraux ou bilatéraux, de transmission et d'acquisition nous passons à l'acquisition per tempus, nous verrons qu'ici encore le mode était différent de celui qui s'appliquait au fonds italique.

L'usucapion qui faisait acquérir le domaine quiritaire ne pouvait en effet, par cette raison, s'appliquer au fonds provincial. Il y avait cependant nécessité de protéger la possession prolongée de ces fonds.

A cet effet les préteurs des provinces imaginèrent la præscriptio longi temporis. C'était, comme l'indique son nom même, un moyen de défense appartenant à la classe

____

(1) Gaïus, II, 196.

de ceux qui avaient pour objet d'opposer une fin de non-recevoir à la demande, et s'inscrivaient en tête de la formule tantôt précédant la démonstratio, tantôt s'y incorporant.

La doctrine que nous admettons sur l'origine de la præscriptio longi temporis est contestée : selon certains auteurs elle aurait été établie par les constitutions impériales. Outre qu'il n'existe aucune trace de ces constitutions, ces auteurs oublient que la præscriptio longi temporis eut un double objet, dont le premier, le plus ancien peut-être fut de protéger la possession prolongée qu'avait eue un pérégrin sine commercio, d'un objet qui ne se pouvait acquérir que par l'usucapion. C'est assez dire que cette præscriptio doit remonter au temps ou le préteur reconnut aux pérégrins la capacité de devenir propriétaires des choses romaines, que le droit primitif leur refusait : il est difficile de penser qu'alors que leur propriété se trouvait protégée par une action pénale, l'actio furti ficticia dont parle Gaïus, ils durent attendre l'empire pour être en droit d'acquérir cette propriété par une possession prolongée.

De plus, on sait que la forme de præscriptio donnée aux moyens de défense est ancienne. A l'époque de Gaïus, dès longtemps les prescriptions avaient été converties en exceptions. Il ne suffirait pas, selon nous, de dire que la forme prétorienne de ce moyen ne permet pas de lui assigner une source de droit civil. Car celui-ci a souvent emprunté cette forme. Mais néanmoins nous ne voyons pas positivement qu'il ait créé des præscriptiones. Ces deux considérations nous portent à décider que la præscriptio longi temporis est d'origine ancienne et prétorienne.

Mais quand fut-elle imaginée ? Fut-elle créée à l'occasion de la propriété provinciale? Ce sont là des questions insolubles. On est cependant généralement porté à décider l'affirmative pour la seconde question.

Quant à la première, on dit aussi généralement, mais sans preuves, que la præscriptio dut paraître peu après Cicéron. M. Beaudouin, dans une remarquable étude sur le jus italicum, semble trouver la preuve qu'elle existait du temps même de Cicéron dans le passage suivant du deuxième discours sur la loi de Rullus. Il s'agit toujours de l'ager Recentoricus (1). *Qui agrum Recentoricum possident vetustate possessionis se, non jure, misericordia senatus, non agri condicione defendunt.* Cette vetustas possessionis aurait constitué un moyen de défense juridique. Nous croyons cette citation peu concluante. De cette longue possession, Cicéron ne prétend pas que les occupants de l'ager Recentoricus peuvent tirer un argument juridique : il le dit lui-même : *Non jure defendunt.* Et il ne veut dire autre chose que ceci : Pourquoi enlever à ces gens un territoire public, à la vérité, mais dont on les a laissés jouir si longtemps, où ils ont établi leurs demeures et leurs pénates? Le passage, dont il s'agit, ne peut donc, en aucune façon, nous aider à découvrir l'époque de la création de la præscriptio, et la question reste sans solution.

Si l'origine de la præscriptio est prétorienne, on peut douter qu'il en soit de même de la fixation du nombre d'années de possession nécessaire pour permettre de l'opposer, tel que nous le connaissons.

Au moins est-il certain qu'il a été fixé d'une manière définitive par les constitutions impériales. Il est même très probable que ce furent les constitutions qui le fixè-

______
(1) *In Rullum*, 2 act., II, 21, § 7.

rent : car pourquoi seraient-elles intervenues si le délai eût été antérieurement déterminé sans contestation?

Jusqu'ici, nous avons considéré la præscriptio longi temporis comme un moyen de défense. Si elle eût été seule mise au service de celui qui avait possédé *per longum tempus* encore un fonds provincial, il se fût trouvé dépouillé de toute action en cas de dépossession, à moins qu'il n'eût pu recourir aux interdits. On fut naturellement et logiquement amené à lui donner une action pour lui permettre de recouvrer contre tout tiers détenteur le fonds dont il avait perdu la possession. Justinien nous dit, en effet, dans la constitution où il donne expressément la revendication à celui qui a possédé dix ou vingt ans un fonds provincial, qu'à regarder de près l'ancienne pratique, on pouvait s'apercevoir qu'il en était déjà ainsi auparavant (1).

Nous allons indiquer brièvement quelles différences existaient entre la prescription et l'usucapion.

Il y avait d'abord différence pour les délais.

L'usucapion pour les immeubles était acquise au bout de deux ans. La durée de la prescription est de dix ans entre présents et vingt ans entre absents.

Si le propriétaire véritable intente son action, et qu'il y ait litis contestatio dans les dix ou vingt ans, la nature même du moyen de défense indique qu'il ne pourra être opposé, n'étant pas acquis et ne pouvant être porté dans la formule au moment de la litis contestatio, où les délais ne sont pas expirés.

Cette différence, qui était toute naturelle dans le système formulaire, le fut moins, mais subsista néanmoins quand la procédure extraordinaire se fût généralisée (2).

(1) L. 8, *C.* 7, 39.
(2) L. 10, *C.* 7, 33.

L'usucapion faisait acquérir l'immeuble avec toutes ses charges, cum sua causa. Le possesseur d'un fonds pouvait prescrire non seulement la propriété, mais la propriété libre : les hypothèques et servitudes pouvaient s'éteindre par la possession de long temps du fonds grevé, comme le droit de l'ancien propriétaire lui-même.

II

Les différences entre le fonds italique et le fonds provincial ne portaient pas seulement sur les règles concernant les formes de l'aliénation et de la transmission de ces fonds, mais sur les règles concernant l'aliénation elle-même.

Nous allons montrer que par la nature même du droit qui existait sur ces fonds, leur aliénation était tantôt plus restreinte, tantôt plus libre que celle des fonds italiques.

Disons d'abord en quel sens l'aliénation des fonds provinciaux était plus facile que celle des fonds italiques. Voici d'abord un cas d'aliénation à titre gratuit.

La loi Cincia, rendue en l'an de Rome 540 ou 550, ayant pour objet de limiter les donations entre vifs, avait adopté, pour ôter effet aux libéralités qui dépasseraient le taux légal, un système qui devait la laisser sans application aux fonds provinciaux, les nec mancipi. Les fonds de cette nature ne pouvaient être aliénés que par la tradition, qui non seulement transmettait au donataire le droit dont ils étaient l'objet, mais les faisait passer encore matériellement en ses mains, et en même temps dépouillait le donateur de tous droits. Or voici quel était le mécanisme de la loi Cincia. Supposons qu'il s'agisse d'un immeuble italique : le donataire s'est-il contenté de la mancipation de l'objet, il ne pourra utilement réclamer la livraison : à sa revendication, le donateur opposera l'exceptio legis Cinciæ. La chose lui a-t-elle été livrée : le donateur, resté propriétaire ex jure Quiritium, pourra revendiquer, et si, à cette revendication le possesseur répond par l'exceptio rei donatæ et traditæ, le donateur fera tomber ce moyen par la replicatio Cinciæ. Il est facile de voir que ces jeux et combinaisons d'exceptions et d'actions, résultant d'un enchevêtrement du jus Quiritium et du jus honorarium, sont sans application possible à la propriété provinciale intégralement transmise par le même acte qui fait passer la possession de l'objet au donataire. Cette interprétation de la loi Cincia est expressément confirmée par les textes : *Donatio prædii quod mancipi est, inter non exceptas personas traditione atque mancipatione perficitur : ejus vero quod nec mancipi est, traditione sola* (1)

C'est encore à raison de sa qualité de res nec mancip que le fonds provincial appartenant à une femme en tutelle, pouvait être aliéné par elle sans auctoritas de son tuteur. La tradition qu'elle en faisait seule en consommait l'aliénation. — Au contraire la mancipation aussi faite d'un fonds italique était nulle : et si la tradition en était réalisée, l'acquéreur était à la vérité placé in causa usu capiendi, mais seulement si la femme n'était point en la tutelle de ses agnats, ou sans doute encore d'un patron ou d'un ascendant (1).

Fonds provincial dotal. — Justinien nous dit que la

(1) *Frag. Vat.*, § 313, — V. fr. V, § 193.
(1) M. Accarias, t. I, 3ᵉ éd., p. 397, note 1 et textes cités.

loi Julia de adulteriis, qui avait interdit au mari d'aliéner l'immeuble dotal sans le consentement de la femme,
avait formellement excepté de cette disposition les fonds
provinciaux. Mais cela est inexact. La loi ne s'était point
expliquée sur ce point. Gaïus nous dit en effet que de son
temps on se demandait si la prohibition de cette loi
devait être étendue aux fonds provinciaux. Mais cette
affirmation inexacte des *Institutes* indiquait que la question avait été définitivement résolue par la jurisprudence
dans le sens de la négative. Cette induction est confirmée
par un fragment de manuscrit grec découvert par M. Berna-
dakis dans la couverture d'un manuscrit appartenant au
couvent du mont Sinaï. Ce fragment ne parle à la vérité
que de la constitution d'hypothèque. Mais on sait que
cet acte, s'il n'était pas par la loi Julia assimilé à l'aliénation du fonds, pour les conditions d'autorisation, était
également prohibé et pour l'interdiction mis sur la même
ligne que celle-ci. Nous pouvons donc appliquer à l'une
ce qu'on dit de l'autre. Or la première partie de ce manuscrit grec nous apprend qu'on décidait que le fonds
provincial dotal pouvait être librement hypothéqué par
le mari, et que la femme, pour sauvegarder ses droits,
devait formellement et spécialement le lui interdire dans
l'acte constatant la constitution de dot. Ce texte s'appuie sur différentes constitutions dont l'une d'Adrien
est insérée au Code grégorien, mais que nous n'avons
plus. Il semble même que la question ait été expressément résolue par ces constitutions (1).

L'erreur de Justinien attribuant à la loi Julia une disposition contenue en une constitution d'Adrien serait
cependant assez surprenante.

(1) *Nouv. Rev. hist. de dr.*, art. 1880, p. 647.

Quoi qu'il en soit, comment les interprètes de la loi
Julia, jurisconsultes et empereurs, étaient-ils arrivés à
la déclarer inapplicable aux fonds provinciaux. L'exp-
plication qu'on en donne ordinairement nous paraît
acceptable . Si dans les rapports du possessor de l'ager
provincialis avec le prince ou le peuple, le dominium
réservé à ces derniers ne produisait guère d'autre effet
que la perception de l'impôt, à tous autres égards, et
dans le point de vue du droit civil, il avait, quoique à
peu près purement nominal, des conséquences dans lesquelles, mieux encore que par l'impôt, s'affirmait le
dominium et le caractère en simple jouissance du droit
du possessor (1). Cette non-application de la loi Julia au
provincial est une de ces conséquences : « Il me paraît
probable, dit M. Demangeat (2), que la loi Julia défen-
dait simplement au mari d'aliéner le fonds dotal sans
le consentement de sa femme, et qu'alors des jurisconsultes partant de l'idée que les particuliers ne peuvent
pas être véritablement propriétaires des fonds provinciaux, par conséquent ne peuvent pas les aliéner. La loi
Julia qui parle d'aliéner, suppose un fonds italique, la
seule espèce de fonds qui soit susceptible d'une aliénation
proprement dite, d'une transmission de propriété d'un
particulier à un autre. » M. Demangeat ajoute (3) : « On
comprendrait encore mieux que la question se fût élevée
et qu'elle eût été tranchée dans le sens de la non-application de la loi Julia au fonds provincial, en supposant que
les expressions mêmes de Gaïus, (4) *vel mancipatum ei*

(1) G. II, § 7.
(2) *Condition du fonds dotal.* p. 226.
(3) *Ibid.* not. 2.
(4) II, § 6, 3 : *Nam dotale prædium maritus, invita muliere,
per legem Juliam prohebetur alienare, quamvis ipsius sit vel
mancipatum ei dotis causa, vel in jure cessum, vel usu captum.*

dotis causa vel in jure cessum vel usucaptum, se trouvaient dans la loi, car un fonds provincial n'est susceptible ni de mancipatio, ni d'in jure cessio, ni d'usucapio.
Mais cette suppositionn'est pas nécessaire. » Nous pensons qu'elle ne peut même être faite : si la loi eût été
conçue en de tels termes, il eût été difficile de ne pas
entendre la loi Julia comme restreinte au fonds italique ; le doute dont, selon Gaïus, la question était
l'objet s'expliquerait mal.

III

L'aliénation que nous avons supposée jusqu'ici faite à
titre gratuit ou à titre onéreux n'avait d'autre effet que
de faire passer le fonds d'un patrimoine humain à un autre
patrimoine humain. Il est une autre sorte d'aliénation :
celle-ci fait sortir la terre du domaine des hommes jus, hominum, et la fait entrer dans le domaine des dieux, jus
divinum. La chose peut entrer dans le domaine des
dieux supérieurs et devient res sacra, ou dans le domaine
des dieux mânes, c'est-à-dire des morts, considérés par
les anciens comme divinisés.

Une terre ne devenait res sacra que par le moyen d'une
cérémonie appelée consecratio ou dedicatio, laquelle ne
pouvait avoir lieu qu'après autorisation donnée par une
loi, un sénatus-consulte ou une constitution, suivant les
époques.

La chose ne devenait religiosa que par une inhumation
régulièrement faite.

Il est bien évident que le possesseur du fonds provincial n'en étant point pleinement propriétaire, ne pouvait
en aucune façon, partiellement ou totalement, le consa-

crer aux dieux supérieurs ni aux dieux mânes, puisque c'était là l'aliénation la plus complète qui pût être faite. Néanmoins le respect des morts, le respect des dieux étrangers, que les Romains eurent intérêt à observer, exigeait que de tels actes, même réalisés sur un fonds provincial, ne restassent pas sans effet; si aucune dedicatio ne permettait à la terre provinciale de devenir sacrée, ni aucune inhumation, religieuse, du moins de tels actes la faisaient-ils traiter comme telle et protéger à l'égal des lieux à qui la loi donnait ces titres. En fait, même le possessor de l'ager provincialis trouvait plus de facilité à consacrer sa terre aux dii superi, que le propriétaire du fonds italique : toute dedicatio faite par celui-ci sans autorisation légale était nulle. Faite par le premier sur son fonds, elle lui permettait de le faire tenir désormais pro sacra re, sans qu'il fût besoin d'aucune autorisation, pour la raison que cette autorisation n'eût eu aucun sens et n'eût pu recevoir aucun effet : la terre restant toujours terre provinciale, ne pouvait, malgré toutes les autorisations, devenir juridiquement res sacra : une autorisation à cet effet ne se serait pas comprise. Nous ne pensons point que si Rome n'autorisait pas la consécration d'un terrain à ces dieux, ce fut parce qu'elle ne voulait pas les reconnaître : Rome reconnut tous les dieux anciens, à l'exception du Christ. Aux plus grands elle ouvrit le Capitole pour s'attirer leurs faveurs; quant aux autres, elle ne les traita jamais en ennemis, à raison de leur seule qualité de dieux étrangers : elle eût sans doute volontiers autorisé tous actes agréables à ceux-ci pour obtenir leur sympathie.

L'aliénation du fonds provincial pouvait encore se trouver entravée autrement : Rome, pour empêcher les cités provinciales de s'enrichir et de devenir puissantes, leur retirait quelquefois le commercium entre elles, de sorte que les habitants de la cité ainsi frappée ne pouvaient acquérir les fonds situés sur le territoire d'une ville voisine. Il faut reconnaître que le moyen ne devait pas toujours atteindre le but proposé, car s'ils ne pouvaient les acquérir, nous savons qu'ils pouvaient les louer, et même, paraît-il, à bail perpétuel, moyennant la redevance d'une partie des récoltes, et c'était assez pour leur permettre de s'enrichir (1).

IV

En traitant des règles relatives à l'aliénation des fonds provinciaux, nous avons jusqu'ici supposé qu'il s'agissait de l'aliénation d'un de ces fonds même, de la pleine propriété. Il nous reste à parler des démembrements de la propriété provinciale et de la manière dont ils s'établissent.

Les plus anciens et les premiers démembrements de la propriété connus à Rome furent les servitudes. Véritable participation **au dominium**, une servitude ne pouvait évidemment s'établir sur un fonds provincial non susceptible de dominium. Les formes employées pour créer ces sortes de droits ne permettaient pas même de constituer aucun droit de jouissance équivalent sur les fonds provinciaux. — L'ancien droit civil n'admettait point l'acquisition de ces droits par tradition ni par usucapion au moins depuis la loi Scribonia. Restaient donc, comme modes d'acquisition des servitudes, la mancipation, réservée pour les

(1) Dareste, *De forma et condicione Siciliæ*, p. 29, et sources citées.

servitudes prédiales rurales, l'in jure cessio et le legs per vindicationem inapplicables, nous avons dit pourquoi, à la propriété provinciale ; la mancipatio, l'in jure cessio et le legs per vendicationem ne pouvaient non plus s'appliquer à ses démembrements.

Quant à l'adjudication, elle ne pouvait créer de servitude que dans le cas où le judicium était legitimum : or un judicium ne pouvait être legitimum dans une province ; c'était d'ailleurs un mode d'acquisition quiritaire.

Quand le préteur eut reconnu que les servitudes comportaient une quasi-possession, il parut alors possible de constituer par quasi-tradition une servitude sur les fonds provinciaux.

Puisque l'on reconnaissait, comme nous le montrerons tout à l'heure, que les fonds provinciaux étaient, quoique non susceptibles de propriété, susceptibles d'une vraie possession, la quasi-possession des droits qui formaient les démembrements de cette propriété devait être admise.

On put donc, à compter du premier siècle de notre ère, époque à laquelle la quasi-possession et la quasi-tradition passèrent en doctrine, constituer de véritables servitudes sur les fonds provinciaux (1). Jusque-là l'impossibilité de créer des droits de cette espèce obligeait les possesseurs des fonds provinciaux d'y suppléer par

______

(1) L. 1, pr., *D., quibus modis usufructus amittitur.* — L. 3, *C. de Servit. et aqua,* — 3, 34 et Fr. Vat., § 61. — La quasi-tradition tint lieu à la fois de la mancipatio et ds l'in jure cessio. Quant à l'adjudicatio, il est permis de supposer que les magistrats provinciaux lui donnèrent l'effet de constituer une servitude : on sait en effet que le préteur protégea l'adjudicatio d'une servitude intervenue dans un judicium imperio continens. Quant aux legs de servitude, il fut impossible comme celui de la propriété jusqu'à Justinien.

des stipulations pénales par lesquelles le possesseur du fonds servant s'engageait sous la promesse de payer une certaine somme, en cas d'infraction, à souffrir tel ou tel acte de maître sur son fonds de la part du propriétaire du fonds dominant.

Gaïus fait mention de ce moyen : *Alioquin*, dit-il, *in provincialibus prædiis sive quis usumfructum, sive jus eundi, agendi, aquamve ducendi, vel altius tollendi ædes, aut non tollendi, ne luminibus vicini officiatur ceteraque similia jura constituere velit, pactionibus et stipulationibus id efficere potest : quia ne ipsa quidem prædia mancipationem aut in jura cessionem recipiunt.* L'usage se perpétua, ainsi qu'on le voit, de ces sortes de conventions.

Tel est du moins le sens qu'avec la plupart des interprètes nous croyons devoir donner à ce paragraphe.

Nous devons cependant signaler et examiner une opinion selon laquelle le passage de Gaïus devrait être entendu autrement. D'après cette doctrine, reprise et développée en dernier lieu par M. Warnkœnig (1), cela signifierait que les servitudes pouvaient s'établir indépendamment même de toute quasi-tradition, par la simple volonté des parties manifestées dans la forme d'un pacte ou d'une stipulation.

Les partisans de cette doctrine l'étendent même aux fonds italiques. — Les bases de leur argumentation se trouvent dans le paragraphe cité de Gaïus et dans le § 1 du titre IV du livre II des *Institutes* où Justinien reproduit l'idée de Gaïus sans la restreindre aux fonds provinciaux : *Sine testamento*, dit-il, *si quis velit usum-*

(1) Thémis, t. X

*fructum alii constituere, pactionibus et stipulationibus
id efficere potest.*

L'explication que nous donne Théophile de ce paragraphe suffirait peut-être à réfuter la doctrine que nous
avons résumée. Selon le commentateur, le procédé indiqué par les *Institutes* consisterait en ceci : un propriétaire veut constituer une servitude sur son fonds au
profit d'un voisin. Il règle donc avec le propriétaire de
ce second fonds par un pacte dénué d'action, l'étendue
et toutes les conditions de l'exercice du droit qu'il veut
lui conférer, puis, par une stipulatio, il s'engage à lui
payer une certaine somme dans le cas où il ne respec-
terait point le pacte préalablement intervenu. Il ne s'agirait donc là que d'une stipulation pénale purement créa-
trice d'une obligation et non de conventions constitutives
de droit réel. Si l'on considère que les Romains ont toujours soigneusement distingué entre la transmission des
droits réels et la création des obligations, il semblera
bien que l'explication de Théophile est seule exacte, que
jamais une simple convention n'a pu, en droit romain,
suffire à constituer des démembrements de la propriété,
pas plus que la propriété elle-même.

On insiste néanmoins et l'on dit : Les termes qu'emploie Gaïus sont positifs et indiquent de façon évidente
l'effet des pactes et stipulations dont il parle : leur objet
est de *constituere* servitutem. — Ce mot, selon les partisans de la doctrine que nous exposons, ne peut s'entendre que de la création d'un droit réel. « Cette objection,
dit M. Pellat, ne serait fondée que si l'expression constituere usumfructum était toujours destinée à indiquer
l'établissement actuel du droit d'usufruit avec action
réelle ; mais Gaïus lui-même l'emploie dans un cas, où,
incontestablement, il ne peut y avoir lieu qu'à une action

personnelle, savoir dans le cas d'un legs per damnationem. Il dit, en effet, (L. 3, pr.. *D. de usufruct. et que-
mad.*) : *Omnium prædiorum jure legati potest constitui
ususfructus, ut heres jubeatur dare alicui usumfructum.* Or tout le monde convient que dans le cas où le
testateur condamne l'héritier à donner, le légataire n'a
qu'une action personnelle (actio in personam ex testamento) contre l'héritier qui n'exécute pas l'obligation,
qui lui est imposée ».

L'argument tiré du mot constituere n'est donc pas
concluant.

Nous allons montrer que les autres textes invoqués à
l'appui de leur doctrine par nos adversaires peuvent
s'expliquer dans la nôtre.

Enfin nous reproduirons les arguments et les textes
qui, selon nous, constituent la démonstration directe de
celle-ci.

Voici les textes invoqués par M. Warnkœnig dans
l'ordre même ou il les place.

Le premier est la loi 3. *C. de servit et aqua*, 3, 34.

Et in provinciali prædio, dit la Constitution, *constitui servitus aquæductus vel aliæ servitutes possunt, si
ea præcesserunt quæ* SERVITUTES CONSTITUUNT : *tueri enim*
PLACITA *inter contrahentes debent.* M. Warnkœnig tire
argument des mots imprimés en capitales : par le mot
placita l'empereur fait allusion au mode de constitution
de la servitude : *placita sunt ea quæ servitutes constituunt.* Ne peut-on pas entendre autrement ce texte et
lui donner cette signification beaucoup plus simple,
savoir : que même sur les fonds provinciaux il peut être
établi des servitudes, quoique ces fonds ne soient pas
l'objet d'une véritable propriété. La volonté, les conventions des parties doivent être respectées et recevoir leur

effet à cet égard : c'est ce que dit évidemment la constitution. Mais ne lui fait-on pas dire trop en l'interprétant comme signifiant que cette volonté des parties suffit, sans plus de formalités ni d'actes. Qui nous dit que dans l'espèce du rescrit de l'empereur, cette volonté n'avait été suivie d'aucune formalité : elle est nécessaire. Rien ne nous indique qu'elle fût suffisante.

Le second texte invoqué est la loi 1. pr. *D. quibus modis fruct. amitt.*

Non solum usumfructum amitti capitis minutione constat, sed et actionem de usufructu. Et parvi refert utrum sit jure constitutus ususfructus an vero tuitione prætoris. Proinde traditus quoque ususfructus item de fundo vectigali vel superficie non jure constitutus capitis diminutione amittitur.

Ce fragment emprunté à Ulpien a été tronqué et ainsi que l'indiquent les *fragmenta Vaticana* doit être complété par l'addition avant les mots *in fundo vectigali* de ceux-ci : *in fundo stipendiario vel tributario.*

M. Warkœnig voit dans ce texte une distinction entre l'ususfructus traditus, et l'ususfructus tuitione prætoris constitutus. Que l'usufruit s'établisse par quasi-tradition, il ne le nie pas, et ne peut le nier. Mais il prétend que l'usufruit constitué tuitione prætoris est distingué de celui-ci, que par conséquent il y a un usufruit qui se constitue tuitione prætoris sans quasi-tradition. Cela est tout à fait inadmissible : cette distinction n'existe pas. La seconde partie du fragment qui débute par le mot *proinde* n'est bien évidemment que le développement du principe général établi dans la première partie : « L'usufruit s'éteint toujours par le capitis minutio dit Ulpien ; il n'y a pas à distinguer s'il a été constitué par un mode u droit civil, ou par un mode du droit prétorien. *Par conséquent* (c'est là le seul sens du mot *proinde*), l'usufruit constitué par quasi-tradition sur un fonds tributaire, stipendiaire ou vectigalien, s'éteint également de cette manière. L'ususfructus traditus apparaît alors comme étant justement l'ususfructus constitué tuitione prætoris.

Loin de pouvoir être opposée à la doctrine que nous adoptons, ce texte fournit ainsi un argument direct en faveur de celle-ci.

La loi 3, pr., *D*. 7, 1, que nous avons rappelée et citée plus haut ne peut non plus être invoquée.

On ne saurait l'entendre comme signifiant qu'un legs per damnationem pût créer une servitude. La seconde phrase du fragment le démontre assez. Il suffit de le lire.

La loi 33, pr., *D.*, *de servit. præd. rust.*, n'est point du tout concluante dans le sens de la doctrine de nos adversaires. Cette loi statue sur l'espèce suivante : deux individus copropriétaires indivis du fonds Titien et du fonds Séjan, ont fait un partage amiable, aux termes duquel chacun d'eux doit rester propriétaire unique de chacun de ces fonds : ils ont convenu que l'un de ces fonds serait grevé au profit de l'autre d'une servitude d'aqueduc. Cette clause du partage, en exécution duquel les deux fonds ont été délivrés chacun à l'ayant droit, est-elle valable ? La loi répond : *Recte esse servitutem impositam ait, maxime si pacto stipulatio subdita sit.* Ce simple pacte sera valable : si une stipulation vient s'y ajouter le droit du stipulant sera plus certain encore. En admettant même que ce texte déclare constitué le droit réel de servitude, ce que permettent de prétendre les mots qui y sont employés (*impositam esse servitutem*), et qu'il n'accorde pas une simple action personnelle, à

celui qui a convenu l'établissement de la servitude
d'aqueduc à son profit, n'apparait-il pas, non comme
statuant sur la question de savoir si la volonté des parties a pu toute seule créer ce droit, mais sur celle de
savoir si dans une tradition une servitude pouvait s'établir par deductio, ce que les formes de l'ancien droit
civil ne permettaient pas ? Mais s'explique-t-il sur le
mode à employer pour la création de cette servitude ?
Nous dit-il que la quasi-tradition n'a point été faite au
stipulant, et qu'elle est inutile ? Nullement.

La loi 12, **D.**, *de pignoribus et hypothecis*, XX, 1, est
également produite à l'appui de cette opinion. Elle statue sur la question de savoir si une servitude peut être
engagée, et s'il peut être valablement convenu que le
créancier pourra user de cette servitude au profit de son
fonds voisin du fonds servant jusqu'au payement: *Sed
an viæ itineris actus aquæductus, pignoris conventio
locum habeat videndum esse Pomponius ait: ut talis
pactio fiat, ut quamdiu pecunia soluta non erit, eis ser-
vitutibus creditor utatur, scilicet si vicinum fundum
habeat et si intra diem certum pecunia soluta non sit,
vendere vicino liceat ? Quæ sententia propter utilitatem
contrahentium admittenda est.*

Il ne s'agit pas dans cette loi de l'établissement d'une
servitude, mais de l'impignoration d'une servitude déjà
établie : le texte ne nous dit nullement d'ailleurs que cette
impignoration se réalise et que le créancier acquiert
momentanément le droit à titre de gage, par la simple
paction. Il suppose cette convention intervenue : il faut
bien que les parties s'entendent sur ce qu'elles veulent
faire. La convention est-elle valable ? Voilà la question
qui y est posée. Si elle ne l'est pas, tous les actes qui
interviendront pour son exécution seront nuls : si elle

est valable, ils le seront aussi, notamment la quasi-tradition de la possession qui sera faite pour mettre le
créancier à même d'user de la servitude. Elle est valable,
répond la loi. Mais elle ne dit nullement que le droit réel
du créancier soit dès lors constitué. C'est une question
de savoir si une vente est valable, et c'en est une autre
de savoir si l'acquéreur a reçu tous les droits qui doivent
lui être conférés.

Nous pensons même que dans la loi l'idée d'une quasi-
tradition s'impose et que cet acte doit être supposé : il
s'agit d'une constitution de gage proprement dit : et le
gagiste n'acquerrait de droit sur l'objet engagé que par
la tradition.

La loi 4, *C. de usufructu*, 3, 33, contiendrait selon nos
adversaires la preuve éclatante du bien fondée de leur
doctrine. Cette constitution décide que toujours l'usufruitier doit donner caution. *Nec interest*, continua-
t-elle, *sive ex testamento, sive ex voluntario contractu
ususfructus constitutus est.* Qu'y a-t-il dans ce texte ?
une simple opposition entre l'usufruit établi par testament, c'est-à-dire par la volonté d'un seul, et l'usufruit
établi entre vifs par l'accord des deux parties. Où est-il
affirmé que cet accord suffise à l'établir ?

Nous ne trouvons pas non plus cette affirmation dans
la loi 3, § 14, *D.*, *de vict. de vi armata. D.*, 43, 16. Cette
loi porte que l'usufruitier qui n'a point encore commencé
d'exercer son droit, ne peut user de l'interdit *de vict. de
vi armata* pour se faire mettre en possession : si quelqu'un vent l'empêcher d'y entrer : il doit *vindicare usumfructum.* Ce mot *vindicare* indique, nous l'accordons, qu'il
s'agit d'une action réelle, c'est-à-dire suppose que l'usufruit, quoiqu'il n'ait encore fait l'objet d'aucune tradition,
puisque l'exercice du droit n'a pas commencé, est déjà

constitué. Mais cette loi peut s'expliquer et s'appliquer sans supposer que les servitudes se soient jamais établies entre vifs par pactes ou stipulations : l'usufruit ne s'établissait-il pas au moyen du legs per vindicationem sans tradition aucune ?

Voici le dernier texte invoqué par nos adversaires. C'est la loi 25, §7, *de usufruct.* et « *Quem quodantem diximus ex re fructuari velex operis posse acquirere : utrum tum locum habeat quotiens jure legati ususfructus sit constitutus an et si per traditionem vel stipulationem vel alium quemcunque modum videndum.* Ces derniers mots suffisent à faire écarter l'idée qu'il s'agisse plus haut des modes de constituer l'usufruit, en tant que droit réel : que seraient ces moyens si variés dont il est question à la fin du texte ? Cette loi énumère non les modes de constitution de l'usufruit : mais les actes divers qui l'accompagnent, qui la précèdent, la motivent : testament, stipulation préalable, quasi-tradition immédiate sans stipulation ni pacte.

Quelques inductions que l'on veuille tirer des textes, elles ne sauraient tenir, ce nous semble, contre l'argument que nous fournit la loi 136, § 1. D. de verb. obl. Il y est dit que si celui qui a stipulé une servitude au profit de son fonds l'aliène, la stipulation s'évanouit. C'est donc que la stipulation ne constituait pas le droit réel.

Il faut ajouter la loi 1, pr., D., *quib-modis ususfruct. amitt.*, qui nous dit que l'usufruit constitué tuitione prætorio est l'usufruit traditus, et la loi 1, § 2, *de servit. præd. rust.*, qui nous dit expressément à quelles conditions le droit prétorien protégeait une constitution de servitude contraire au droit civil : Traditio *plane et* patientia *servitutum inducet officium prætoris.*

Enfin, nous ferons remarquer que Gaïus, dont l'assertion est le point de départ, la racine même de cette doctrine, ne nous dit que les pactes et stipulations servaient à constituer des servitudes que sur les fonds provinciaux. Eh bien, comment admettre qu'il y ait eu une telle différence entre les servitudes établies sur ces fonds et celles qui grevaient les fonds italiques, que les unes eussent pu être créées par la seule volonté des parties et que les autres ne l'eussent point pu, et que leur établissement eût exigé d'autres formes. Les servitudes établies sur les uns et les autres étaient des démembrements de la propriété existant sur ces fonds ; or ni le dominium, ni la possessio de l'ager provincalis ne se purent établir par pactes ou stipulations : la partie ne devait-elle pas être logiquement traitée comme le tout ?

Pour les autres droits réels, autres que la propriété, nous n'avons rien à en dire. Ils se constituaient de même façon sur les fonds italiques et les fonds provinciaux.

VI

Actions protégeant la propriété provinciale

Après avoir dit quelle était la nature du droit de propriété qui existait sur les fonds provinciaux, de quelle façon il se transmettait et s'acquérait, nous devons indiquer les moyens de droit qui en assuraient la protection.

En premier lieu, la détention des fonds provinciaux était, tout aussi bien que celle des fonds italiques, protégée par les interdits possessoires. Cela peut surprendre d'abord. Comment reconnaître une possession sur un fonds qui est du domaine public, et par conséquent paraît ne pouvoir souffrir efficacement un animus domini quelconque? De Savigny nous le dira : « De ce que les possesseurs n'en avaient pas la propriété quiritaire, il en résultait cette conséquence qu'on ne pouvait acquérir ces immeubles selon d'anciennes formes romaines, c'est-à-dire par cessio in jure, mancipatio, usucapio. Mais, comme sous tout autre rapport, le possesseur de ces fonds pouvait être traité comme propriétaire, il était conséquemment hors de doute, tant d'après l'origine de cette création juridique que d'après différents passages des anciens, que notre idée d'animus domini s'appliquait également ici (1). » Cela sera plus facile encore à comprendre si l'on admet avec M. Van Wetter, que non seulement étaient possesseurs ceux qui détenaient une chose animo domini ou rem subi habendi, mais en outre, tous ceux qui la détenaient avec l'intention d'exercer sur elle tout autre droit en leur propre nom (2).

Cette conjecture est confirmée par les textes juridiques et les écrivains. Gaïus nous dit (IV, 139 : *Certis igitur ex causis prætor aut proconsul principaliter auctoritatem suam finiendis controversiis interposuit, quod tum maxime facit cum de possessione inter aliquos contendi tur*. Le præses ou rector provinciæ est encore indiqué dans d'autres textes comme délivrant des interdits. L'agrimensor Aggenus Urbicus nous donne le même renseignement (3).

(1) *Traité de la poss.*, p. 107 et 108.—Trad. Faivre d'Audelauge.

(2) Van Wetter, *Possession*, p. 13.

(3) V. L. L. 1, 2, *C. de interd.*, 8, 1. — L. 2, *C. quorum bonorum*, 8, 2. — L. un., *C. uti possidetis*, 8, 6. — LL. 2 et 3, *C. de lib. exhib.*, 8, 8. — *Fr. Vat.*, § 312. — Festus, *Possessio*. — Aggenus Urbicus sur Frontin, p. 16, éd. Lachmann.

Les textes que nous citons en note indiquent que non seulement le détenteur du fonds provincial était protégé par les interdits, mais encore que les interdits quels qu'ils fussent, même les interdits adipiscendæ possessionis pouvaient être appliqués à un fonds de cette nature.

Cela constaté, on peut se demander si le fonds provincial, outre les interdits dont nous avons parlé, d'une application générale aux fonds quels qu'ils fussent, les uns véritables actions purement possessoires, les autres consacrant de véritables droits, et étant en quelque sorte des actions petitoires prétoriennes, tels que l'interdit *Quorum bonorum*, ne se trouvaient pas protégé par un interdit spécial analogue à ces derniers. Le détenteur du fonds pouvait se présenter comme possesseur, et réclamer les avantages de la possession : il pouvait aussi se présenter comme titulaire du droit que comportait ce fonds, véritable droit de propriété dans la sphère du commerce privé (1), comme l'ayant régulièrement acquis par une tradition, faite par exemple en vertu d'une vente, par succession. C'est là une véritable question de petitoire qui s'élève : c'est une formule de revendication qui était alors délivrée lorsqu'il s'agissait d'un fonds italique. Lorsque, au contraire, l'objet litigieux était un fonds provincial, le différend était-il vidé suivant la procédure des actions ou suivant la procédure des interdits.

M. Pellat (2) conjecture que ce fut d'abord par des interdits que la propriété provinciale fut protégée. A l'appui de cette opinion on peut faire valoir que les préteurs,

(1) Cicéron l'appelle dominium.
(2) *Propriété et usufruit*, Introduction, p. 43, n° 43.

pour suppléer au droit civil, eurent recours aux interdits avant d'imaginer de délivrer immédiatement une action : que cette procédure avait été créée justement pour des situations analogues, où il ne pouvait être question du droit civil, et où il y avait lieu de donner satisfaction à des situations de fait équivalentes à de véritables droits.

Nous pensons que dès l'origine il y eut lieu, dans les questions du genre de celles que nous avons indiquées, à la délivrance d'une action. C'est à la vérité bien plus une impression qu'une conviction de notre part. Cela nous semble résulter du passage suivant de Cicéron, dans lequel il nous présente les formules, les actions, les judicia, pour parler son langage, comme applicables en province d'une manière générale, et notamment aux fonds, et où, pour indiquer que la propriété des provinciaux est à la discrétion des gouverneurs, il indique une formule étrange de revendication, qui aurait pour résultat de dépouiller le vrai propriétaire: *Dubium nemini est quin omnes omnium pecuniæ positæ sint in eorum potestate qui judicia dant et eorum qui judicant : quum nemo vestrum possit ædes suas, nemo fundum, nemo bona patria obtinere, si cum hæc a quopiam vestrum petita sint, prætor improbus, cui nemo intercedere possit, det quem velit judicem, judex nequam et levis, quod prætor jusserit, judicet. Si vero illud quoque accedit ut in ea verba prætor judicium det, ut vel L. Octavius Balbus judex, homo et juris et officii peritissimus, non possit aliter judicare, si judicium sit ejus modi : L. Octavius judex esto : si paret fundum Capenatem quo de agitur, ex jure Quiritium P. Servilii esse neque is fundus Q. Catulo restituetur : non necesse erit L. Octavio judici cogere P. Servilium Quinto Catulo fundum*

restituere aut condemnare eum quem non oporteat (1)?
Aussi, selon nous, les fonds Siciliens auraient été proté-
gés par des judicia et non des interdits.

Quoiqu'il en soit, il est certain qu'une action fut donnée à l'acquéreur régulier d'un fonds provincial : que
dans le cas où le fonds avait été acquis à non domino,
l'acquéreur eut d'abord une præscriptio pour se défendre
de l'action du dominus, lorsqu'il avait possédé dix ou
vingt ans suivant les cas et qu'enfin une action lui fut
donnée dans le même cas mais plus tard. (L. 8, *C. de
præscript.* XXX. *ann.*)

Il y avait donc une action correspondant à la revendication et en tenant lieu pour les fonds provinciaux.
C'est aussi ce que nous dit l'agrimensor Frontinus :
*Vindicant tamen inter se non minus fines ex æquo
ac si privatorum agrorum* » (2).

On en ignore complètement la formule. De ce passage
de Frontinus on a conclu que, dans les provinces, les
Romains avaient laissé subsister l'ancienne revendication
usitée avant la conquête. Cela est fort possible pour les
provinces à qui l'on avait laissé leurs lois (3). Mais la plupart ne recevaient de lois en ces matières que des gouverneurs romains, et l'édit de ceux-ci était rédigé à l'instar
de celui des préteurs de Rome (4). Mais était-ce une

(1) *In Verr.* 2 act., II, 12.

(2) M. Pellat, op. cit., croit qu'il s'agit là non d'une action sur la
propriété, mais d'une action en bornage. Nous ne croyons pas pouvoir accepter cette interprétation. Au début du paragraphe que
termine la phrase citée, Frontinus nous dit que les fonds provinciaux sont nec mancipi et que les possesseurs n'en ont pas le dominium. *Vindicant tamen,* continue-t-il. Cette opposition nous paraît indiquer qu'il s'agit bien d'une revendication spéciale.

(3) Nous en doutons néanmoins.

(4) Cic. *Ad Att.*, VI, 1, 15.

formule fictive, où la fiction consistait à considérer le
fonds comme sis en Italie, ce qui eût été suffisant pour
permettre d'appliquer la formule de la rei vindicatio dans
le cas où le revendiquant eût été en possession de manière à usucaper le fonds s'il eût été italique ? Était-ce
une formule par laquelle le demandeur intendebat rem
suam esse ex æquo ? Cela se pourrait conjecturer des
termes mêmes employés par Frontinus, si l'on remarque
que les mots : ex jure Quiritium, qui se trouvent dans la
formule de la revendication, constituent, dans les textes
où les auteurs, notamment Gaïus (1), rapprochent les actions prétoriennes et les actions civiles, une sorte d'opposition et d'annexe à la phrase, qui indique la formule
même suivant laquelle il faut agir civilement : les mots
ex æquo, parfaitement inutiles pour nous expliquer la
pensée de l'auteur, savoir, qu'il s'élève des procès sur
le droit de propriété provinciale, n'ont-ils pas cette valeur particulière des mots ex jure Quiritium (2) ? Il est
impossible de le dire. Ce pouvait être encore une formule in factum. Ces deux dernières conjectures sont
plus plausibles que la première, qui introduirait une distinction bizarre entre les détenteurs de fonds suivant le
temps qu'aurait duré leur possession.

Outre ces deux moyens de protection de la propriété
provinciale, il existait encore une autre action.

In vectigalibus et in aliis quæ usucapi non possunt,

____

(1) IV. Rappr. 34 et 36.

(2) Dans les actions de bonne foi c'était bien ex æquo et bono
que le juge appréciait les droits du demandeur. droits personnels :
pourquoi n'eût-on pu apprécier de même une question de droit
réel ? La propriété provinciale était de fait et en vérité une propriété
de droit naturel : n'était-ce pas une sorte de droit spécial, tout entier d'équité, qui pouvait leur être appliqué ?

Publiciana competit si forte bo na fide mihi tradita sunt ; porte la loi 12, § 2, **D.** *de public.* Les mots *quæ usucapi non possunt* désignent certainement les fonds provinciaux. Les jurisconsultes les rapprochent toujours des agri vectigales. Il est même probable que ce texte de Paul les mentionnait expressément. Le § 64 des *Frag. Vat.* inséré au *Digeste* (VII, 4, fr. 2) qui contenait cette mention, a été tronqué et on n'y a laissé subsister que la mention des agri vectigales. Il est probable que pareille correction a été apportée au texte de Paul.

Cette Publicienne était distincte de l'espèce de revendication utile dont nous venons de parler, et avait un objet différent, qui était de permettre à celui qui ne pouvait se prévaloir de la prescription de long temps, de revendiquer néanmoins, lorsqu'il était dépossédé, au cours de la prescription, comme le détenteur d'un fonds italique au cours du délai d'usucapion, et de lui permettre de triompher dans sa demande sans avoir besoin de prouver le droit de son auteur. C'était là le double objet de la Publicienne appliquée aux fonds italiques : ce serait être aussi celui de la Publicienne provinciale. Cela suffit à indiquer qu'elle ne constituait pas le seul moyen de protection de la propriété provinciale et venait s'ajouter à la revendication utile sans se confondre avec elle.

Elle nous apparait en effet comme une véritable faveur au profit du possesseur du fonds, et on ne voit pas pourquoi d'une manière absolue celui-ci eût été dispensé de prouver le droit de son auteur. Il est plus facile de concevoir cette action comme exceptionnelle et destinée à protéger celui à qui les circonstances ne permettent pas de faire cette preuve.

Une grave difficulté s'élève sur l'application de la Publicienne au fonds provincial. On sait que c'était une formule in jus fictice, où la fiction consistait à supposer accomplie une usucapion qui ne l'était pas. Dans sa teneur rigoureuse et primitive, cette formule était donc évidemment inapplicable au fonds provincial, non susceptible d'usucapion. La Publicienne provinciale était donc une publicienne utile comme la Publicienne italique était une revendication utile.

Mais quelle modification subissait la formule ? On a pensé que l'on substituait à l'accomplissement du délai d'usucapion, la fiction de l'accomplissement du délai de la prescription de longtemps. Mais il est facile de comprendre que cette modification serait insuffisante et que l'explication n'est pas acceptable. Il ne servirait à rien d'insérer dans la formule ces mots : *et cum trigenta annos possedisset* (1).

Le juge ne pourrait en vertu d'une formule ainsi rédigée faire droit à la demande. Car cela ne suffirait pas pour lui permettre de déclarer fundum actoris ex jure Quiritium esse, la prescription étant inconnue du droit civil.

Pour qu'une fiction soit utile dans une formule in jus, il faut que le fait supposé soit efficace en droit civil.

On peut imaginer qu'on insérait dans la formule une seconde fiction consistant à supposer le fonds situé en Italie, ce qui eût donné cette rédaction : *Judex esto : si quem fundum A. A. emit, et is ei traditus est, in Italia esset et biennio possedisset, tum si eum fundum de quo agitur, etc. etc.*

---

(1) Voici la formule de la Publicienne d'après Gaïus, (IV, 36): *Jua x esto : si quem hominem Aulus Agerius emit, et is ei traditus est, anno possedisset, tum si eum hominem de quo agitur, ejus ex jure Quiritium esse oporteret, etc..*

Mais cela est bien compliqué : n'est-il pas plus naturel de penser que le præses délivrait une formule in factum dans laquelle il indiquait aux récupérateurs les faits précis de chaque espèce à la constatation desquels il subordonnait leur sentence. Lorsque l'on créait l'action utile d'une action utile, si je puis ainsi parler, c'était là le procédé suivi. Ainsi lorsqu'il s'agissait d'hypothèse s'éloignant le plus des cas prévus par la loi Aquilia, le préteur délivrait une action in factum, utile de l'action utile de la loi Aquilia.

VI

Réformes de Justinien

Justinien mit fin à la condition équivoque dans laquelle se trouvait ce que nous avons appelé la propriété provinciale.

Au temps de cet empereur, cette sorte de droit présentait cette bizarrerie de produire des effets, aussi pleins quoique différents, que le dominium, puisque les empereurs ni le sénat n'usaient point, semble-t-il, du droit de retrait qui leur appartenait probablement en cas de non-payement du vectigal. La protection de ce droit comportait un ensemble d'institutions semblable aux modes de garanties de la propriété italique. Il faut croire que de fait néanmoins ces garanties étaient complètes. Nous voyons en effet que Justinien crut devoir expressément déclarer que celui qui aurait possédé un fonds provinciale dix ou vingt ans, suivant les cas, aurait une action pour reprendre ce fonds s'il venait à lui être enlevé.

Ces différences singulières que nous avons expliquées

plus haut surprirent Justinien, et sous l'influence de cette idée, peut-être aussi sous celle de l'esprit chrétien qui peu à peu amenait les empereurs à établir l'égalité de tous sous leur despotisme, il fit pour le sol ce que Caracalla avait fait pour les hommes : les terres provinciales furent élevées à la condition de terres romaines, comme les habitants de l'empire avaient été élevés à la dignité de citoyens romains.

Cette réforme changeait sans doute peu de choses à l'état de fait alors existant : car elle ne fut pas l'objet d'une constitution spéciale, et elle résulte de diverses dispositions dont l'objet principal était différent.

Ce sont la loi *unique C. de nud. jure Quiritum tollendo* 7 25 ; loi 8 pr. *C. de præscriptione* XXX vel X L. *annorum*, 7, 39 ; loi unique *C. de usuf. transform.* 7, 31.

Par la première, la distinction des res mancipi et des res nec mancipi disparaît, et il est établi que la tradition suffira désormais à transporter sur toutes choses le dominium ex jure Quiritum. Cette réforme était la préparation nécessaire de la transformation de la condition des fonds provinciaux.

Les deux dernières lois citées opérèrent cette transformation, l'une en étendant l'usucapion aux fonds provinciaux, ce qui n'a de sens, quoi qu'on en ait dit, qu'en supposant que la prescription reçoit les effets de l'usucapion et, comme elle, fait acquérir le dominium ; la seconde, en décidant, ce qui n'est que la conséquence et le corollaire de la première disposition, que celui qui a possédé dix ou vingt ans un fonds provincial, aura pour recouvrer la chose s'il s'en trouve dépossédé, une rei vindicatio.

Si nous reprenons les trois points de vue auxquels nous nous sommes successivement placés pour passer en revue les règles de droit applicables au fonds provincial, nature du droit, modes de transmission, et modes de garanties, voici quelles sont les conséquences de cette réforme.

Le possesseur du fonds provincial en a désormais le dominium.

Ce droit se transmet au moyen de la tradition faite par le propriétaire.

Si la tradition est faite à non domino, il s'acquerra par une possession de dix ans entre présents et vingt ans entre absents.

Constantin avait, par une constitution de l'an 339, décidé que, pour connaître l'effet d'un legs, il faudrait examiner l'intention du testateur sans s'attacher à la formule employée : dès cette époque la propriété provinciale avait pu se transférer par legs , ce qui ne semble pas permettre l'ancienne théorie des legs dans laquelle la chose ne passait directement au légataire que par le legs per vendicationem inapplicable à cette propriété. Désormais le légataire d'un tel fonds en acquerra le dominium.

Ce dominium est protégé par la rei vindicatio : et le possesseur du fonds provincial, qui est in causa usucapiendi, a pour recouvrer la chose une vrai publicium.

Le fonds peut devenir religieux, ou sacré par dedicatio, non plus à des dii superi, mais à Dieu.

Le fonds provincial dotal ne peut être aliéné par le mari.

Des servitudes proprement dites peuvent être constituées sur le fonds.

TROISIÈME PARTIE

Quels étaient les effets du dominium de l'État ou du prince dans les rapports entre ceux-ci et le possessor?

I

Les compilations de Justinien, qui supprima toute différence entre les fonds provinciaux et les fonds italiques, ne nous apprennent rien de précis. Un fragment de Papinien, la loi 36 au *Digeste, de jure fisci,* semble donner raison à l'opinion que nous avons combattue, ou du moins à celle qui réduit le dominium de l'Etat à une existence fictive et nominale. Cette loi nous montre le fisc saisissant un fonds pour avoir payement du tributum : on a prétendu en conclure que le fisc n'était qu'un créancier ayant le droit de faire saisir et vendre son gage. Nous avons déjà dit que tel n'était pas notre avis et pourquoi.

Nous pensons donc que le dominium de l'État produisait des effets assez considérables, et notamment lui eût permis, de retirer le fonds en cas de non-payement, comme s'il se fût agi d'un ager vectigalis ordinaire.

Lui permettait-il la révocation ad nutum de la concession. A la vérité un texte pourrait le faire décider. La loi 11. *D. de evict.* statue sur la question de savoir si le vendeur d'une terre sise trans Rhenum, devait ga-

rantie à son acheteur, évincé par un décret impérial qui
lui avait enlevé le fonds acheté, pour le donner à des
vétérans, in præmio. Elle décide la négative. En admettant qu'il s'agisse ici d'un des fonds identiques à ceux
dont nous nous occupons, ce texte ne prouverait pas
d'une façon bien certaine que le prince pût, en vertu de
son droit de propriété, confisquer à son gré [les terres
provinciales : ce fragment, qui est de Paul, date d'un
temps où les princes pratiquaient librement la confiscation de toute propriété, sans avoir besoin d'invoquer
aucun droit de propriété supérieure.

Si nous nous reportons aux temps où cette libre confiscation n'était point pratiquée, nous voyons Cicéron
nous déclarer que si l'ager Recentoricus sis en Sicile est
privatus (on sait ce que cela signifie), il ne peut être
enlevé aux possesseurs par une loi agraire. N'est-il pas
permis de conclure de là que le possesseur de l'ager provincialis était à l'abri de toute dépossession arbitraire
de la part de l'État, et que s'il s'en pratiqua quelques-
unes, ce ne fut qu'un reste du pouvoir despotique et illimité des empereurs.

II

Nous devons nous demander quel était le sort du trésor
du fonds provincial. On sait qu'en vertu d'une constitution
d'Adrien, le trésor trouvé sur le terrain d'autrui appartenait pour moitié à l'inventeur, et pour moitié au propriétaire du fonds, où il avait été découvert. Lorsqu'un
trésor était trouvé dans un fonds provincial, à qui était attribué cette seconde moitié? au possesseur ou à l'empereur? Nous pensons que les *Institutes*, si elles n'imposent
pas cette solution, permettent de penser que cette fraction

du trésor était attribuée à l'empereur. Nous ne parlons
pas du peuple. L'empereur, dès l'époque où fut faite cette
constitution, premier texte législatif qui se rapporte aux
trésors, absorbait en lui les droits du peuple.

III

Avant de passer à l'étude du vectigal dont la charge,
signe permanent du dominium de l'État, était le principal effet de celui-ci, nous devons encore signaler une
particularité du fonds provincial au point de vue administratif.

Le fonds provincial payant un vectigal, un impôt foncier spécial ne figura jamais dans le cens établi par Servius Tullius, dans le census civium. Ainsi la possession de
terres provinciales ne fut jamais prise en considération
pour la classification des possesseurs dans l'une des cinq
classes de Servius Tullius (1).

IV

IMPOT, VECTIGAL

Jusqu'au temps d'Auguste, le dominium des fonds
provinciaux appartient à la République romaine. Ce dominium s'accusait par une redevance appelée du nom
générique de vectigal, quelle que fût sa nature, sa quotité ou son mode de recouvrement. Le territoire provincial était ager vectigalis.

Ce vectigal n'était point une redevance spéciale, destinée à être le signe du dominium de l'État, et distinct

____

(1) *Pro Flacco*, 32.

des impôts que les Romains établissaient, ou de ceux qu'ayant trouvé établis, ils conservaient bien souvent (1), dans un esprit de sage politique : ces derniers impôts prenaient seulement un sens nouveau. Cela ressort clairement du passage des *Verrines* ou Cicéron nous dit que de grandes différences existent entre les agri vectigales : que l'Espagne par exemple paye un vectigal certum ; que la plupart des villes de Sicile au contraire ne payent que la dîme, conformément aux anciennes lois du roi Hiéron : c'était donc cette redevance qui constituait le vectigal : l'identité est assez démontrée (2).

Les fonds provinciaux, au point de vue du vectigal, se divisaient en deux grandes catégories, peut-être en trois, si l'on accepte l'explication que M. Dareste donne d'une phrase de Cicéron dont nous parlerons.

Les uns payent, comme cela a été déjà indiqué, un vectigal certum, c'est-à-dire une redevance fixe, qui a été fixée après la conquête, *quasi victoriæ præmium ac pœna belli*, dit Cicéron, et qui est appelé stipendiarium. Telle était la condition de l'Espagne, telle était aussi celle de la Gaule, à qui César imposa une contribution de 40,000,000 de serterces. Les autres au contraire n'étaient astreintes qu'au payement d'une quote-part des récoltes ordinairement du dixième, mais variant suivant la nature des cultures, plus forte par exemple sur le produit des arbres fruitiers que sur les récoltes de céréales. La plus grande partie du territoire de la Sicile était de cette condition, et payait la dîme.

Mais il ne faut point croire que les provinces stipendiaires ne payassent point de dîme ou telle autre quote-

---

(1) Cf. M. Garsonnet, *Hist. des locations perpétuelles.*
(2) Cic., *loc. cit.*

part de leurs récoltes. Tite-Live parle de la decuma de
la Sardaigne et de la vicesima de l'Espagne, toutes
deux provinces stipendiaires. L'Égypte, province stipendiaire, payait également une dîme. La différence était que
ces dernières provinces payaient cette dîme ou telle
autre quote-part de leurs récoltes en acquit du stipendium, qui, s'il n'était point fourni tout entier ainsi, devait être complété par une autre taxe quelconque : omni
modo debebatur. Le payement de la dîme, au contraire,
libérait les autres provinces, au moins quant à l'impôt
foncier : et la redevance de ces provinces était toujours payable en nature. Le stipendium au contraire se
payait le plus souvent en argent. Telle était la contribution de 40,000,000 de serterces imposée à la Gaule par
Jules César.

Le stipendium à l'analyse prend, à un autre point de
vue, un aspect différent de la dîme : celle-ci est purement
un impôt foncier ; le stipendium, qui, au contraire, était
payé omni modo, et lorsque la dime en faisait une partie, était complété par une autre taxe quelconque, était
un impôt général, frappant tous les revenus des habitants de la province, et non pas seulement les revenus
de la terre.

Cette considération a pu faire dire avec quelque apparence de raison, que si au point de vue foncier, la distinction indiquée par Cicéron et acceptée par tous les
modernes, est exacte, elle est fort contestable au point
de vue des impôts en général : il serait, dit-on, inadmissible, que la Sicile, province très commerçante, n'eût
été atteinte que dans ses revenus fonciers et non dans
sa richesse mobilière (1).

(1) V. M. Beaudouin, *Étude sur le jus italicum. Nouv. Rev.
hist. de Dr.*, t. V, p. 598, note 3.

Selon MM. Dareste, Dureau de la Molle et Serrigny Baudi de Vesme, il faudrait distinguer les provinces payant un vectigal fixé dont nous venons de parler d'autres provinces, soumises également à un vectigal fixé à certains points de vue, variable à d'autres : les premières payeraient une redevance invariablement fixée : les autres une redevance annuellement déterminée par les censeurs. Cette distinction résulterait de l'opposition que fait Cicéron de l'Espagne et de l'Asie dans le passage suivant : *Impositum vectigal est certum quod stipendiarium dicitur ut Hispanis et plerisque Pœnorum quasi victoriæ præmium ac pœna belli, aut censoria locatio constitua est ut Asiæ lege Sempronia.* Cette constitution de l'impôt serait désignée sous le nom de censoria locatio.

On peut se demander si cette distinction est bien fondée, on peut surtout douter qu'elle soit indiquée par Cicéron. Cette invariabilité de l'impôt pour certaines provinces paraît assez peu pratique ; d'autre part, la distinction s'expliquerait difficilement. Enfin la censoria locatio de l'Asie dont parle Cicéron peut s'entendre tout autrement. On sait que c'était là le nom générique donné aux adjudications publiques faites par les censeurs pour le compte de l'État. Cicéron aurait alors voulu dire que les impôts de l'Asie étaient affermés. Mais, dira-t-on, Cicéron indique que l'Asie avait une condition distincte de celle de l'Espagne et de la Sicile. Si elle payait un vectigal certum, en quoi était-elle distinguée de l'Espagne? Si elle payait la dîme, en quoi était-elle distinguée de la Sicile. On peut répondre : l'Asie payait la dîme et néanmoins sa condition était différente de celle de la Sicile: et c'est même à cette dernière province que Cicéron l'oppose. Les impôts d'Asie étaient affermés à Rome par

les censeurs. Les impôts de Sicile étaient, au contraire,
mis en adjudication en Sicile par les censeurs des villes
Siciliennes, et ainsi les sujets ou les cités mêmes de la
province pouvaient prendre l'impôt à ferme et éviter
de cette manière les persécutions et les exactions.
Cicéron développe cette idée dans la suite du même
paragraphe : *Videte nunc majorum sapientiam, qui,
cum Siciliam tam opportunum subsidium belli atque
pacis ad rem publicam adjunxissent, tanta cura Siculos
tueri ac retineri voluerunt, ut non modo eorum agris vectigal novum nullum imposuerint, sed ne legem quidem
venditionis decumarum neve vendendi aut tempus aut
locum commutarent, ut certo tempore anni, ut ibidem
in Sicilia. denique ut lege Hieronica venderent.* L'adjudication de la dîme Sicilienne était faite dans les temps,
lieux, et aux termes fixés par l'ancienne loi du roi Hiéron.

Des impôts dont nous avons traité, les uns, ceux qui
étaient fixes, étaient perçus directement par la république. Ceux qui au contraire étaient susceptibles de
diminution, tels que les dîmes ou vingtièmes, étaient
adjugés en fermes. Comme la fortune d'un particulier
n'eût pu suffire à affermer l'impôt d'une province en-
tiére, il s'était fondé des sociétés dites *societates
vectigalium*, qui firent l'objet d'une législation spéciale.

Outre les impôts, ou, plus exactement, les redevances,
les fonds provinciaux se trouvaient grevés de deux
autres charges, que Cicéron appelle *frumentum imperatum* ou *emptum*, et *frumentum æstimatum*. Il arrivait
assez souvent que Rome eût besoin de blé : alors une
deuxième dîme était prélevée. C'est ainsi que pendant la
guerre de Macédoine, qui exigeait de grands approvisionnements de toute sorte, les préteurs qui venaient
d'obtenir au sort la Sicile et la Sardaigne, reçurent l'ordre

d'imposer une seconde dîme à leurs administrés qui durent transporter les blés et autres denrées à l'armée de Macédoine à leurs frais. Mais cette seconde dîme était payée: c'était ce qu'on appelait frumentum imperatum.

Quant au frumentum æstimatum, voici ce que c'était: Les habitants des provinces devaient fournir au gouverneur romain tous les approvisionnements nécessaires à son entretien et à celui de sa maison, sans doute moyennant payement (1), contribution appelée cella. La quotité en était fixée par le sénat ; or il était d'usage que les préteurs permissent aux contribuables de s'en racheter moyennant le payement d'une somme équivalente à la valeur des denrées qu'ils auraient dû fournir. Si cette mesure fut prise d'abord par les préteurs, dans l'intérêt des contribuables, il semble qu'elle fut plus tard appliquée dans un tout autre esprit et que les Verrès et les Marc-Antoine, pour leur plus grand bénéfice, transformèrent la cella en une redevance pécuniaire la plus élevée possible (2).

Nous ne parlerons pas des contributions illégalement perçues, tels que le vinum honorarium, unguentarium, vasarium, véritables exactions que peu de gouverneurs s'interdisaient.

Nous devons faire une observation générale sur ces

(1) Cic. *in Verr*. 2 act., III. § 87.

(2) Cic. *In Verr*. 2ᵉ act., III, 82. *Nemo enim* ɪɴɪᴛɪᴏ *fuit tam impudens qui cum frumentum deberetur pecuniam posceret.* Cela avait donc changé ! Au § 87 du même discours, il nous dit qu'en présence des exactions de Verrès, Sosithée, citoyen d'Entelle, est venu demander que cette sorte d'abonnement fût interdite et que les Siciliens pussent fournir le blé qui manquait. Sur Marc-Antoine voir même discours § 10, ch. ɪɪ.

impôts. Perçus par les publicains ou les magistrats de Rome, ils ne l'étaient qu'indirectement : l'usage général des Romains étant de ne point avoir affaire aux particuliers mais aux cités.

Pendant cette première période les fonds provinciaux furent chargés seuls des impôts fonciers proprement dits, des redevances envers l'État : l'Italie avait été déchargée de l'impôt après la conquête de la Macédoine par Paul-Emile, et la propriété foncière de cette contrée n'était soumise qu'à l'annone, fourniture des denrées nécessaires à l'entretien des garnisons, et qu'il faut ajouter pour les fonds provinciaux aux charges susindiquées. Encore toute la partie de l'Italie avoisinant Rome jusqu'à une distance de cent milles romains en était-elle exempte et libre de toute charge.

2. — Lorsqu'Auguste se fut sous diverses qualités rendu maître du pouvoir, il songea à se décharger d'une partie des devoirs qu'il comportait sans renoncer à aucun de ses droits. A cet effet une partie des provinces fut attribuée au peuple, et placée sous le gouvernement du Sénat : la seconde fut laissée au prince : le peuple eut ainsi la propriété et le droit aux redevances des premiers, et l'empereur, la propriété des terres et les tributs des secondes.

Ce partage amena à distinguer deux trésors : l'un celui de l'empereur, appelé fiscus, le second celui du peuple, appelé ærarium ; les redevances payées par les provinces impériales tombaient dans le fiscus ; celles payées par les provinces sénatoriales tombaient dans l'ærarium. Les redevances payées par les provinces impériales prirent le nom de tributum, les redevances des provinces sénatoriales celui de stipendium.

Cette répartition du tributum et du stipendium admise sans contestation sur la foi du témoignage formel de Théophile (1), a été repoussée par M. Walter dans la seconde édition de son *Histoire du droit romain*. Selon cet auteur, le tributum et le stipendium seraient tous deux tombés dans l'ærarium. Il appuie son opinion sur un passage de Velleius Paterculus, où il est dit qu'Auguste tira de l'Égypte réduite en province impériale antant d'argent pour l'ærarium que César en avait trouvé en Gaule, et sur l'édit de Tibérius Alexander, préfet de l'Égypte en 68, sous Nerva, qui mentionne un double compte des revenus de cette province : l'ἴδιος λόγος pour le prince et le δημόσιος λόγος pour l'État. Il remarque en outre qu'il est difficile d'admettre que le trésor public ait perdu la moitié de ses revenus, alors que ses charges s'aggravaient.

M. Garsonnet a fort bien répondu à ces arguments. « D'une part, dit-il, la distinction des fonds tributaires et stipendiaires est certainement fondée sur l'opposition du tributum et du stipendium, et il est constant que les provinces impériales payaient le tributum et les provinces sénatoriales le stipendium. D'autre part il est mpossible d'admettre qu'il n'y eût pas entre eux quelque différence, car sans cela pourquoi deux termes se faisant antithèse? Or la nature de la redevance ne pouvait servir à les distinguer l'un de l'autre, car deux provinces impériales, la Pannonie et l'Égypte, payaient le vectigal l'une en argent, l'autre en nature. La double destination de ces deux impôts faisait donc leur seule différence, et deux observations rendent cette conclusion encore plus certaine.

____

(1) Sur le § 40 des *Institutes de divis. rer.*

La première, c'est que d'autres profits de l'État, comme les biens sans maître et les successions vacantes, étaient attribués au fisc ou à l'ærarium suivant la province d'où ils venaient ; la seconde, c'est que le vectigal, attribut du domaine éminent, revenait naturellement au propriétaire du sol qui le payait : à l'empereur par conséquent, dans les provinces impériales, qui suivant l'expression de Gaïus, *propriæ Cæsaris esse dicuntur*. Nous devons ajouter, avec le même auteur, que M. Walter, est parti d'une fausse conception du fiscus : ce trésor était encore une sorte de caisse publique et devait supporter les dépenses des provinces, entretien des armées ou autres des provinces dont il percevait les revenus. Velleius Paterculus parle de l'Egypte dans les premiers temps qui ont suivi la conquête, alors que le partage et l'organisation des provinces n'était point achevés. Quant à l'édit de Tiberius Alexandre, il s'explique très bien par cette observation que l'ærarium pouvait avoir des sommes à recouvrer dans les provinces impériales, legs et hérédités caducs, par exemple, dévolus au peuple par les lois Julia et Papia Poppœa, en quelque province qu'ils se trouvassent.

Ce que fut la division des provinces dont nous venons de parler au point de vue du gouvernement, on le sait : dès sa création, elle ne fut pas respectée par son auteur. Suétone nous apprend qu'Auguste en effet contrôlait le gouvernement des provinces sénatoriales avec la même liberté que celui des régions dont il s'était réservé l'administration. La même confusion devait nécessairement se produire entre les deux trésors, ærarium et fiscus. Mais cette distinction subsista néanmoins quant à la comptabilité, quand les deux caisses furent passées aux mains des empereurs, et se retrouve au bas-empire

même. L'administration des revenus de l'ancien ærarium
fut aux mains d'un chef suprême appelé comes sacra-
rum largitionum. Celle des domaines et des revenus du
prince, ou l'ancien fiscus, dépendait d'un autre chef
appelé comes privatarum largitionum (1).

3. — Depuis l'époque où se produisît la division des
provinces, que nous avons étudiée, jusqu'au temps de
Dioclétien, l'Italie conserva sa situation privilégiée et les
fonds provinciaux continuaient de payer seuls l'impôt
foncier complet.

La base ni la notion de cet impôt ne furent pas non
plus modifiés du moins d'une manière générale. Mais il
se produisit néanmoins divers changements que nous
ne pouvons que résumer dans ce travail, et qui devaient
en préparer une modification totale.

Auguste fit procéder dans tout l'empire au recensement des fortunes privées: ce recensement, selon toute
vraisemblance, ne dut point être, comme on l'a cru, accompagné d'un arpentage parcellaire de toutes terres. Il
se fit sur la seule déclaration des propriétaires. Cette
déclaration, qui se renouvela sous les premiers empereurs tous les dix ans, contenait des éléments qui devaient permettre d'établir la valeur du fond et de l'imposer
équitablement suivant telle ou telle proportion. Ce fut
effectivement l'objet du cens ordonné par Auguste. C'était
donc la préparation de la transformation des anciennes
redevances fixes payées omni modo par les provinces
stipendiaires, dans le sens ancien du mot, et surtout des
dîmes et des vingtièmes, en une redevance pécuniaire
proportionnelle à la valeur du fond, en un impôt à peu
près tel que nous le concevons aujourd'hui. Mais Auguste

____

(1) Serrigny, *Droit administratif romain*, t. 1, n° 100.

n'acheva point l'œuvre commencée. Partiellement et peu à peu ce changement se produisit. L'agrimensor Hyginus nous dit que de son temps nombre de provinces soumises autrefois aux redevances en nature payaient un impôt pécuniaire proportionnel à la valeur du sol, c'est-à-dire un impôt déterminé d'après le revenu net et présumé des fonds. Il cite l'Asie comme l'une de ces provinces (1).

Mais il nous apprend aussi que les dîmes n'avaient point disparu ; il nous dit même que certaines provinces, sans doute celles dont les récoltes étaient des fruits naturels, demandant peu de travail, tels que des pommes, oranges ou autres fruits, payaient le cinquième de leurs revenus (2).

Les redevances en nature qui existaient encore sous Trajan, ainsi que nous l'apprend Hyginus, qui vivait sous le règne de ce prince, disparurent-elles complètement? M. de Savigny l'a pensé et il a appuyé son opinion sur le changement qu'on remarque dans les auteurs relativement aux noms des propriétés provinciales. Gaïus dit que tous les fonds provinciaux portent le nom de stipendiaria ou tributaria : le terme d'ager vectigalis n'est plus employé par lui pour désigner ces fonds. Les *Fragmenta vaticana* désignent également les fonds provinciaux par les mots fundus stipendiarius et fundus tributarius, qui, selon le romaniste prussien, indiquent évidemment une redevance en argent.

Nous pensons plutôt, avec MM. Dureau de la Molle et Serrigny, que l'impôt en nature, équivalant à une quote-

----

(1) *Agri vectigales multas habent constitutiones. In quibusdam provinciis fructus partem constitutam præstant: alii quintas, alii decimas; nunc multi pecuniam, et hanc per solⁱ æstimationem.*

(2) V. note ci-dessus.

part du revenu brut, s'il se restreignit, ne disparut pas complètement, même après la période que nous étudions et qui se termine au règne de Dioclétien. Orose nous rapporte qu'en 417 l'Egypte payait encore l'ancienne contribution du cinquième des fruits en nature. Tout un titre au Code Théodosien a pour objet d'ordonner que certains impôts soient payés en nature. Aux arguments que nous rapportons d'après ces auteurs on n'a répondu que par des conjectures. M. de Savigny a dit qu'il ne s'agissait point dans le passage d'Orose d'une quote-part véritable des fruits, mais d'une base prise pour la fixation annuelle du total de la contribution foncière de l'Egypte. M. Rudorff pense que les contribuables avaient le choix de s'acquitter en nature ou en argent. Cela est possible, mais n'est pas prouvé. L'explication conjecturale de M. de Savigny contredit le texte de l'historien. La persistance des impôts en nature doit être admise, même pour les temps postérieurs à Dioclétien, dont le règne inaugure la période de généralisation de l'impôt foncier en argent.

4. — La transformation du fonds provincial ne fut complétée que par Justinien : la fusion des deux sortes de propriété au point de vue fiscal fut consommée bien auparavant par l'assimilation du fonds italique au fonds provincial.

Les fonds italiques, nous l'avons dit déjà, ne devaient que l'annone, c'est-à-dire des prestations de fruits modérées, destinées à l'entretien des troupes et de l'empereur (c'est-à-dire de la cour impériale). La région voisine de Rome, jusqu'à une distance de cent milles de cette ville, échappait même à cette charge. Ce dernier privilège paraît avoir disparu à une époque indéterminée, mais antérieure au règne de Dioclétien, et il semble qu'à cette époque l'annone se fût étendue à toute la Péninsule.

Quand Dioclétien eût partagé l'empire avec son collègue Maximien, celui-ci, pour subvenir au budget de son empire, qui comprenait l'Italie, l'Afrique et les Iles, sentit qu'il y avait nécessité d'en augmenter les ressources. L'Italie, qui en formait une partie considérable, échappant à l'impôt, elles se trouvaient insuffisantes. Maximien étendit donc à l'Italie l'impôt qui n'était antérieurement payé que par les provinces.

A compter de cette époque, l'impôt foncier, généralement payable en argent, prit le nom nouveau de capitatio terrena. Le nom de l'impôt se tirait du nom de ce qui constituait ce que j'appellerai l'unité cadastrale, le caput. La nature du caput est aujourd'hui l'objet de graves controverses, dont l'examen ne peut trouver place que dans une étude spéciale et détaillée de l'impôt. Disons que l'on considère généralement le caput comme correspondant à une étendue de terres, variable, selon la nature des cultures, et équivalant en capital à mille solidi. On ne sait d'ailleurs pas comment se calculait cette valeur.

L'impôt foncier porte également dans le *Digeste* le nom de tributum soli.

Nous faisons observer qu'il se calculait non sur le revenu, mais sur la valeur du capital.

QUATRIÈME PARTIE

I

Immunitas

La condition des fonds provinciaux telle que nous venons de la décrire pouvait être modifiée de deux façons différentes : par la concession de l'immunitas et par la concession du jus italicum.

Les deux traits essentiels qui distinguent le fonds provincial du fonds italique sont : l'incapacité de dominium et la soumission à un vectigal.

L'immunitas ne fait disparaître que ce second caractère.

L'immunitas concédée à un territoire, à une ville, la déchargeait de l'impôt provincial, tant en ce qu'il portait sur les terres qu'en ce qu'il atteignait la fortune mobilière des habitants. Mais elle laissait subsister toutes les différences dont nous avons constaté l'existence entre l'ager italicus et l'ager provincialis.

L'immunitas dont nous entendons parler ici n'est point celle qui appartenait de droit aux civitates liberæ aut fœderatæ, mais celle qui fut concédée à titre de faveur spéciale à des villes sujettes ou à des colonies. Il n'est point douteux qu'il en ait existé : il suffit pour s'en convaincre de se reporter au passage de Frontin que nous avons déjà cité (1).

L'immunitas était une concession faite à la cité, aux habitants de celle-ci, que ne modifiait nullement le caractère pérégrin du sol, nous l'avons déjà dit. Cela avait une importante conséquence : les fonds dépendant du territoire d'une cité qui avait obtenu ce privilège, n'en étaient pas moins soumis à la dîme lorsqu'ils appartenaient à des propriétaires étrangers à cette cité (2).

Ce pouvait être une concession faite à raison des circonstances accidentelles, et pour permettre à une cité de réparer les ruines qui avaient été faites par une catastrophe. Tacite nous apprend que Tibère, à la suite d'un grand tremblement de terre qui désola l'Asie, fit remise des impôts pour dix ans aux villes de Sardes, de Magnésie, de Sipyle, de Philadelphie et encore d'autres grandes cités frappées par le fléau.

Ce put même, sous l'empire, être une faveur individuelle. Suétone nous raconte qu'Auguste, ayant refusé d'accorder la civitas à un Gaulois, pour lequel sa femme Livie la lui demandait, se décida, pour éviter de fâcher celle-ci, à exempter cet homme de tous impôts, disant qu'il aimait mieux perdre quelque argent, que de déshonorer la classe des citoyens en y faisant entrer un indigne.

Ce ne fut toujours pendant longtemps qu'un privilège qui faisait l'objet d'une concession spéciale. Mais au bas-empire il fut établi d'une manière générale :

(1) P. 35, éd. Lachmann, l. 13 et sqq. Il est question au *Digeste* de villes purement immunes et n'ayant point le jus italicum. (L. 15 l. VIII pr. et § 7.

(2) Cic., 2 act. *in Verr.* III, § 40.)

1° Pour les terres des vétérans, mais seulement pour celles qu'ils avaient obtenues de l'empereur.

2° Pour les biens des églises ; mais ce privilège n'exista que peu de temps. Concédée en l'an 213 par Constantin, avec exemption, elle disparut dès l'an 360 (1).

Nous avons dit que l'immunitas dégrevait les fonds de l'impôt foncier en nature ou en argent. Nous croyons qu'en effet elle ne déchargeait les territoires à qui elle était concédée que de ce qui constitua le vectigal, puis le tributum ou le stipendium, et enfin la capitatio, et les laissait soumis à l'annona. Nous savons qu'en Italie une région bien étroite y était soustraite : cela suffit à donner à l'exemption de l'annona un caractère restrictif, qui, en l'absence de textes contraires, nous fait penser qu'il ne faut point considérer les provinces comme ayant été plus favorablement traitées que la majeure partie de l'Italie.

II

Jus italicum

Nous n'avons sur le jus italicum que les textes suivants :

1° Pline, *Hist. nat.*, III, 3, § 9. (collection Nisard) III, 25 (même édition).

2° Le titre *de censibus* au *Digeste*.

3° La L. unic *C. Theod.*, XIV, 13.

4° LL. 1, *C. Just.*, *de privil. urb. Constant.*, XI, 20.

A quelle époque le jus italicum a-t-il paru ? Quelle en était la nature ?

(1) L. 3, 9. *C. Th. Dedet*.

Ces deux questions ne sauraient être étudiées avec le détail qu'elles comportent que dans un travail spécial à cette matière.

Nous nous contenterons de résumer ici les points qui nous paraissent aujourd'hui acquis sur l'une et l'autre.

Sur l'origine trois opinions s'étaient formées : la première faisait remonter le jus italicum à la seconde guerre punique ; d'autres pensaient qu'il n'avait passé qu'après la guerre sociale : dans un troisième système on admettait qu'il avait été créé sous l'empire.

C'est ce dernier système qui nous paraît exact ; M. Reveillaut (1) a démontré dans une étude critique que le jus italicum ne remontait qu'à l'empire.

Il ne peut être né après la deuxième guerre punique. Les auteurs anciens et les rares auteurs modernes, qui l'avaient pensé, reconnaissent eux-mêmes qu'après cette guerre, les différents peuples de l'Italie obtinrent, suivant leur conduite envers Rome, des traitements différents. Ce qui rend inadmissible la création d'un droit abstrait spécial qui se serait appelé droit italien.

Même après la guerre sociale, on n'en trouve pas trace dans l'histoire : aucune colonie ne fut gratifiée de ce droit. Ce fut d'un empereur que Carthage en obtint la concession.

Quant à la nature du droit, il faut admettre aujourd'hui qu'il ne se rapportait pas à la condition des personnes, et ne constituait pas un des degrés intermédiaires entre la civitas et la peregrinitas. M. Giraud et M. Beaudouin (2) l'ont assez prouvé après M. de Savigny, en faisant remarquer que ce droit, comme état des personnes, n'aurait

(1) *Revue historique de droit français et étranger.* Année 1851.
(2) M. Giraud. *Propriété.* — M. Beaudouin, art. cité.

pu coexister avec la latinité ou la civitas, et en rappelant
que justement cette concession fut faite à des colonies
citoyennes, telles qu'Acci et Libosa en Tarraconaise, et
que ce droit se retrouve même après Caracalla, c'est-à-
dire même après la collation du droit de cité à tout l'empire. Il faut donc écarter l'hypothèse d'un jus italicum
emportant concession personnelle du commercium et du
connubium avec faculté plus ou moins grande d'accéder
à la cité. On est assuré aujourd'hui que le passage du
scholiaste Asconius, sur lequel se fondait l'opinion contraire, n'existait pas dans le manuscrit et n'est que le
produit d'une mauvaise restitution du jurisconsulte
Hotman.

M. Rhevillout, en démontrant l'inexactitude des doctrines qui attribuaient au jus italicum une haute antiquité,
a complété sa preuve en établissant qu'aucun des éléments dont on avait prétendu constituer un jus italicum
antérieur à l'empire : immunité d'impôts, droit de fournir
la milice, autonomie, n'avait appartenu à l'Italie à cette
époque ; que l'Italie avait été primitivement stipendiaire
comme le furent les provinces, que pour le recrute-
ment de la milice, la condition des peuples italiens était
diverse et ne pouvait constituer l'élément d'un droit
spécial ; que l'Italie avait eu des préfets et des procon-
suls (1).

Puisque le jus italicum n'était rien de tout cela, qu'était-
ce donc ?

Le jus italicum emportait exemption d'impôts. Il suffit
de se reporter, pour en avoir la preuve, au titre du *Digeste de censibus*. Ceci suffit à accuser le caractère de
concession réelle et non personnelle du droit.

(1) Tacit *Ann.* XI : 22 — Appen. B. C. T. 38.

Était-ce tout ? S'il en eût été ainsi, le jus italicum ne se fût point distingué de l'immunitas (1).

Le jus italicum avait pour effet de rendre les terres du territoire auquel il était concédé susceptible de domaine quiritaire, et l'immunitas dont nous avons parlé, ne fut, tant que dura la distinction du sol italique et du fonds provincial, que la conséquence de cette transformation du droit des possesseurs. La concession du jus italicum était, suivant l'expression significative de M. Beaudouin, une extension légale de l'Italie.

Il en est un troisième, que MM. de Savigny et Giraud y attachent, une administration municipale. Nous n'avons point à nous expliquer là-dessus. Nous dirons seulement qu'il nous semble fort douteux que ce fût là un privilège inhérent au jus italicum, après les critiques savantes dont les arguments de ces deux auteurs ont été l'objet de la part de M. Beaudouin.

Tel fut le jus italicum jusqu'au temps de Justinien ; lorsque ce prince eut rendu les fonds provinciaux susceptibles de dominium, et les eut soumis au régime de cette propriété, l'immunité fut le seul privilège qui subsista du jus italicum, et si nous trouvons au *Digeste* des mentions particulières de ce droit, à côté de l'immunitas, c'est que les textes où nous les rencontrons datent du temps où ces deux privilèges existaient concurremment.

(1) Nous pensons que le jus italicum laissait subsister l'ancienne redevance due même par le sol italique.

DROIT FRANÇAIS

DU ROLE ET DES ATTRIBUTIONS DU CONSEIL DE FAMILLE

> L'État délègue ainsi son droit général de diriger les actions des hommes. La famille reçoit de lui à la décharge des fonctionnaires publics, la mission d'exercer sur une foule de faits particuliers, dans la vie de chaque jour, une surveillance minutieuse. Par là se complète la surveillance réservée aux fonctionnaires publics sur des faits plus généraux.
>
> Cette délégation n'est pas un abandon. L'État se réserve son contrôle sur le délégué, comble les lacunes que laisse sa négligence, le supplée à son défaut s'il en est besoin.
>
> (OUDOT, *Droit de famille.*)

CONSIDERATIONS GÉNÉRALES

§ I

Si on laisse de côté quelques attributions accessoires et exceptionnelles, le conseil de famille apparaîtra comme jouant le rôle de ce que certaines législations ont appelé autorité tutélaire. Ses fonctions principales ont en effet pour objet le contrôle et la surveillance des pouvoirs de ceux à qui la loi confie l'administration de la personne et des biens, ou des biens seulement, des individus à qui leur âge, leur état d'esprit, ou une déchéance ne permettent pas de l'exercer : il autorise les actes que ces administrateurs ne. peuvent faire. seuls, soit seul, soit sous la condition d'une homologation. Il nomme certains de ses administrateurs.

On comprend que ces fonctions supérieures de tutelle peuvent être confiées à des autorités diverses.

A Rome elles furent toujours entre les mains des magistrats, représentants directs de l'État.

A défaut de tuteur testamentaire ou légal, c'était le magistrat qui en désignait un.

Longtemps à Rome les pouvoirs du tuteur sur les biens du pupille furent absolus en ce sens qu'aucune formalité ni autorisation préalable n'était imposée à celui-ci pour l'accomplissement des actes même les plus graves de sa fonction. Quand les empereurs interdirent aux tuteurs certaines aliénations telles que celles des immeubles, ce fut le magistrat qui reçut mission d'autoriser ces sortes d'actes quand ils seraient nécessaires. Lorsque quelque difficulté s'élevait au sujet de l'instruction et de l'éducation à donner à l'enfant, c'était le magistrat qui statuait. Dans ces cas, il est vrai qu'il prenait l'avis des parents et des amis des pupilles, mais il ne les entendait qu'individuellement, à titre de renseignements. Il ne semble pas que la pratique romaine ait jamais connu le conseil de famille tel que nous le comprenons. C'était encore par le moyen d'une action introduite devant le magistrat que s'obtenait la destitution du tuteur infidèle. C'était le magistrat qui nommait les curateurs aux mineurs de vingt-cinq-ans, ceux des fous et des prodigues quand il y avait lieu. En résumé, c'était le magistrat délégué immédiat de l'État qui détenait le contrôle de l'administration de la personne et des biens des incapables.

Dans les législations modernes divers principes ont été suivis.

En Prusse, aux termes de l'art. Ier de la loi du 5 juillet 1875, entrée en vigueur le 1er janvier 1876, le tuteur du prodigue, du fou, de l'absent et du mineur, est placé sous l'autorité supérieur du tribunal tutélaire. C'est le juge de paix, bailli ou commissaire de justice. C'est à celui-ci que le tuteur doit remettre les comptes partiels qu'il est tenu de dresser au cours de la tutelle, c'est au magistrat qu'il rend le compte définitif; c'est le tribunal tutélaire qui inflige les amendes prononcées par la loi dans certains cas, au tuteur négligent. Cette loi permet, il est vrai, dans certains cas et sur la demande de certaines personnes qu'elle détermine, de constituer un conseil de famille; celui-ci réuni sous la présidence du juge, remplit alors les fonctions de tribunal tutélaire. Mais jamais le conseil de famille n'est imposé par la loi au tuteur (1). La législation prussienne, se rapproche encore du type des législations qui placent la tutelle sous le contrôle de l'autorité administrative : l'éducation et l'instruction des pupilles est en effet soumise à la direction d'une commission appelée Conseils des Orphelins (Waisenrath), dont les membres sont désignés par les autorités communales.

Cette commission est également chargée de désigner les tuteurs au choix du juge. Mais c'est en somme ce

(1) *Annuaire de leg. comp.*, a. 1876, p. 429 et s. — En Angleterre c'est une section de la Haute Cour qui est chargée d'autoriser les tuteurs à faire les actes les plus graves de leurs fonctions et qui constitue l'autorité tutélaire. V. l'ouv. de M. Glasson. *Instit. de l'Angleterre*, t. VIII.

dernier qui a la haute main sur les tutelles: le principe
de l'autorité judiciaire prédomine et ce n'est que timi-
dement que la loi nouvelle a généralisé l'institution des
conseils de famille, qui n'existaient autrefois que dans la
Prusse rhénane, où était appliqué le Code Civil.

C'est également à cette autorité que ces fonctions sont
confiées dans le canton des Grisons, où elle les exerce
soit directement, soit par l'intermédiaire d'une commission nommée par le tribunal de district (1).

D'autres lois ont remis ces attributions aux autorités
administratives. En Hongrie la surveillance des tutelles
est exercée par un tuteur communal : mais il n'a qu'un
rôle semblable à celui de notre subrogé-tuteur. C'est au
municipe qu'appartient véritablement l'autorité tutélaire.
L'exercice effectif en est confié à une commission composée du président du municipe, de deux assesseurs,
pris parmi ses membres, et d'un notaire. Elle peut éga-
ement être déléguée à la commune, si celle-ci est assez
riche pour que les intérêts des pupilles soient garan-
tis (2).

En Suisse, où l'autorité communale est fortement constituée, la législation de la plupart des cantons confie
l'autorité tutélaire aux conseils communaux, qui l'exer-
cent directement ou par l'intermédiaire d'une commission.

L'autorité tutélaire (nous emploierons dorénavant ces

(1) M. Lardy *Leg. civile des cantons suisses.*

(2) L. XX de l'année 1877, — *Ann. leg. comp.*, a. 1877, p. 260. Les
art. 142 et suivants permettent à certains parents des individus en
tutelle, lorsque celle-ci n'est point exercée par des ascendants, de
demander à être consultés sur les questions qui intéressent cette
gestion ; s'ils sont plus de quatre, ils choisissent parmi eux une commission de quatre membres, qui exerce l'autorité tutélaire. C'est
encore un conseil de famille facultatif.

mais pour l'désigner les fonctions supérieures du contrôle
et d'autorisation, définies au début de cette Introduction) s'étend pour le plus grand nombre des cantons, à
la puissance paternelle, qui ne diffère guère de la tutelle (1). En Argovie c'est le préfet qui exerce cette autorité (2).

En Russie, l'idée mère des dispositions sur cette matière est la division de la nation en classes. L'autorité
tutélaire appartient dans les villes aux municipalités,
dans les campagnes à l'assemblée communale, qui ne
comprend que les propriétaires ruraux (3). Les orphelins
nobles sont placés sous la haute protection d'une commission, appelée tutelle noble présidée par le maréchal
de la noblesse du district, qui nomme les tuteurs aux
enfants nobles, les surveille et les autorise quand il y a
lieu. Les enfants du clergé sont sous la protection des

(1) Appenzell, Loi 28 octobre 1860, — Bâle campagne, L. 28 février 1853. — Berne, code de 1824 et L. 28 novembre 1825. — Lu-
cerne, L. 29 décembre 1833. — Schwitz. — Schaffouse, L. 2 avril 1864.
— Soleure. — Unterwald le Haut Valais — Thurgovie — Vaud,
Code Vaudois. — Uri. L. 4 mai 1873. — Saint-Gall, L. 1821. — Zoug.
Sur l'organisation de la puissance paternelle des tutelles et curatelles en Suisse, voyez l'ouvrage de M. Lardy, *la Législation civile
des cantons suisses.*
(2) Code 31 août 1847. — En Neufchatel l'autorité tutélaire est exercée par le juge de paix assisté de deux assesseurs pris parmi les
domiciliés. En Unterwald-le-Bas, il existe un conseil de famille de
cinq membres qui se réunit sous la présidence de fonctionnaires
spéciaux. Ce n'est qu'à défaut des parents qu'il est complété par des
membres du conseil communal.
(3) Acte du 19 févr. 1861. *Ann. lég. étrangère*, a 1874. —
p. 461. — Code russe, art. 233, 236, 238. — La loi russe met en tutelle les sourds-muets et les absents. Les prodigues sont soumis à
une tutelle adoucie. (Lehr. *Droit civil russe.* p. 145 et 153.)

autorités ecclésiastiques. Je note à titre de curiosité que l'empereur peut nommer lui-même le tuteur.

Notre ancien droit avait placé l'autorité tutélaire entre les mains des juges. Mais ceux-ci n'étaient pas appelés à statuer seuls. Ils devaient prendre l'avis des parents ou des amis de l'enfant dont les intérêts étaient en question. Ce conseil de famille existait du temps de Beaumanoir. Cet auteur, dans son ouvrage sur les *Coutumes de Beauvoisis*, traitant de la condition des mineurs, qu'il appelle *sous-aagiès*, nous dit que les amis de ces enfants peuvent exiger des *baillistres*, la promesse de ne point les marier sans leur consentement, et s'ils s'y refusent, leur faire enlever la garde des enfants pour qu'ils soient remis à quelque *prod'homme* ou à quelque « *prode femme* » (1). Même demande pouvait être faite lorsque le baillistre entretenait mal l'enfant, ou était incapable ou de mauvaise renommée (2). Les mêmes personnes pouvaient exiger des sûretés du baillistre et du gardien. Il faut penser que dans tous ces cas il ne s'agit pas d'une intervention individuelle de chacune des personnes désignées, mais de l'intervention collective par une assemblée émettant un avis à la majorité. On ne peut comprendre qu'ainsi la promesse faite collectivement aux amis et parents de ne point marier l'enfant sans leur consentement, et la dation des « seuretés ».

L'avis de cette assemblée ne s'imposait pas au juge. C'était à lui qu'il appartenait de décider. Cette assemblée n'était pas un souvenir de l'ancienne assemblée de famille germanique, sorte de petit corps législatif

(1) Beaumanoir, éd. Beugnot, ch. xv, n° 31.
(2) Beaumanoir, ch. xxi, n°° 13, 14, 15, 16.

délibérant sur les intérêts de la petite agglomération humaine, toute maîtresse d'elle-même, en l'absence d'organisation politique et de tout pouvoir central. Ce ne fut qu'une institution de protection commode et que la pratique adopta à cause de cela. L'admission des amis et voisins dans sa composition le prouve assez. Ce ne fut pas non plus un emprunt au droit romain. Si dans certains textes il est question d'avis à demander aux parents, il ne paraît pas, nous l'avons déjà dit, qu'il y eût là une assemblée formant un avis à la majorité. Cependant, il faut avouer que les formes mêmes dans lesquelles Beaumanoir et l'auteur du *Livre des droiz et commandemens*, nous parlent de l'intervention des parents dans l'administration de la personne et des biens du mineur, ressemblent à ceux des textes romains et peuvent laisser penser que les deux pratiques se rapprochaient (1). Cependant, l'intervention des parents, alliés ou amis se distingua toujours en France par son caractère collectif, prenant la forme d'une assemblée, émettant un avis à la majorité des voix, et par sa fréquence et sa généralité.

Cette institution traversa tout notre ancien droit avec les caractères que je viens de dire. C'est le juge qui décide et est vraiment l'autorité tutélaire. L'assemblée des parents est bien exactement nommée conseil. Mais si tel était le droit, la pratique était bien différente depuis longtemps : l'avis des assemblées, en fait, s'imposait.

---

(1) V. LL. 1, § 1, 4, § 5, *D.*, lib. XXVII, 2. — Cf. LL. 1, 18, 20, C. v, 4. — L. 5, § 11, *D., de reb. eor*. A Rome quelquefois, à l'effet de juger l'individu coupable d'un crime, les parents et les amis étaient constitués en une sorte de tribunal domestique. C'est ainsi que Cassius condamna son fils à mort pour avoir brigué le trône *adhibito propinquorum et amicorum consilio*. Val. Max., lib. V, ch. VIII.

Ainsi, quoique la nomination du tuteur appartînt bien au juge, Argou, après avoir expliqué que le conseil était seulement consulté, ajoute que le magistrat ne pouvait sans de fortes raisons refuser de déférer au choix fait par les parents, alliés ou amis (1).

Le Code civil a consacré ce qui était passé en fait depuis longtemps. Le juge de paix n'est que membre président du conseil avec voix prépondérante en cas de partage. La décision appartient à l'assemblée de famille ; mais il ne serait pas vrai de dire que seule celle-ci exerce l'autorité tutélaire : ce serait se tromper sur les mots. A raison du droit qui appartient au juge de paix de convoquer d'office le conseil, de la prépondérance qui lui appartient en cas de partage, de sa seule présence même dans le conseil, il est plus exact de penser que la famille partage ce droit avec l'autorité judiciaire : le conseil tel qu'il fonctionne aujourd'hui, est le résultat de ce partage des pouvoirs.

C'est donc, en France, cette assemblée qui exerce l'autorité tutélaire, mais non pas toujours seule. Lorsqu'il s'agit d'actes très graves, le tuteur doit être autorisé également par justice. D'autre part ses délibérations sont, la plupart suivant les uns, toutes suivant les autres, sujettes à un recours devant les tribunaux. Il en est ainsi de toutes les autorités tutélaires. En Hongrie, c'est le ministre de l'Intérieur qui statue en dernier ressort ; en Allemagne, un recours est ouvert devant les tribunaux d'appel ; en Russie, devant les tribunaux ordinaires de première instance ; en Suisse, auprès des gouvernements cantonaux, leurs commissions ou délégués.

Ainsi, quelle que soit l'autorité tutélaire du premier

(1) Argou, *Inst. au Dr. fr.*, p. 47 et suiv.

ressort, c'est toujours en définitive aux représentants du pouvoir central qu'il appartient de statuer en cas de difficulté, et par là l'État nous apparaît, selon le mot de M. Oudat, comme le tuteur général, exerçant ses pouvoirs par délégation au moyen d'agents, qui sont différents suivant l'organisation politique, administrative et même sociale des nations, ainsi qu'on l'a pu voir par notre exposé.

§ 2

Les attributions du conseil de famille sont de deux sortes :

Les premières, les seules qui aient pu trouver place dans ce point de vue général, ont pour objet la protection des incapables, de ceux qui sont, pour ainsi dire, en puissance et sous la direction d'autrui, à raison de leur âge ou de leur état d'esprit : mineurs ou interdits ; il faut ajouter les interdits légalement, qui ne sont en tutelle que quant à leurs biens. Le conseil intervient alors comme un rouage régulier d'administration. Les actes prennent le nom de délibérations.

Le conseil est même dans un cas appelé à donner son avis sur la question de savoir si une personne peut se trouver placée en telle puissance pour folie, démence, imbécillité. Aucune demande d'interdiction ou de dation de conseil judiciaire ne peut être admise sans que le conseil de famille ait été préalablement consulté. C'est là une attribution analogue aux précédentes et qui sera étudiée avec elles.

La seconde classe comprend tous les cas où le conseil est appelé à intervenir d'une façon toute exceptionnelle au sujet de biens et de personnes qui, régulièrement,

ne relèvent pas de lui, et pour un acte déterminé (936,
2144 C. c. ; 856 C. p. c.). Nous nous en occuperons à la
fin de ce travail (1).

§ 3

L'autorité du conseil de famille, nous l'avons dit,
s'exerce par des délibérations.

Dans nombre de cas ces décisions sont exécutoires
par elles-mêmes, dans d'autres, au contraire, elles ne le
deviennent qu'après *homologation* par justice.

Quels sont exactement alors la force et le caractère
de l'avis émis par le conseil?

Les tribunaux sont-ils en droit de réformer les résolutions prises par cette assemblée? leur compétence se
borne-t-elle à casser la délibération, à refuser de l'approuver, et à appeler de nouveau l'examen du conseil
sur la question à laquelle il a donné une première solution, qui leur a paru mauvaise et qu'ils ont improuvée.

Nous considérons comme seule exacte la seconde manière de voir. Le tribunal ne peut ordonner d'office des

(1) Il a existé encore d'autres cas que ceux que nous étudierons,
où le législateur avait imaginé de recourir à l'intervention des parents ou amis des intéressés. L'art. 12 du tit. IX de la L. des 16-
24 août 1790 portait que dans le cas où un différend s'élèverait entre
mari et femme, père et fils, grand-père et petit-fils, frères et sœurs,
neveux et oncles, ou entre alliés aux degrés ci-dessus, ou entre tuteurs et pupilles, pour choses relatives à la tutelle, les parties
devraient désigner des arbitres pris parmi leurs parents ou amis.
L'art. 286 du Code civil exigeait que chacun des époux qui se pré-
senteraient devant le juge pour faire admettre leur divorce par consentement mutuel, fût accompagné de deux amis. Ceux-ci, réunis
au juge, devaient faire aux époux les observations qu'ils estimeraient
propres à amener leur réconciliation.

mesures qui n'ont point été délibérées et adoptées par le conseil. Il est appelé, en effet, par la loi à homologuer. Qu'est-ce qu'homologuer? n'est-ce pas purement et simplement approuver : après examen s'entend.

Les juges peuvent s'y refuser, mais c'est tout. Est-ce qu'en exigeant cette homologation, la loi n'a pas voulu assurer au mineur la garantie d'une double approbation? Serait-ce rester dans son esprit que de se contenter de la décision du juge. Si la loi eût voulu qu'il en fût ainsi, n'eût-elle pas, dans les cas graves où l'avis du juge a été rendu par elle nécessaire, supprimé l'avis intermédiaire du conseil de famille. La question posée au sujet de ventes d'immeubles, appartenant à des mineurs dont les conditions déterminées par le conseil avaient été modifiées par les tribunaux, a toujours été résolue par la Cour de cassation (1) dans le sens que nous indiquons.

Ainsi l'avis du conseil de famille est tantôt suffisant, tantôt doit être approuvé par justice, mais cet avis est toujours nécessaire : son intervention s'impose toujours. Il faut encore admettre que, dans le cas où un recours est formé contre une délibération du conseil, le tribunal ne peut que l'annuler et appeler le conseil à statuer de nouveau. C'est lui qui doit autoriser et non la justice : c'est à lui seul que la loi donne ce droit.

(1) Laurent, t. IV, n° 464. — Colmar, 1er avril 1822, rapporté par Dalloz, V° *Minorité.* — Cass. civ. 9 février 1863. D. P. 1863-1-85 ; — et 17 décembre 1867. D. P. 1867, 1, 482.— *Contra :* Ch. du conseil du trib. civ. de la Seine, 9 mars 1853, 10 et 27 mai 1854. — Toulouse, 5 mai 1838, cités par M. Bertin, *Chambre du conseil,* t. I, p. 476.

PREMIÈRE PARTIE

CHAPITRE PREMIER

DES ATTRIBUTIONS DU CONSEIL DE FAMILLE RELATIVES AUX ENFANTS SOUS PUISSANCE PATERNELLE

Des trois puissances que connaît notre droit, la paternelle, la tutélaire et la maritale, les deux premières seules rentrent dans le champ de notre étude. La puissance maritale échappe complètement, en effet, de la façon la moins incontestée, dans tous les cas normaux, et si l'on ne suppose aucune incapacité civile, chez l'un des époux, à l'intervention du conseil de famille.

La puissance paternelle va nous occuper la première.

Ces mots, « puissance paternelle », comprennent tous les droits qui appartiennent aux parents sur les biens et la personne de leurs enfants.

I

Nous traiterons d'abord de cette partie de la puissance paternelle qui s'applique à la personne des enfants, et surtout de celle que Pothier a si bien définie en disant : « qu'elle consiste dans le droit qu'ont les père et mère de gouverner avec autorité la personne de leurs enfants (1), jusqu'à ce qu'ils soient en âge de se gouverner eux-mêmes. »

Ce droit est exercé par le père seul pendant le mariage, ce n'est qu'à défaut de celui-ci qu'il est remis à la mère.

(1) Pothier, *Des personnes*, part. I, tit. VI, sect. II.

Le conseil de famille intervient-il dans l'exercice de cette puissance? est-elle soumise à son contrôle?

Nous ne connaissons qu'un texte dans notre Code qui parle de cette intervention : l'article 302 au titre du Divorce est ainsi conçu : « Les enfants seront confiés à l'époux qui a obtenu le divorce, à moins que le tribunal, sur la demande de la famille ou du ministère public, n'ordonne pour le plus grand avantage des enfants, que tous ou quelques-uns d'entre eux seront confiés aux soins soit de l'autre époux, soit d'une tierce personne. » Le divorce n'existe plus : mais cet article pourrait encore être appliqué en cas de séparation de corps : en fait, il ne l'est pas, et jamais le conseil de famille n'est appelé à statuer sur la question de garde des enfants.

Nous ne pensons pas qu'en dehors de cette hypothèse, cette intervention soit admissible, et que la famille puisse prendre aucune décision touchant la puissance paternelle.

Au titre IX du livre Ier du Code civil, qui est le siège de la matière, il n'en est point question. La loi nous montre toujours le père agissant d'une façon tout indépendante, et son autorité placée sous le seul contrôle du juge, auquel elle ordonne d'examiner dans certains cas (art. 377, 380. 382) la réquisition qui lui est faite par le père, afin d'obtenir la détention de son enfant, et de n'y obtempérer qu'en connaissance de cause. Lorsque la mère exerce cette autorité, il est vrai qu'elle est soumise, dans l'hypothèse précédente, à un double contrôle : non seulement elle ne peut, pour faire détenir son enfant, agir que par voie de réquisition ; mais elle ne peut même adresser au juge cette réquisition qu'avec l'assentiment des deux plus proches parents paternels de l'enfant.

Il y a bien là une intervention de la famille : mais la forme même que lui donne la loi doit faire écarter le conseil de famille. On est en droit, en effet, d'en conclure a contrario que toute autre intervention que celle qui est imposée ici est inadmissible.

Aussi déciderons-nous que le père ou la mère, pendant le mariage, ou le père tuteur ou la mère tutrice peuvent donner à leurs enfants telle éducation, les élever dans telle religion qu'il lui plaît. (1)

A la vérité, cela n'a jamais été contesté, à notre connaissance, pour le temps où dure le mariage.

Mais on a prétendu que le conseil de famille pouvait intervenir dans l'éducation que le père ou la mère, investis de la tutelle, donnaient à leurs enfants, et pouvait indiquer le mode d'instruction qui devait être suivi (Dalloz, V° *Minorité*, n° 396). On a même jugé que, dans le cas où la mère, convolée en secondes noces, qui n'a pas observé l'art. 395 C. civ., n'a pas été maintenue dans la tutelle, la garde de ses enfants pouvait lui être enlevée par le conseil (Dalloz, V° *Minorité*, n° 395, et arrêts cités).

Cette thèse est le résultat d'une confusion qu'a pu produire dans les esprits l'existence dans la même personne des qualités de tuteur et de père, de mère et de tutrice. On n'a pas vu que chacun de ces titres produisait des effets différents, soumis chacun à des régles spéciales. Le père ou la mère, investis de la tutelle, ont, en vertu de celles-ci, la gestion des biens de leurs enfants, et, à cet égard, sont soumis aux disposi-

(1) Cf. Jug. du trib. d'Orléans, 30 janvier 1856. — *Droit* du 31 janvier 1856 et *Revue pratique*, t. I, p. 40. — V. Jug. du trib. de Rennes, 18 juillet 1824, motif. D. V° Puis pat. sous le n° 78.

tions de la loi qui règlent cette administration. Mais le pouvoir qu'ils ont sur la personne de leurs enfants ne dérive pas de cette tutelle, ils le tiennent de leur qualité de parents. C'est là dans leur personne une autorité propre et particulière, qui échappe aux restrictions qu'elle peut subir dans les mains d'un tuteur ordinaire; qui leur appartient en vertu des art. 371 et suiv. du Code civil, lesquels constituent un ensemble de règles spéciales à cette autorité, et s'appliquent même aux père et mère investis de la tutelle, ainsi que cela résulte des art. 380 et 381, qui prévoient expressément le prédécès d'un des époux. Ce pouvoir échappe aux prévisions du titre de la tutelle : il a ses principes spéciaux dans ce titre IX du livre Ier. Il ne faut point aller en chercher ailleurs. Quant au sens de ces dispositions, nous l'avons suffisamment établi. Il ressort fort clairement de l'article 331. Alors que l'article 468 exige que le tuteur ordinaire soit autorisé par le conseil de famille, pour faire détenir l'enfant, l'art. 381, nous l'avons vu, n'impose à la mère veuve et tutrice que l'obligation d'obtenir l'assentiment des deux plus proches parents paternels de l'enfant. Le conseil de famille est ainsi exclu expressément de l'exercice de la puissance paternelle.

Nous ajouterons que décider autrement, ce serait violer l'art. 454 du Code civil, § 1er : en n'imposant pas au père et à la mère l'obligation, au moment de l'entrée en exercice de la tutelle, de faire fixer par le conseil de famille la somme qui devra être employée à l'entretien du mineur, en s'en rapportant à leur affection et à leur sagesse sur ce point, le législateur a montré qu'il entendait exclure en cette matière toute intervention même indirecte de l'assemblée des parents.

Par les mêmes motifs, nous ne permettrions pas au conseil de famille d'enlever la garde des enfants à leur mère dans le cas que nous avons dit : celle-ci conserve la puissance paternelle, qui, aux termes de l'art. 371, dure jusqu'à la majorité ou l'émancipation de l'enfant et encore une fois cette autorité particulière échappe au contrôle du conseil.

Le conseil de famille, en maintenant la mère, en cas de convol, dans la tutelle, ne pourrait lui imposer aucune condition susceptible de porter atteinte à l'intégrité de ses droits : le consentement qu'elle y donnerait serait nul et ne l'obligerait pas. Ces droits sont d'ordre public (1).

Le père ou la mère, en cas d'excuse ou même de destitution de la tutelle ne perdrait point la puissance paternelle : comme le dit la Cour de Grenoble, ils ne sont tuteurs que par rapport à l'administration des biens : leur autorité sur les enfants est un droit primordial pour lequel le Code a édicté des règles spéciales que nous connaissons.

Est-ce à dire pour cela que les enfants sont sans protection contre les abus possibles de ce droit de puissance ? non pas. La jurisprudence admet, ainsi que la plupart des auteurs, que cette autorité est soumise au contrôle souverain des tribunaux, investis d'une sorte de tutelle suprême. Nous n'avons pas trouvé dans les recueils de décision judiciaire enlevant toute puissance aux parents sur leurs enfants. Mais ce principe est admis et est la base de tous les jugements qui ont eu pour objet de restreindre le pouvoir des parents sur leurs enfants dans

----

(1) Grenoble, 11 août 1853. D. P. 1853, 2, 91 — et Cass. req., 5 mars 1855. D. P. 1855, 1, 341. Cet arrêt rejette le pourvoi formé contre l'arrêt de la Cour de Grenoble.

l'intérêt de ceux-ci. Logiquement il faut donc aller jusqu'à dire que en dehors même du cas prévu par l'art.
335 du Code pénal, le père ou la mère pourrait être
destitué de toute puissance (1).

Les intérêts des enfants sont donc sauvegardés, et
d'une façon fort juste et morale ; nous avouons que pour
notre part il nous répugnerait qu'un oncle, un cousin,
un simple ami, l'on sait ce que signifie ce titre, pût dans
une mesure quelconque contrôler l'autorité d'un père ou
d'une mère.

Nous avons jusqu'ici supposé qu'il s'agissait d'enfants
légitimes. Pour ce qui est des enfants naturels et des
droits qui appartiennent sur leur personne à leurs père
et mère, nous donnerions les mêmes solutions. L'art.
383 du Code civil qui déclare communes aux père et
mère naturels les dispositions du Code relatives à la puissance paternelle sur les enfants légitimes, est placé au
titre IX comme ces dispositions elles-mêmes. Quelque
solution que l'on donne à la question de savoir si ces
enfants sont soumis quant à leurs biens, au régime de
l'administration légale, ou de la tutelle, du vivant de
leurs père et mère, que l'on décide que le père exerce
la puissance par préférence à la mère (2), ou qu'au contraire on ne l'admette à user de cette autorité que concurremment avec cette dernière (3), que l'on attribue
aux tribunaux sur eux à cet égard un pouvoir de contrôle arbitraire (4), qui laisse en fait cette autorité et la

_____

(1) Cass. 27 janvier 1879. — *Droit* des 5 et 6 mai 1879. — Jugement du trib. de Marseille, statuant en état. de référé du **3** août
1881. *Droit* des 2 et 3 janvier 1883.

(2) Loiseau, *Traités des enfants naturels*, ch. VIII, p. 546.

(3) Aubry et Rau, t. VI, § 371.

(4) Cela nous semble avoir été le système de l'ancien droit fran-

solution de toutes les questions qui s'y rapportent aux juges ; ou que l'on décide au contraire que cette puissance est aussi respectable que celle qui appartient aux parents légitimes, et ne doit être restreinte que pour les mêmes motifs, peu importe, l'intervention de la justice est toujours la seule possible.

II

La puissance paternelle, comme conséquence et accessoire des droits sur la personne des enfants, comprend des droits sur les biens de ceux-ci.

Ces droits sont : la jouissance des biens, des enfants jusqu'à ce que ceux-ci aient atteint l'âge de dix-huit ans.

L'administration de tous leurs biens, même de ceux dont la jouissance leur a été réservée, par l'acte qui les leur a transmis, donation ou testament.

Nous n'avons rien à dire de la jouissance légale ; c'est là un droit certainement lié aux droits sur la personne et qui, à notre point de vue, ne s'en distingue pas.

L'administration légale, au contraire, a donné lieu à de vifs débats que nous aurons à examiner.

Nous devons résoudre deux questions :

Le conseil de famille est-il chargé d'exercer l'autorité tutélaire sur cette administration ?

çais. — V. Merlin., vº *Bâtard*, section I, § 8. Il paraît qu'en fait c'était généralement à la mère que l'éducation de l'enfant était confiée. Merlin. *loc. cit.* — Ferrière, *Traité des tutelles*, p. 24. — V. jug. du trib. de la Seine, 24 décembre 1873. — *Droit* du 12 janvier 1876, et MM. Aubry et Rau, *loc. cit.* Ainsi qu'un jug. du trib. de la Seine du 21 juillet 1874. *Droit* du 14 août 1874.

Et s'il en est ainsi dans quelle mesure l'exerce-t-il?

Sur l'administration des biens des enfants mineurs par le père pendant le mariage, le Code civil ne contient qu'un texte : l'art. 389 s'exprime ainsi :

« Le père est durant le mariage administrateur des « biens personnels de ses enfants mineurs.

« Il est comptable, quant à la propriété et aux reve-« nus, des biens dont il n'a pas la jouissance ; et quant « à la propriété seulement, de ceux des biens dont la loi « lui donne l'usufruit. » Ajoutons que cette gestion passe à la mère dans le cas de présomption d'absence du père.

Les auteurs du Code civil ne nous fournissent de cette disposition qu'un commentaire trop court et obscur.

Le projet du titre X du livre 1er, lorsqu'il fut communiqué officieusement au Tribunat, ne comprenait aucune disposition relative à l'administration des biens des enfants mineurs pendant le mariage. Le Tribunat remarqua cette omission et demanda qu'elle fût réparée en ces termes: « La section pense que l'art. 1er de ce chapitre doit exprimer en termes précis quelle est, durant le mariage, la qualité du père par rapport aux biens personnels de ses enfants mineurs, soit pour ce qui concerne la propriété de ces biens seulement, s'il a droit à la jouissance, soit pour ce qui concerne la jouissance et la propriété, si l'une et l'autre appartiennent à ses enfants. Jamais jusqu'à ce jour le père ne fut qualifié tuteur de ses enfants avant la dissolution du mariage. Si pendant que le mariage existe, la loi n'admettait aucune différence entre le père et le tuteur proprement dit, il faudrait que le père fût par rapport aux biens de ses enfants assujetti durant le mariage à toutes les conditions et charges que la loi impose au tuteur. Il faudrait que le père fût sous la surveillance d'un subrogé-tuteur et sous la dépendance d'un conseil de famille, ce qui répugne à tous les principes constamment reçus. Il paraît évident que jusqu'à la la dissolution du mariage le seul titre que le père puisse avoir est celui d'administrateur. » Pour combler la lacune qu'il signalait, le Tribunat proposait l'insertion de la disposition suivante :

« Le père est durant le mariage administrateur des biens personnels de ses enfants mineurs.

« Il est comptable quant à la propriété et aux revenus des biens dont il n'a pas la jouissance et quant à la propriété seulement de ceux de ces biens dont la loi lui donne l'usufruit.

« Tout ce qui concerne la propriété des biens sera réglé par la section VIII du présent titre. » (Locré, *Lég. civ.* t. VII, p. 215.)

Les deux premiers paragraphes ont été conservés et sont devenus l'art. 389 ; le troisième a été supprimé sans qu'on sache pourquoi, sans que les procès-verbaux, les discours des commissaires au Corps législatif puissent expliquer cette suppression. Si cette disposition eût été conservée, il ne serait pas douteux que le père serait incapable de faire d'autres actes que ceux qui sont permis au tuteur, et que dans le cas où de tels actes seraient nécessaires, il devrait s'y faire autoriser dans les formes imposées au tuteur. Cette suppression laisse au contraire planer le plus grand doute sur le sens de l'art. 389.

De là une multiplicité d'interprétations.

Il existe sur la nature de l'administration légale deux premiers systèmes, qui, en ce qui concerne les attributions du conseil relatives à cette gestion, aboutissent aux mêmes solutions.

Le p'us ancien, enseigné par M. Persil (1) et adopté
par un arrêt de la Cour de Toulouse (2), établit une assimilation absolue entre l'administration légale et la
tutelle. C'est au sujet de la question de savoir si les
biens du père administrateur légal sont grevés d'une
hypothèque au profit de l'enfant que M. Persil affirmait cette doctrine générale.

Une seconde doctrine moins absolue a été enseignée
par M. Valette.

Elle repousse l'assimilation admise par la précédente
et refuse d'appliquer à l'administrateur légal les dispositions évidemment exceptionnelles que la loi a portées
sur la tutelle, telles que l'hypothèque légale, la surveillance du subrogé-tuteur, les art. 451, § 2, 454-456. Mais
en ce qui touche les pouvoirs d'administration du père,
elle donne le même résultat. Le père est, comme le tuteur,
placé sous le contrôle du conseil de famille, qui peut le
destituer ; c'est le conseil de famille qui doit apprécier
les excuses que le père peut avoir à faire valoir pour
obtenir d'être déchargé de l'administration : le père fera
seul les actes que le tuteur peut faire seul : il devra se
faire autoriser par le conseil de famille dans les cas
où cette autorisation est nécessaire au tuteur, et de même
l'homologation du tribunal sera nécessaire quand elle
l'est pour le tuteur (3).

Ces systèmes peuvent invoquer l'analogie qui existe
entre l'administration légale et la tutelle : on peut dire
qu'il n'y a pas de raison pour faire au père pendant le

(1) *Régime hypothécaire*, éd. de 1809.
(2) Devilleneuve et Caretti, *Coll. nouv.*, vol. 1815-1818, 2. 455.
(3) Explicat. Somm. du Liv. 1er du C. c., p. 221. *Cours de Code
civil*. Livre Ir, p. 507.

mariage une situation supérieure à celle qu'il aura après la dissolution de cette union, quand il sera tuteur.

On peut aussi faire remarquer que l'art. 389 est justement placé au titre de la Tutelle, et essayer d'en conclure que le législateur a voulu cette assimilation. On peut enfin tirer argument du silence de la loi, et prétendre que ce silence ne peut s'expliquer que par l'intention des auteurs du Code de soumettre l'administration légale au régime de la tutelle.

Nous verrons tout à l'heure si ces arguments sont irréfutables. Auparavant nous devons continuer l'exposition des doctrines diverses.

Comme se rapprochant le plus du système de M. Valette, trouve sa place immédiatement ici celui de M. Demolombe.

Suivant l'éminent interprète de nos lois civiles, il faut écarter le conseil de famille du contrôle même de l'administration légale, et refuser à celui-ci tout pouvoir qui pourrait avoir pour effet de placer l'administration dans sa dépendance.

Pour soutenir ce système on fait valoir la différence de titre donné par la loi au père. Celui-ci n'est pas tuteur, mais administrateur. Cette différence dans les mots doit faire naturellement supposer une différence dans les choses. On rappelle que le Tribunat a proposé la disposition qui est devenue l'art. 389 pour soustraire le père à la dépendance, à la surveillance du conseil de famille. On cite ces paroles de l'orateur du conseil d'État, qui fut chargé de soutenir le projet devant le Corps législatif : « La tutelle commence au décès du père ou de la mère, car alors en perdant un de ses protecteurs naturels, l'enfant réclame une protection plus spéciale de la loi. » (1)

____
(1) Fenet, t. X, p. 639.

La première partie de cette doctrine savoir, que l'administrateur légal n'est pas soumis au contrôle du conseil, nous semble ainsi irréfutablement établie. L'administrateur ne pourra se voir enlever ses pouvoirs par le conseil.

Reste à démontrer que, en ce qui touche l'étendue des pouvoirs du père, les règles sont les mêmes que celles qui limitent et déterminent ceux du tuteur. Cette seconde proposition forme le complément du système que nous exposons.

Pour l'établir, on invoque l'analogie, et on en conclut à une assimilation entre la tutelle et l'administration légale, assimilation qu'on restreint, comme nous l'avons expliqué. Il est certain d'abord que cette administration n'est pas libre ; qu'il est des cas où le père devra, pour agir, se faire autoriser : cela résulte de cette qualification même d'*administrateur*, que lui donne la loi. Pour savoir quels sont ces cas, et dans ces cas quelles autorisations seront nécessaires, n'est-il pas naturel de recourir aux dispositions de la tutelle ? Pourrait-on proposer de faire autoriser l'administrateur légal par la justice ? celle-ci ne pourrait pas donner une autorisation éclairée. Il est tout naturel de consulter le conseil de famille. On rappelle la disposition proposée par le Tribunat : « tout ce qui intéresse la propriété des biens sera réglé par les dispositions de la section VIII, » en remarquant que cette suppression peut être expliquée par la crainte qu'a eue le législateur, qu'on n'y donnât un sens trop large et une interprétation qui eût annulé les paragraphes précédents en assimilant, ce qu'on voulait éviter, l'administrateur légal au tuteur, et le soumettre au même contrôle, mais que rien n'indique qu'on ait par là voulu écarter d'une façon absolue l'intervention du conseil de famille. On fait observer enfin que les textes relatifs à l'aliénation des biens de mineurs sont absolus et, quelle que soit la puissance sous laquelle est l'enfant, imposent les mêmes formes à ces aliénations. (Art. 454, 457, 459, 461, 465, 467, 468, 817, 838, 2126, C. c. ; Art. 953, 954, C. p. c.)

Il y a dans ces systèmes, qui tous admettent l'intervention du conseil de famille, une gradation, une série de nuances, si j'ose ainsi parler.

Il en est d'autres au contraire qui excluent complètement le conseil de famille de l'administration légale.

Tels sont ceux de MM. Zachariæ, Laurent et Marcadé.

Zachariæ (t. 1, éd. de MM. Massé et Vergé, p. 406) s'exprime ainsi : « Enfin, le droit du père d'administrer la fortune de l'enfant et de le représenter dans tous les actes de la vie civile, doit être, sauf les exceptions expressément déterminées par la loi, considéré comme illimité. » Comme il n'existe dans notre droit qu'une disposition qui limite formellement le droit de gestion du père, l'art. 13 de la loi du 3 mai 1841, sur l'expropriation d'utilité publique, il faudrait en conclure, d'après Zachariæ que dans tous autres cas le père peut faire tous actes sous sa responsabilité personnelle. Mais ce système tombe évidemment devant cette seule observation, que le père n'est qu'administrateur et ne saurait consentir des aliénations.

Son auteur lui-même ne l'a pas suivi jusqu'au bout. Dans une note, reculant devant le danger que ferait courir à la propriété immobilière du mineur la liberté absolue de gérer qu'il attribue au père, il dit que l'art. 457 ne s'applique pas, il est vrai, in terminis au père administrateur des biens de ses enfants, mais que son esprit permet de l'y étendre. C'est là, nous semble-t-il, une contradiction qui condamne cette doctrine.

M. Laurent reconnaît bien lui qu'une pareille autorité ne saurait appartenir au père, mais il n'admet pas que pour déterminer les actes que l'administrateur légal peut ou ne peut pas faire seul, ainsi que les autorisations qui peuvent lui être nécessaires, l'on recoure aux règles de la tutelle. Il ne méconnaît pas qu'il y a analogie ; mais la déclaration du Tribunat savoir que le père pendant le mariage ne saurait être placé sous le contrôle du conseil de famille, la suppression du dernier alinéa du projet de rédaction de l'art. 389, la différence du titre du père qualifié administrateur et non tuteur, lui semblent démontrer suffisamment que les principes de la tutelle doivent être écartés. Il base tout son système sur ce titre d'administrateur : pour savoir quels actes le père peut faire seul il cherche quels sont les actes qui d'après leur nature ne constituent que des faits d'administration ou sont par la loi assimilés à ceux-ci : il procède de même pour les autres.

Quant aux autorisations qui seront nécessaires au tuteur pour cette seconde classe d'actes, il ne reconnaît naturellement pas au conseil de famille compétence pour les donner : c'est aux tribunaux que, selon lui, l'administrateur légal devra s'adresser (1). On a essayé de fortifier cette thèse en faisant observer qu'il ne serait point convenable qu'un conseil de parents, voire d'amis, pût s'opposer aux mesures que des parents peuvent prendre au sujet de l'administration des biens de leurs enfants, et l'on a ajouté que l'administration légale avait bien plus d'analogie avec l'administration des biens dotaux

____

(1) Laurent, t. IV, nᵒˢ 304 et suiv. et nᵒ 314.

de la femme par le mari qu'avec la tutelle : c'était donc
l'art. 1549 qui devait s'appliquer (1).

Tous ces systèmes sont aujourd'hui unanimement re-
poussés par la jurisprudence, qui s'est rattachée a celui proposé par M. Marcadé. Après avoir rappelé les
déclarations du Tribunal, cet auteur ajoute : « La solution
de cette question nous paraît se trouver dans cette idée
du législateur que l'amour, la prudence, la prévoyance
des père et mère réunis, et se consultant l'un l'autre sur
les intérêts de leur enfant commun remplacent suffisamment la protection que l'enfant soumis à la tutelle peut
trouver dans une assemblée composée de parents éloignés ou même d'étrangers : aux yeux de la loi l'administrateur légal, à cause des conditions favorables à l'enfant
dans lesquelles il se trouve placé, mérite autant de confiance qu'un simple tuteur autorisé par la famille. Donc
les actes qu'un tuteur pourrait faire avec la seule autorisation du conseil de famille, et sans homologation du
tribunal, l'administrateur légal pourra les faire seul.
Seul il pourra accepter ou répudier les successions échues
à son enfant, les donations qui lui seraient faites, intenter
ses actions immobilières, ou y acquiescer, ou provoquer
un partage en son nom.

Mais dans le cas où l'autorisation du conseil de famille
est elle-même insuffisante et où la justice doit intervenir, il est clair que l'homologation du tribunal sera nécessaire à l'administrateur légal, comme elle le serait au
tuteur. Ainsi pour emprunter au nom du mineur, pour
aliéner ou hypothèquer ses immeubles et pour transiger. En un mot l'administrateur légal, puisqu'il n'est
pas soumis à un conseil de famille et que la loi lui ac-

(1) Vincent, Thèse, 1882, t. X, p. 27.

corde la même confiance qu'à ce conseil, aura les mêmes droits qu'un tuteur autorisé par le conseil. Il devra aussi, bien entendu, suivre les mêmes formes » (1).

Cette doctrine peut se résumer ainsi : l'intention évidente du législateur a été, ainsi que le démontrent les déclarations du Tribunat et la suppression du dernier alinéa de la disposition qu'il avait proposée, d'écarter complètement le conseil de famille de l'administration légale : d'un autre côté, aucune disposition ne soumet le père à la nécessité d'obtenir l'autorisation de justice pour faire les actes que le tuteur fait avec l'autorisation du conseil. Il faut en conclure qu'il peut les faire seul. L'autorisation de justice est nécessaire au père dans les cas où l'homologation de l'avis des parents, est nécessaire au tuteur ; parce qu'il y a en somme analogie entre les deux gestions, et que le législateur n'a entendu que supprimer l'intervention du conseil de famille.

Elle est aujourd'hui, avons-nous dit, consacrée par la pratique.

Autrefois ce fut la doctrine adoptée par M. Valette qui prévalut. L'administrateur légal se trouvait soumis au contrôle et à l'autorisation du conseil de famille comme le tuteur (2). Mais dès longtemps elle avait été abandonnée par la chambre du conseil du tribunal civil de la Seine, qui suivait celle que nous avons exposée en dernier lieu (3). Cette juridiction décida à plusieurs reprises

(1) Marcadé, t. II, p. 163, art. 383.

(2) Jug. de trib. de Reims du 13 juillet 1824. — Arrêt confirmatif de la Cour de Paris, du 23 août 1825. — Metz, 21 mars 1827. — Arrêt de la Cour de cassation rejetant le pourvoi formé contre celui-ci, 16 décembre 1829. D. A. V° *Puis. pat.* sous le n° 483. — Jug. trib. de Vitré, du 30 juin 1841. D. A. cod. V°, sous le n° 508.

(3) Ch. du Conseil du trib. civ. de la Seine, 17 février 1848, et

que c'était à la justice que l'administrateur légal devait s'adresser directement pour être autorisé à vendre ou échanger les immeubles appartenant au mineur.

Conformément à ces principes, un arrêt de la Cour de Bourges, du 11 février 1862, décide que le père administrateur légal peut former seul une action immobilière. Un arrêt de la Cour de Pau a déclaré valable l'acquiescement donné par l'administrateur légal seul à un jugement statuant sur une instance immobilière, et le pourvoi formé contre cette décision a été rejeté par arrêt du 3 juin 1867 (1). Un jugement du tribunal de Marseille a décidé que l'administrateur légal n'avait pas besoin pour transiger d'être autorisé par le conseil de famille : qu'il lui suffisait de l'autorisation de justice et de l'avis de trois jurisconsultes (2). La Cour de Paris a jugé, contrairement d'ailleurs à la décision rendue en première instance par le tribunal de la Seine, qu'un legs universel pouvait être accepté sans aucune autorisation par l'administrateur légal (3).

Cette doctrine se retrouve également dans le motif d'un jugement de la chambre des vacations du tribunal civil de la Seine du 8 octobre 1870 (4), dans ceux d'un arrêt récent de la Cour de Paris (5), et enfin ceux d'un jugement du tribunal de la Seine du 27 avril 1882 (6).

Cette pratique est assurément satisfaisante : on peut,

autres décisions citées par M. Bertin, op. cit., V° *mineurs, jurisprudence. Passim.*

(1) D. P. 1868, 1, 29.
(2) 12 décembre 1864. D. P. 1867, 5, 349.
(3) 30 avril 1867 (*Droit* du 5 mai 1867).
(4) Pomereu, c. Crédit foncier. *Droit*, année 1870.
(5) 19 décembre 1878. *Droit* du 17 avril 1879.
(6) *Droit* du 15 août 1882.

nous semble-t-il, permettre sans danger au père de faire seul des acceptations de successions, de legs universels ou à titre universel, et d'exercer les actions du mineur, même les immobilières ; il est sans doute plus grave de l'autoriser à acquiescer à une telle demande : mais puisque la loi elle-même n'y a point vu un acte d'aliénation, nous pouvons nous montrer aussi peu rigoureux ; pour ce qui concerne l'action en partage, il n'y a pas d'inconvénient à en écarter le conseil de famille : le partage doit toujours être fait en justice, et par là les intérêts du mineur seront toujours sauvegardés ; et certes en ce qui touche la demande de conversion de saisie, on doit admettre que le père peut le former seul. L'art. 744 C. p. c. y autorise expressément *tous les administrateurs légaux des biens d'autrui*, sans leur imposer aucune autorisation. Reste l'aliénation des meubles tant corporels qu'incorporels. Pour les premiers, comment ne laisserait-on pas le père juge de la question de savoir s'ils doivent être conservés ou aliénés (arg. art. 1428)? Pour les seconds, c'est avec raison, selon nous, que la jurisprudence en avait permis l'aliénation au tuteur : le père doit donc également pouvoir la faire seul.

Est-ce pourtant bien là l'intention du législateur ? A vrai dire, on en est réduit à la deviner.

Il est cependant un point sur lequel elle est certaine : il a voulu soustraire complétement l'administration légale au contrôle proprement dit du conseil de famille. Le Tribunat avait dit que le père ne saurait y être soumis. C'est sur cette observation que l'art. 389 a été rédigé dans les termes que nous connaissons : l'esprit et le sens de ce texte sont évidents. Cette idée est juste. Est-ce que tant que dure le mariage les parents et les enfants, ne forment pas une petite société, qui doit avoir son chef, et son chef indépendant : serait-il raisonnable de placer le père et la mère sous l'autorité supérieure des parents plus éloignés. Après le décès de son conjoint on comprend qu'il tombe sous cette dépendance. La petite société qui était la famille stricto sensu se trouve disjointe, et l'enfant rentre alors dans la société plus vaste qui comprend ses parents et alliés des deux branches, paternelle et maternelle.

Il n'est donc point douteux que le conseil de famille ne pourrait enlever l'administration légale au père ou à la mère, qui viendrait à l'exercer, à défaut du premier.

Mais il est bien plus difficile de savoir si l'administrateur légal est aussi limité que le tuteur dans ses pouvoirs, et si, comme lui, il doit se faire autoriser, dans les cas où ils ne peut agir seul, par le conseil de famille.

Il nous paraît d'abord impossible, pour écarter le conseil de famille de l'administration légale, d'invoquer les déclarations du Tribunat : celui-ci a dit seulement que le père ne pouvait être placé sous la *dépendance* de ce conseil : or est-il contraire à cette idée de dire que ce sera le conseil qui autorisera le père quand il y aura lieu. Tel n'était pas le sens des déclarations : en premier lieu elles rappellent l'ancien droit : or sous l'ancien droit le conseil de famille intervenait dans l'administration des biens des enfants mineurs par leur père, du moins dans le droit coutumier, et il ne faut pas oublier que les auteurs du Code étaient la plupart des jurisconsultes coutumiers : Merlin nous dit, en effet, que le plus grand nombre des coutumes annulaient les aliénations que le père faisait des biens de ses enfants sans remplir les formalités requises pour les tuteurs ou curateurs, c'est-à-dire sans avoir été autorisé par le juge, avis des parents préalablement pris. En outre la disposition que proposait le Tribunat, et qui était le résumé de sa pensée, appelait formellement, dans sa dernière partie, le conseil à intervenir dans l'administration légale.

Mais dans quelle mesure ? Dans leur sens littéral les termes de la proposition étaient absolus : tout ce qui concernait l'administration des biens devait être réglé par la section VIII, c'est-à-dire par les dispositions qui régissent les pouvoirs du tuteur. Ainsi en l'interprétant exactement on eût dû appliquer au père administrateur légal, lorsque l'enfant aurait eu plus de dix-huit ans, jusqu'à la disposition de l'art 454, qui impose au survivant des époux investi de la tutelle, dans le cas où il n'a pas l'usufruit légal des biens du pupille, de se faire autoriser par le conseil de famille pour conserver les meubles. Les art. 450, 451 auraient dû être appliqués également. Les art 455, 456, si on les entend comme s'appliquant même au père ou à la mère investis de la tutelle, se seraient également appliqués à l'administrateur légal.

Cette disposition a été retranchée et n'a point été remplacée. Plusieurs explications peuvent être données de cette suppression.

Quant la proposition du Tribunat fut discutée, peut-on dire, on remarqua que la section VIII contenait des dispositions exorbitantes du droit commun, telles que le deuxième paragraphe de l'art. 451, qui se serait appliquée à l'administrateur légal, si le projet d'article eût été adopté. Pour éviter cette conséquence, on retrancha cette disposition : on ne songea pas à la remplacer ; mais, ajoutera-t-on, en ce qui touche les limites des pouvoirs des tuteurs, les autorisations qui lui sont nécessaires, l'idée du Tribunat a été conservée. C'est là l'explication qui sert de base au système de M. Demolombe.

On peut dire aussi, comme MM. Laurent et Marcadé que si on a supprimé cette disposition, c'est qu'on a voulu écarter complètement l'intervention du conseil de famille, et laisser à la justice seule le soin d'autoriser le tuteur. Cette explication, nous la rejetons : si l'intention du législateur avait été d'attribuer un tel droit aux tribunaux, il en serait évdemment parlé. C'eût été poser aux interprètes un rébus absurde que de garder le silence.

Ce silence ne peut être que le résultat d'une omission, et cette omission ne peut s'expliquer que parce que les auteurs du Code ont pensé à conserver le principe proposé par le Tribunat de soumettre l'administrateur légal à demander, quand il ne pourrait agir seul, l'autorisation du conseil de famille. Leur oubli paraît beaucoup plus naturel : ils ont omis seulement de s'expliquer sur l'étendue et les conséquences du principe qu'ils admettaient (1).

Faut-il donc accepter la première explication ? Nous ne le pensons pas.

Certes on pouvait tirer, contre la proposition du Tribunat objection de l'art. 451, 2e §. — Mais n'en était-il pas une autre qui devait se présenter immédiatement à l'esprit de ceux à qui elle fut d'abord soumise ; n'y avait-il pas une contradiction évidente à qualifier le père d'administrateur, à lui donner par ce titre les pouvoirs d'un administrateur ordinaire des biens d'autrui, plus larges que ceux de l'administrateur-tuteur (2), et à le soumettre immédiate-

---

(1) Quant à expliquer le silence de la loi par un renvoi tacite aux règles de la tutelle comme on l'a fait, c'est inadmissible : il suffisait pour les rendre applicables, de maintenir la rédaction du Tribunat, et pour cela on aurait justement retranché la partie du projet d'article qui se rapportait à cela !

(2) V. art. 454. — Cette disposition est spéciale au tuteur. L'en-

ment aux rigoureuses prescriptions imposées à ce dernier. Voilà une objection qui explique bien mieux le rejet de toute la dernière partie de la proposition du Tribunat, et l'omission. On s'en rapportait pour déterminer les pouvoirs de l'administrateur légal aux principes généraux sur les actes d'administration, comme on l'a fait dans l'art. 1998 du Code civil.

Quant aux formalités à suivre pour les actes qui dépasseraient cette administration, on a omis de les indiquer justement parce qu'on était tombé d'accord pour admettre l'idée du Tribunat.

Ainsi, selon nous, pour déterminer quels sont les actes que le père peut faire seul, il faut s'inspirer des principes admis sur les pouvoirs des administrateurs en général (1), et ne point raisonner par analogie des règles de la tutelle pour en transporter dans notre matière les principes spéciaux. Cela est conforme au titre d'administrateur que la loi lui donne purement et simplement.

En second lieu, nous croyons que, pour les actes que cet administrateur ne peut faire seul, il devra se faire autoriser par les mêmes pouvoirs et dans les mêmes formes que le tuteur. C'est l'intention la plus probable du législateur.

Enfin nous refusons au conseil de famille toutes attributions qui pourraient en faire une autorité de contrôle supérieure relativement à l'administrateur légal (2).

voyé en possession provisoire des biens d'un absent peut former seul la demande en partage. (Art. 817 C. c.)

(1) A ce système, qui aboutit à soustraire en certains points l'administrateur légal aux règles de la tutelle, on veut objecter la place même où est écrit dans le Code l'art. 309 : il suffit de remarquer que le hasard seul, ainsi que nous l'avons expliqué, l'a fait insérer là pour faire tomber l'argument.

(2) MM. Aubry et Rau, t. I, § 124, 4ᵉ éd.

Il nous reste à indiquer les conséquences du système que nous adoptons.

Il en est une sur laquelle nous sommes déjà revenus plusieurs fois. Le conseil de famille ne pourrait enlever au père l'administration, si l'administrateur légal se montrait infidèle ou incapable ; comme il est impossible d'admettre que le mineur reste sans recours exposé à ses dilapidations ; il faut reconnaître que ce serait à la justice de prononcer la destitution de cet administrateur (1).

Si l'on admet que le père peut se faire excuser de l'administration légale, c'est également à la justice à examiner l'excuse. La décision à intervenir suppose en effet de la part de ceux qui doivent la rendre un pouvoir supérieur leur permettant de décider jusqu'où doit aller le devoir du père et lui en imposer l'accomplissement.

Disons maintenant quelles en sont les conséquences relatives au pouvoir de gestion de l'administrateur légal.

D'abord l'administrateur légal pourra sans consulter le conseil de famille, conserver les biens meubles corporels appartenant au mineur, alors qu'il n'en aurait pas l'usufruit.

Pourra-t-il les aliéner seul ? Oui, sans doute. Le tuteur a non pas le droit, mais l'obligation de les vendre : son obligation, il peut la soumettre à l'appréciation du conseil de famille. En n'imposant point pareille formalité la loi laisse l'administrateur légal seul juge de la question. Il peut donc, selon qu'il lui plaît, les vendre ou les con-

(1) Trib. du Puy, 10 décembre 1869. D. P., 1870, 3, 64. — Je remarque que ce jugement contrairement à la jurisprudence générale semble placer la puissance paternelle proprement dite hors du contrôle des tribunaux : tel paraît être le sens de plusieurs des attendus

server. Les art 454, § 2, 455 et 456, en supposant qu'on les considère comme s'appliquant aux père et mère investis de la tutelle, n'en seraient pas moins inapplicables à l'administrateur légal.

Que devra-t-on décider quant aux meubles incorporels ? Dès avant la loi de 1880, la jurisprudence avait autorisé le tuteur à la faire seul (1). — Cette solution, qui nous paraît fondée, devait être et était naturellement appliquée à l'administrateur légal. Les auteurs de la loi du 27 février 1880, sur l'aliénation des valeurs mobilières appartenant à des mineurs ayant expressément déclaré que les dispositions nouvelles qu'ils édictaient ne comprenaient point l'administration légale, il faut continuer d'observer l'ancienne règle. C'est ce qu'a fait la jurisprudence (1) (arg. 1428).

Il est un autre acte qu'il pourra faire seul. Lorsqu'un meuble appartenant au mineur aura été saisi, il pourra demander, sans aucune autorisation, la conversion des poursuites de vente sur saisie en vente volontaire, dans les termes de l'art. 743 du C. pr. L'art. 744 exige que le tuteur, pour former pareille demande. ait été préalablement autorisé par délibération du conseil de famille du mineur. Le dernier alinéa au contraire permet à tous administrateurs légaux des biens d'autrui de la faire sans formalité, et c'est parmi ces administrateurs légaux ordinaires que nous rangeons l'administrateur légal.

On peut se demander si, dans la théorie du Code, le partage est un acte d'administration. L'art. 817 permet à l'envoyé en possession provisoire, simple administrateur, de former une demande en partage sans autorisa-

---

(1) Cass. Civ. 4 août 1873. S. 1873, 1, 141.
(2) Trib. civ. Seine, 27 avril 1882. D. P., 1883, 3. 111.

tion. Mais l'art. 818 exige que la femme mariée forme elle-même cette demande, lorsqu'il s'agit d'une licitation meuble, et ne donne au mari, administrateur des biens de sa femme, le droit de former seul que les demandes en partage de meubles.

Celles-ci du moins nous paraissent, en présence de ces textes, devoir être considérées comme actes d'administration et permises à l'administrateur légal seul. Mais que décider s'il y a des immeubles indivis dans une succession par exemple ? Il nous semble que la situation du mineur se raprochant beaucoup plus de celle de l'absent, l'un et l'autre étant incapables d'exercer leurs droits eux-mêmes, que de celle de la femme mariée, qui peut agir en personne, il y a lieu d'assimiler le tuteur à l'envoyé en possession. bien plutôt qu'à un mari, lors même qu'il s'agit de partager des immeubles. Cette solution, nous devons le faire remarquer, n'est cependant admissible que si l'on n'adopte pas la nouvelle doctrine de la Cour de cassation, suivant laquelle le partage et la licitation d'immeubles doivent être autorisés dans les formes où doivent l'être les aliénations ordinaires et volontaires d'immeubles, doctrine que, pour notre compte, nous rejetons, pour les motifs que nous indiquerons au second chapitre de ce travail (1).

Nous donnerions une solution contraire pour les actions immobilières. Si, par leur nature, ce ne sont point des actes d'aliénation, mais d'administration, il faut reconnaître que la loi, à raison des graves conséquences qu'elles peuvent avoir, les a toujours rangées parmi les premiers. (Arg. art. 428, 464).

Nous ne permettrions pas non plus au père d'accepter

____

(1) V. MM. Aubry et Rau, 4ᵉ éd., § 123, texte et note 36.

sous bénéfice d'inventaire les successions universelles, testamentaires ou ab intestat, échues à son enfant. Ce n'est point là par sa nature même un simple acte d'administration du patrimoine de l'enfant, cet acte le modifie, et non gratuitement mais en l'engageant (1).

L'administrateur légal ne peut transiger sans l'accomplissement des formalités exigées par l'art. 467.

Il lui est absolument interdit de compromettre. (Art. 83 et 1004 C. pr. civ.)

Pour terminer notre étude sur l'administration légale telle que l'on peut supposer que le Code l'a faite, il nous reste à examiner la question de savoir si, dans le cas où il y a opposition d'intérêts entre le père administrateur légal et son enfant, c'est au conseil de famille de désigner un représentant à celui-ci, et quelle qualification doit lui être donnée (2).

Nous répondrons brièvement à la seconde partie de la question, nous réservant d'examiner plus amplement tout à l'heure, s'il peut y avoir une tutelle pendant le mariage. Selon nous, c'est un tuteur qui doit être nommé pour représenter l'enfant. Il y a, ce nous semble, en ce sens, un argument bien décisif: c'est l'art. 318, qui porte que dans le cas où le mari veut désavouer l'enfant né de sa femme, il sera nommé un tuteur à l'enfant. La loi ne prévoit qu'un seul cas où l'enfant pourra avoir besoin d'un représentant spécial, et elle dit que ce sera un tuteur. Le titre importe : du moment que c'est un tuteur, l'enfant aura une hypothèque légale sur ses biens : s'il s'agit d'une

_____

(1) V. MM. Aubry et Rau, § 153, texte et note 11.

(2) Le Code civil italien, prévoyant le cas d'une instance entre le mineur et l'administrateur légal, porte qu'il doit être nommé un représentant à l'enfant par le tribunal devant lequel l'action est portée.

instance, il faudra nommer un subrogé-tuteur à qui le jugement devra être signifié pour que les délais d'appel courent (1).

Nous croyons que ce sera le Conseil de famille qui devra nommer ce tuteur. C'est là la conséquence de notre système qui permet au conseil d'intervenir toutes les fois que cela ne suppose pas de sa part un contrôle ni une réglementation de l'administration légale (2). Nous restreignons cette solution aux cas où il s'agit d'un acte intéressant l'administration légale : dans le cas de l'art. 318 nous démontrerons tout à l'heure que, pour des raisons particulières, elle serait inadmissible.

Cette doctrine, admise par quelques décisions judiciaires citées à la note est contraire, dans ses deux parties à la jurisprudence généralement reçue sur l'administration légale. Elle est notamment en complète opposition avec la pratique constante du tribunal civil de la Seine. A Paris c'est le tribunal qui fait cette nomination, sur requête adressée à la chambre du conseil, et c'est un administrateur qu'il nomme, administrateur que, par une bizarrerie de langage, qui marque bien l'assimilation absolue entre le père et lui, on nomme administrateur légal (3). Les derniers arrêts que nous connaissions l'ont rejetée.

(1) M. Laurent, t. IV, n° 419. — Cet auteur le fait nommer par le tribunal.

(2) MM. Aubry et Rau, t. I, § 123, texte et note 7, — et auteurs cités. — Valette, *C. code civil.*, liv. Ier, p. 509. — Demante, t. II, n° 137 bis II, 137 bis III. — Trib. de Meaux, 20 mai 1873. D. P., 1876, 2. 24. — Douai, 5 juillet 1878. D. P. 1879, 2, 116. — V. Duval, t. VI, n° 422. — Arrêt de Bordeaux, 19 mars 1875. S., 1876. 2, 98 et la note de M. Labbé.

(3) Dans ce sens, les divers décisions citées par M. Berlin, op cit., t. V, p. 565. — Paris, 9 janvier 1874. D. P., 1876, 2, 24. — Un arrêt

Ces dissidences suffisent pour montrer combien la solution de la question que nous avons posée sur le principe et la nature même de l'administration légale est douteuse.

Nous pouvons heureusement espérer que ces controverses prendront bientôt fin.

Deux projets de loi se référant à cette matière sont aujourd'hui pendants, l'un devant le Sénat, l'autre devant la Chambre des députés.

Le premier, qui est le projet de loi sur les attributions de la chambre du conseil, rédigé par M. Bertin, amendé et présenté par M. Bozerian, ne s'en occupe qu'incidemment. Dans l'art. 8 (n° 12), il consacre la jurisprudence. En voici les termes : « L'autorisation nécessaire pour le père administrateur pendant le mariage pour disposer des biens de ses enfants, sera donnée par la chambre du conseil. » Le projet s'occupant de fixer les pouvoirs de l'administrateur légal les réduit à ceux du tuteur.

Nous avons dit qu'un projet était perdant devant la Chambre des députés. A la vérité, il y en a deux : l'un a été présenté à la Chambre le 26 novembre 1881, par MM. Cazot, alors ministre de la Justice, au nom du gouvernement. Le second, plus étendu et plus complet, est dû à M. Bisseuil, député de la Rochelle.

Les deux projets écartent complètement l'intervention du conseil de famille de l'administration légale qu'ils placent sous l'unique autorité de la justice.

de Bordeaux du 2 juin 1876 a rapporté l'arrêt que nous avons cité à la note précédente et décidé que le représentant étant un administrateur assimilable au père, la signification à ce représentant suffisait pour faire courir les délais d'appel, sans qu'il y eût lieu de signifier à subrogé-tuteur. Le pourvoi formé contre l'arrêt a été rejeté (Cass. 14 janvier 1878, D., 1878, 1, 228).

Les deux projets permettent au père de se faire décharger de la gestion des biens de ses enfants.

Ils portent également que les tribunaux pourront destituer l'administrateur légal.

Dans l'un ou l'autre de ces cas, la gestion passe à la mère. Si celle-ci, à son tour, est excusée ou destituée, le tribunal nomme un tiers administrateur d'après le projet du gouvernement. D'après celui de M. Bisseuil, le tribunal doit alors déclarer la tutelle ouverte, et il est procédé conformément aux art. 406 et suiv. du Code civil.

Suivant le projet Cazot, l'administrateur ne peut aliéner les immeubles, ni constituer d'hypothèques, ni emprunter, ni accepter de successions, ni former de demande en partage d'immeubles ou d'universalité de meubles, ni intenter d'actions immobilières sans autorisation de justice. Les art. 1, 2, 3, 4, 5, 6 et 10 de la loi du 27 février 1880 lui sont applicables.

Le projet de M. Bisseuil permet, au contraire, à l'administrateur légal d'accepter seul, sans bénéfice d'inventaire, les successions échues au mineur ainsi qu'à formuler des demandes en partage.

Nous n'avons pas à examiner les dispositions de ces projets dans leur détail. Elles ne tiennent à notre sujet qu'en ce qu'elles écartent le conseil de famille.

Ce principe nous paraît très raisonnable. Il y a assurément quelque chose de bizarre à faire intervenir (qu'on nous passe ces mots familiers), dans les affaires d'un ménage, les parents ou alliés du père et de la mère. Ce sont eux, peut-être même des étrangers, des amis, s'il n'y a point de parents, ni d'alliés, qui vont prendre connaissance de l'état du patrimoine de l'enfant. Toute la situation de fortune de celui-ci va leur être découverte.

Il faut bien qu'ils s'instruisent et s'informent avant d'autoriser. Cela est-il convenable? La jurisprudence, avec raison, décide que lorsqu'un mari est pourvu d'un conseil judiciaire, et que la femme a à faire un de ces actes pour lesquels, s'il s'agissait de ses intérêts, le mari ne pourrait agir seul, et pour lesquels, par conséquent, il ne peut autoriser seul sa femme, celle-ci doit être autorisée, non de son mari assisté de son conseil, mais de justice : l'intrusion d'un tiers serait inconvenante. Il en est, nous semble-t-il, de la puissance paternelle comme de la puissance maritale, et l'intervention du conseil est une intrusion. Ce n'est qu'à regret que nous l'avons admise, la loi nous a paru nous y forcer. C'est avec raison que le projet l'écarte.

Contre cela on dira peut-être que la justice sera moins éclairée, que les fraudes seront plus faciles. Nous ne croyons pas trop nous avancer en disant que l'on trompe très facilement un conseil de famille; que la présence du juge de paix est, la plupart du temps, une garantie illusoire. Nous doutons qu'on trouve plus de facilité à leurrer la justice : celle-ci se renseigne, au contraire, habituellement avec soin.

Le régime auquel on propose de soumettre l'administration légale a été déjà adopté par le Code civil italien. Lorsqu'un père doit faire un acte excédant ses pouvoirs, c'est de justice qu'il doit être autorisé. L'autorité judiciaire, chargée d'assister l'administration, est tantôt le préteur (juge de paix), tantôt le tribunal civil (1).

(1) Code civil italien, art. 224 et suiv. Nous faisons observer qu'en Italie le survivant des époux est administrateur légal et non tuteur. Ces dispositions que nous citons ont donc une énorme importance. (V. la traduction du Commentaire de ce Code par MM. Hue et Orsier.)

CHAPITRE II

LES ATTRIBUTIONS DU CONSEIL DE FAMILLE RELATIVES AUX TUTELLES

PRÉLIMINAIRES

Les tutelles sont de deux sortes : générales ou ordinaires, ou établies pour un acte particulier.

Le tuteur est dans ce dernier cas qualifié de tuteur ad hoc.

Nous nous occuperons d'abord des tutelles générales. C'est dans cette espèce d'administration que le conseil de famille jouit de la plénitude de ses attributions.

Ayant à dire dans quels cas le conseil de famille devient aussi l'autorité suprême, nous devons examiner quand il y a lieu à tutelle, très brièvement.

Les tutelles sont tutelles de mineurs ou tutelles d'interdits.

Mineurs. — Nous avons déjà indiqué deux cas où les biens des mineurs ne sont pas soumis au régime de la tutelle : il en est ainsi quand ils sont administrés pendant le mariage par le père, ce qui a lieu même en cas de séparation de corps (art. 389, arg. de ces mots : « pendant le mariage »), ou par la mère, en cas de présomption d'absence du père (art. 141 C civ.).

La loi a statué sur ces deux cas : mais il en est d'autres dont elle n'a point parlé. Que décidera-t-on dans le cas où le père est interdit, destitué ou exclu ? l'administration légale passera-t-elle à la mère ?

Pour l'affirmative, on argumente de l'art. 141 : on

ajoute que les motifs qui ont décidé le législateur à soustraire le père au régime rigoureux de la tutelle pendant le mariage s'appliquent pleinement à la mère : la
placer sous la dépendance d'un conseil de famille, la surveillance d'un subrogé-tuteur, se comprendrait difficilement. Cette opinion généralement admise nous paraît
fondée. Il nous semble qu'en effet l'art. 141 C. civ. n'est
que l'une des applications d'un principe selon lequel la
mère exerce à défaut du père, pendant le mariage, tous
les droits de celui-ci pour quelque cause qu'il soit empêché : ne décide-t-on pas ainsi pour la puissance paternelle proprement dite ?

Ce n'est qu'en cas d'absence déclarée du père que la
mère deviendrait tutrice. L'absence déclarée de l'un des
époux fait en effet ouvrir la tutelle : l'absent est par la
loi traité d'une manière provisoire, mais générale, comme
n'existant plus.

Nous pensons également que c'est une véritable tutelle qui, aux termes de l'art. 142 (1) doit être déférée
par le conseil de famille aux ascendants ou, à leur défaut à un étranger. Il est d'abord certain que la mort de
la mère ouvre la tutelle. Pourquoi l'ascendant appelé à
l'administration de la personne et des biens des enfants
serait-il autrement traité que le père lui-même, qui, s'il
était présent, prendrait la tutelle ? N'est-ce pas un vrai
tuteur qui est nommé à défaut d'ascendants ? La situation spéciale plus avantageuse qu'on ferait à ceux-ci en
excluant les mesures de tutelle, telles que l'hypothèque

(1) Six mois après la disparition du père, si la mère était décédée
lors de cette disparition ou si elle vient à décéder avant que l'absence du père ait été déclarée, la surveillance des enfant sera défé-
r ée par le conseil de famille aux ascendants les plus proches et. à
leur défaut *à un tuteur provisoire.*

légale et la surveillance d'un subrogé-tuteur, ne se comprendrait pas. Je remarque aussi que l'art. 142 prévoit le cas où la mère était prédécédée lors de la disparition du père. Celui-ci était tuteur alors. Les ascendants pourront-ils avoir une autre qualité. Evidemment non. Or le pouvoir qu'ils peuvent avoir doit être toujours le même, quelle que soit l'époque du décès de l'époux présent. On ne saurait tirer argument contre nous de ce que la loi dit que les ascendants auront la surveillance, et ne prononce pas le mot de tutelle. D'abord ces mots « surveillance des enfants » comprennent à la fois la personne et les biens de ceux-ci (141). Or la loi s'en sert pour qualifier les pouvoirs de celui qu'elle appelle tuteur provisoire. Ils peuvent donc, dans leur généralité, embrasser la tutelle. Et si contrairement aux art. 402 et suiv. du titre de la tutelle, les ascendants ne l'ont pas de plein droit ; c'est que telle était la règle pour la tutelle dans le projet du Code.

Il est plus difficile de savoir si, dans le cas où les deux époux présents ne peuvent exercer l'administration légale, il y a tutelle, ou si c'est un administrateur qui doit être nommé. Dans le sens de cette dernière proposition, on argumente de l'art. 390, qui ne déclare la tutelle ouverte que par la dissolution du mariage arrivée par la mort naturelle ou civile de l'un des époux. On imagine ensuite diverses considérations que l'on prête au législateur. M. Laurent dit encore que la tutelle a des effets légaux qu'on ne peut admettre sans loi.

Nous pensons néanmoins, avec MM. Aubry et Rau, que la tutelle s'ouvre. En se reportant aux déclarations du Tribunat, qui ont motivé l'institution de l'administration légale, on peut voir que les raisons principales présentées à l'appui de la proposition ont été : la qualité du père, et cette considération que jamais, dans l'ancien droit, on n'avait traité celui-ci comme tuteur ; or il est évident que la qualité du père lui étant personnelle, ne peut produire d'effets qu'en sa personne, et d'autre part, sous l'ancien droit, lorsque le père venait à être destitué de l'administration légale, c'était un curateur que l'on nommait à l'enfant (1). Or, en droit coutumier, curateur et tuteur étaient termes synonymes : *apud nos*, dit le commentateur de la coutume que nous citons, *nulla intelligitur differentia inter tutelam et curam*. D'autre part si l'on se reporte aux textes de nos Codes, qui prévoient les cas où l'enfant doit être représenté par une personne autre que le père, on voit que c'est un tuteur qui doit être nommé. (Art. 318 C. civ., et 938 C. pr. c.) Pour répondre à l'argument que l'on tire contre cette opinion de l'art. 390, nous ferons observer que l'autre interprétation le met en contradiction avec les textes que nous venons de citer, et crée une antinomie inexplicable. Il serait plus juste, croyons-nous, de considérer cet article comme ayant prévu le cas le plus ordinaire, et de penser que le législateur en l'édictant n'a point entendu exclure la tutelle du cas qui nous occupe, et n'y a point même songé en écrivant le titre X. Cela semble résulter de l'art. 389, qui ne parle que de l'administration des biens des enfants par le père, et ne dit rien des cas où celui-ci pourrait se trouver empêché de l'exercer (2).

Nous signalons à l'appui de l'opinion que nous soutenons l'art. 2 du Code de com., qui, dans tous les cas où

(1) *Coutume de Berry*

(2) MM. Aubry et Rau, 4ᵉ éd., t. I, § 87, note 4. — *Contra* : MM. Demolombe, t. VII, n° 26 ; — Laurent, t. IV, n° 363 ; Demante, t. II, n° 138 *bis*.

les père et mère sont empêchés, confie au conseil de famille le soin d'autoriser le mineur à faire le commerce.

Enfants naturels. — Les biens des enfants naturels sont-ils soumis au régime de l'administration légale ou à celui de la tutelle ?

M. Laurent (1) enseigne que lorsque l'enfant a été reconnu par ses père et mère, il n'y a pas lieu à tutelle tant que ceux-ci sont tous deux vivants. Les biens sont alors gérés concurremment par les deux parents comme administrateurs légaux. Cette administration, dit-il, est un devoir qui découle de la puissance paternelle, laquelle est la même pour les enfants naturels que pour les enfants légitimes (2). (Arg. art. 383.)

Lorsque l'un des deux parents vient à mourir, il n'y a pas encore lieu à tutelle, selon cet auteur : parce que ce régime, suivant lui, ne comprend que s'il existe un perpétuel antagonisme d'intérêts entre l'enfant et ses père et mère (t. IV, n° 413 *in fine*).

Ce ne sera qu'après la mort des deux parents que l'enfant sera en tutelle, et ce sera, dans la gestion des biens et de la personne du mineur, la justice qui remplira le rôle du conseil de famille. (*Ibid.* n° 417.) On ne comprend pas un conseil de famille, dit-il : l'enfant est sans parents.

Nous pensons au contraire que l'enfant naturel est toujours en tutelle, et que cette gestion est placée sous l'autorité d'un conseil de famille.

Le Tribunat, car enfin c'est toujours de ses déclarations qu'il faut partir, puisqu'il est le véritable auteur

(1) T. IV, n°ˢ 359 et 413.
(2) *Sic : Toullier* t. II, n° 1073.

de l'art. 389, n'a proposé cette disposition que par esprit de conservation pour maintenir l'ancien droit. Or
on peut induire des quelques mots que nous disent les
auteurs sur l'administration des biens des bâtards, que
dans l'ancien régime ceux-ci étaient toujours en tutelle.
Ferrière nous dit en effet que la jurisprudence accordait
ordinairement la tutelle des bâtards à la mère par préférence au père ; il se réfère donc bien évidemment au
cas où les deux parents naturels étaient connus (1), et
nous apprend aussi que ces enfants étaient en tutelle même
du vivant de ceux-ci.

Conformément à l'intention du Tribunat, l'art. 389 n'accorde l'administration légale qu'au père légitime. (Arg.
tiré de ces mots « pendant le mariage ».)

De plus, ainsi que le dit M. Demolombe, puisqu'après
la dissolution du mariage la tutelle s'ouvre, ne faut-il pas
décider de même : quand il n'existe pas de mariage le
défaut de commencement n'équivaut-il pas à la fin ?

L'une des raisons qui ont fait accorder au père légitime des pouvoirs un peu plus larges que ceux d'un tuteur, a été le contrôle possible de la mère : ce motif ne
disparaît-il pas ? la mère de l'enfant naturel exercera-
t-elle d'une façon efficace son autorité ?

Il y a donc tutelle. Cette tutelle sera soumise, avons-
nous dit, à l'autorité, supérieure du conseil de famille.

Dans l'ancien droit, il existait en effet pour les bâtards
une assemblée semblable au vrai conseil de famille et
le juge n'intervenait jamais seul. Meslé nous dit (2) que si
ceux qui avaient donné du bien au bâtard ne lui avaient
point nommé de tuteur, il fallait que le juge en donnât un

(1) Ferrière, *Traité des tutelles*, page 24. — et table alphabéti-
que, V° *tutelle*.

(2) *Minorités*, p. 247, (2).

d'office à la requête du procureur du roi ou du fiscal, *sur l'avis des voisins, des amis de celui qui avait fait le don ou legs*. L'isolement social où se trouvaient les bâtards ne permettait, quand l'acquisition de quelque bien rendait la tutelle nécessaire, que de recourir à ce mode de composition.

Lorsque l'art. 159, C. civ., relatif au mariage de l'enfant naturel, fut mis en discussion, et que l'on proposa d'exiger, contrairement à l'ancien droit, le consentement d'un tuteur ad hoc, M. Réal dit que la section « avait cru moral de donner un tuteur au mineur né hors mariage qui veut se marier et dont le père est inconnu, que ce mode couvrirait la trace de l'illégitimité de sa naissance et appellerait *ses amis* à délibérer sur son mariage. » L'existence d'un conseil de famille composé d'amis ne me paraît pas du reste une contradiction. Il n'est pas sérieux de soutenir qu'un conseil de famille suppose une famille, des parents, ou tout au moins des alliés, et de dire que les amis ne sont admis par la loi dans cette assemblée qu'à titre de suppléants de ceux-ci. C'est jouer sur les mots : c'est même ne pas les entendre dans leur sens exact. Sous le nom de famille en notre matière la loi comprend les amis, ceux qui ont eu des relations habituelles avec le mineur ou ses parents. Est-ce que dans le cas où un mineur enfant légitime n'a ni parents ni alliés, l'autorité tutélaire passe à la justice? Non. On forme un conseil d'amis, qui est devenu un conseil de famille. Placer la tutelle de l'enfant naturel sous l'autorité d'une semblable assemblée, c'est rester dans les termes même de la loi.

Interdits. — Ce ne sont pas seulement ceux dont l'âge fait présumer qu'ils sont incapables de gérer eux-mêmes leur biens et de gérer eux-mêmes leurs personnes, qui sont en tutelle.

Des majeurs peuvent également s'y trouver placés.

Certains sont soumis à cette puissance parce qu'ils sont atteints d'un désordre général de l'esprit qui ne permet point de les livrer à eux-mêmes. Ce sont les interdits judiciaires.

D'autres sont, quant à leurs biens, soumis à ce régime qui leur en enlève la gestion personnelle, par la loi pénale, à titre de mesure d'ordre public, destinée à assurer l'efficacité de la peine. Ce sont des condamnés à des peines afflictives temporaires (C. p. art. 29), ou perpétuelles (L. 31 mai 1854, art. 1 et 2).

Cette interdiction n'atteint que ceux qui ont été condamnés contradictoirement. Les biens de ceux qui ont été condamnés par contumace sont régis conformément à l'art. 471, C. i. cr., c'est-à-dire administrés par la régie des domaines de l'Etat, comme biens d'absent, à charge de rendre compte conformément aux règles du Code civil sur l'absence (1). Cette disposition spéciale sur les biens du condamné contumax montre assez qu'ils ne sont pas soumis à la tutelle, et que l'interdiction légale n'atteint pas leur propriétaire. Cela a été dit expressément dans l'exposé des motifs de la loi du 31 mai 1854 (2).

SECTION I

CONSTITUTION DE LA TUTELLE

§ 1. Nomination du tuteur

Le premier acte par lequel le conseil de famille exerce

(1) Boilard, *Leç de dr. crim.*, 11ᵉ éd. p. 113.
(2) Aubry et Rau. 4ᵉ éd. t. I, § 85, texte et note 12.

son autorité est la nomination même du tuteur, dans le cas où la tutelle n'est pas déférée par la loi, ou par le dernier mourant des père et mère. La tutelle prend dans ces cas le nom de tutelle dative, qualification qui, à la vérité, peut également bien s'appliquer à la tutelle testamentaire.

La personne à laquelle il y a lieu de nommer un tuteur général peut être un mineur ou un interdit.

La nomination du tuteur du mineur appartient au conseil dans les cas suivants :

1° Lorsque le mineur reste sans père, ni mère, ni ascendants mâles et que le dernier mourant des père et mère n'a point désigné de tuteur à son enfant;

2° Lorsque la mère survivante refuse la tutelle ;

3° Lorsque le père survivant ou la mère survivante, le tuteur testamentaire, ou l'ascendant appelé à la tutelle légale sont excusés, exclus ou destitués (1).

Que faut-il décider pour le cas où la personne appelée à la tutelle par le dernier mourant des père et mère prédécède. La tutelle est-elle déférée aux ascendants ou au contraire la seule désignation d'un étranger faite-elle obstacle à cette délation? Ainsi que le dit très bien M. Demante (t. II, n° 150 bis, II), les termes de l'art. 402 manquent pour l'établissement de la tutelle légitime: il porte en effet qu'elle ne sera déférée que s'il n'a pas été choisi de tuteur testamentaire. D'autre part le fait d'un choix fait par le dernier mourant des père et mère pouvant indiquer quelque défiance de leur part sur l'aptitude de l'ascendant, il paraît à la fois plus juridique et plus

(1) Nous signalons ici les deux cas spéciaux prévus par l'art. 42, C. p. Cet article permet au conseil de famille d'autoriser le père ou la mère qui ont été, par une condamnation, exclus de la tutelle de leurs enfants, à l'exercer.

favorable à l'intérêt du mineur de déférer le choix au conseil de famille.

4° Lorsque l'une des personnes de la qualité ci-dessus, appelée à la tutelle se trouve incapable.

5° Lorsque la mère tutrice se remarie sans convoquer le conseil de famille ou n'est pas maintenue dans la tutelle.

Le droit romain avait obligé la mère qui prenait la tutelle de ses enfants de prêter serment de ne point contracter une nouvelle union. Ce serment imposait à la tutrice l'obligation, dans le cas de convol, de faire pourvoir ses enfants d'un nouveau tuteur : elle devait le faire avant le mariage, et elle devait également rendre compte et payer le reliquat dont elle pouvait être débitrice. Justinien abolit la nécessité du serment, qui n'était, paraît-il, qu'un prétexte à parjure, les mères gardant la tutelle et se remariant sans remplir leur devoir. La femme qui se remariait continua de perdre la tutelle (1).

Le très ancien droit français suivit la même règle. Nous lisons dans le *Livre des droiz et commandemens* : « Si tost comme la mère veult convoler aux secondes noces, elle par avant doit venir à la justice et se doit décharger de la tutelle et rendre compte des biens du pupille et requerre la justice qui lui baille autre tuteur, et la justice le doit faire, et si la femme faisait le contraire, elle se mefferait. Et si le mari prenait rien des biens du pupille sans bénéfice d'inventaire, ils seraient infâmes par droit (2). »

En Normandie, la mère tutrice n'était pas déchue par le fait du second mariage. L'art. 10 du règlement du

---

(1) Nov. 22, ch. xL, et 94, ch. II.
(2) N° 830, éd. Beautemps-Beaupré.

Parlement de Rouen de 1673 sur les tutelles, permet seulement aux parents de faire destituer la mère tutrice remariée ou au mari de faire nommer un autre tuteur (1).

Mais, en général, on conserva l'ancienne règle : la mère perdait de plein droit la tutelle par un second mariage, et avant la célébration elle devait rendre compte (2).

Le Code civil est moins sévère, et l'oblige seulement dans ce cas à réunir le conseil de famille pour délibérer si la tutelle lui sera conservée.

Selon nous, cette règle doit être appliquée à la mère naturelle : le motif qui l'a fait établir est que l'on peut suspecter l'affection de la mère pour ses enfants lorsqu'elle se remarie au lieu de se consacrer entièrement à eux. Le même soupçon n'atteint-il pas la mère naturelle qui se marie ?

Nous n'y soumettrons pas l'ascendante tutrice, comme le fait M. Valette (3). Nos raisons sont peut-être un peu subtiles, mais elles nous paraissent justes. Remarquons d'abord que la mère est tutrice de plein droit, que la loi lui en défère les attributions sans contrôle, se reposant sur son affection. En se remariant, la mère, du moins c'est l'idée du législateur, ne montre-t-elle pas que la loi s'est trompée : ne faut-il pas appeler le conseil à examiner si la mère mérite cette confiance que la loi lui avait accordée si facilement. L'ascendante, au contraire, est toujours élue par le conseil qui a pu apprécier si elle méritait d'être tutrice. Puis si le devoir d'une mère est de ne point se remarier, si en y contrevenant

(1) V. Cauvet, op. cit., art. 10.
(2) Domat, *Lois civiles. Des tuteurs*, n° 37.
(3) *Cours de Code civil*, art. 395.

elle fait preuve de bien peu d'affection pour ses enfants, l'ascendante qui se remarie ne manque, elle, à aucun devoir ; elle n'a jamais été si étroitement liée à l'égard des pupilles. On ne peut en induire que son affection a diminué et qu'elle ne mérite plus la confiance que le conseil lui a témoignée en l'investissant de la tutelle.

6° Lorsque le tuteur testamentaire ou l'ascendant tuteur viennent à mourir.

7° Lorsqu'un tuteur datif doit être remplacé pour une cause quelconque (1).

8° Lorsque, pendant le mariage, les père et mère se trouvent dans l'impossibilité d'exercer l'administration légale. Ici nous sommes tout à fait en dehors des textes de la loi, qui n'a point prévu ce cas, pour lequel nous avons proposé les règles qui nous ont paru le mieux répondre à son esprit. En l'absence d'un texte déférant la tutelle, en l'absence de motifs décisifs pour étendre la tutelle légale, nous croyons plus régulier d'avoir recours au conseil de famille.

9° Dans le cas prévu par l'art. 142 C. c.

10° Enfin, le conseil est appelé à confirmer les pouvoirs du tuteur testamentaire, désigné par la mère tutrice, mais remariée (art. 400 C. c.).

Déciderons-nous de même et dirons-nous, lorsqu'il s'agira d'enfants naturels que la tutelle sera toujours dative.

---

(1) Nous faisons remarquer qu'exceptionnellement l'art. 431 du Code civil permet au conseil de famille de remplacer un tuteur qui ne se trouve pas dans un cas de destitution, par l'ancien tuteur ou la personne appelée primitivement à la tutelle sur la demande de celle-ci, ou du tuteur en exercice, lorsque cette personne a été excusée à raison d'une mission ou fonction publique dont elle ne se trouve plus chargée.

Pour refuser aux parents naturels la tutelle légale de leurs enfants, les tribunaux et les auteurs disent : la tutelle est chose d'ordre public qui ne peut exister qu'en vertu d'un texte de loi : en cette matière on ne peut combler aucune lacune; c'est une institution de droit civil et de droit étroit. Or, nous n'avons pas de texte. Bien évidemment l'art. 390 n'attribue de plein droit la tutelle qu'au père ou à la mère légitimes. Ce silence est significatif. La loi pour les parents légitimes n'a pas cru devoir s'en tenir à l'énonciation des droits de la puissance paternelle, dont on pourrait prétendre que la tutelle légale n'est qu'une suite, pour leur donner un pareil droit. Elle a pris une disposition expresse. Et que l'on n'argumente pas de l'art. 405, qui n'appelle le conseil à nommer le tuteur que si le mineur est resté sans père ni mère : cet article doit être lu ainsi : sans père ni mère investis de la tutelle légale, en vertu de l'art. 390, c'est-à-dire sans père ni mère légitimes On ajoute enfin que les parents naturels ne méritent pas la même confiance que les parents légitimes. (1).

Nous écarterons tout de suite ce dernier argument : il nous suffit de rappeler l'art. 383, qui donne aux père et mère naturels les droits les plus rigoureux de la puissance paternelle sur la personne de leurs enfants. Cette disposition ne permet pas de dire que les parents naturels sont suspects aux yeux de la loi. Quelle est donc la grave objection que l'on fait à la tutelle légale? Le défaut de texte. On ne peut combler la lacune. Il nous semble que la même objection peut être adressée au premier

______

(1) Demante, t. II, n° 138. — Demolombe, t. VI, n° 650-652; t. VIII, n° 379 et suiv. — Val. sur Proudhon, t. II, p. 290. — Lyon, 11 juin 1856. D. P., 1857, 2, 9 ; et 8 mars 1859. D. P., 1859, 2, 14. Paris, 19 mai 1882. *Droit*, 17 septembre 1882.

système. Nulle part la loi n'a prévu la tutelle des enfants
naturels. C'est justement parce que nous lisons l'art. 405
de la façon que nous avons indiquée que l'oubli du législateur est certain. Il suffit de parcourir le titre de la
tutelle pour voir immédiatement que le Code n'a jamais
pensé qu'à l'enfant légitime. Il y a donc une lacune à
combler : il le faut. La question est de savoir comment :
autant que possible, selon nous, de la même manière
que le législateur l'eût fait lui-même. Ne nous a-t-il pas
lui-même indiqué quelle place il donnait aux parents
naturels : il les a assimilés aux parents légititimes quant
à la puissance sur la personne des enfants. Ne faut-il
pas penser qu'il les eût traités de même, au moins dans
une large mesure, quant à la puissance sur leurs biens.
Si nous avons refusé l'administration légale aux parents
naturels, c'est qu'indépendamment des déclarations du
Tribunat qui semblaient la leur refuser, il y avait des
raisons particulières de le faire, mais ces motifs qui nous
ont décidé à mettre en tutelle les enfants naturels ne
nous conduisent pas à refuser cette tutelle aux parents
de ceux-ci. — La tutelle légale nous apparaît comme
une simple conséquence de la puissance paternelle (1)
et nous l'attribuons aux parents naturels qui jouissent
de ce dernier droit dans toute sa plénitude (art. 383).

Sous notre ancien droit, le conseil de famille était
bien plus souvent appelé à délibérer sur la nomination
du tuteur. Il était en effet de règle assez générale dans
les pays coutumiers que la tutelle était dative et dé-

(1) MM. Aubry et Rau, § 550 et 571. — Poitiers, 1er août 1870. D. P.
1871, 2, 56. — 4 mai 1858. D. P., 1859, 2, 122. — Douai, 13 février 1844. — Alger, 17 mars 1875. S., 1875, 2, 176.

(2) La coutume de Valenciennes et celle du Hainaut nous offrent
une particularité remarquable. Le juge, en ces pays, n'était pas seu-

férée par le juge (2) sur avis de parents. C'est de cette façon que de tous temps les tuteurs avaient été nommés en France. Beaumanoir nous dit (1) : « En vilenage n'a point de bail, mais quand vilenage vient as enfants sous-aagiés et il n'y a point de fief, par quoi nus se trace au bail, le plus prochain du lignage as enfans post, s'il le veuet, avoir le garde des enfans, et exploitier le vilenage pour les enfans, par sûreté faire as amis ou à la justice si li ami ne le requèrent, de rendre bau compte as enfans quand il seront aagiés. » Il y avait là un conseil de famille appelé à apprécier si les sûretés offertes étaient suffisantes, et si l'on devait donner satisfaction à la demande de garde. Au chapitre des tutères, Beaumanoir nous apprend encore qu' « à défaut de baillistre et de tel gardien le seigneur ou le juge nommait un tutère, qui devait faire *seureté* ou juge ou *as amis* de mineurs. » L'auteur du *Livre des droiz et commandemens* s'exprime ainsi de son côté : « Si aucune justice veult donner tuteur à un pupille il doit appeler les amis de char a ce. Et s'ils ne viennent au premier ajournement l'on les doit faire ajourner a intimacion. Et s'ils ne viennent, la justice les doit pourvoir de tuteur (2). »

Cette désignation par le juge était généralement nécessaire et la tutelle légale ou testamentaire avait rarement lieu.

lement l'autorité tutélaire : dans les cas où les père et mère du mineur étaient décédés, il était le tuteur. Il se déchargeait à la vérité de sa besogne sur des *tuteurs subalternes*, mais ceux-ci n'étaient que mandataires. Il était le vrai tuteur, et il prenait le nom de tuteur en chef.

(1) Chapitre *Des gardes as enfans*, n° 7. — La nomination du tuteurs était un acte de moyenne justice. — Sens, art. 14 et 15. — Auxerre, art. 16 citées par Meslé, ap. cit. p. 110.

(2) N° 807, éd. de M. Beautemps-Beaupré.

« Tutelles testamentaires et légitimes se doivent confirmer par le juge » disaient les *Coutumes* d'Auvergne et de la Marche.

« Toutes tutelles et curatelles sont datives » disait encore la *Coutume de Reims*.

Ce principe se conserva. Argou et Meslé nous l'apprennent. Il s'étendait même à certains pays de droit écrit, tel que le ressort du parlement de Toulouse, où le tuteur testamentaire désigné par le père devait être confirmé par le juge sur avis de parents, contrairement au droit romain. Seule la théorie des tutelles légitimes se perpétue intacte (1) dans les pays de droit écrit.

Mais la rigueur apparente de cette règle paraîtra bien atténuée si l'on considère que, pour emprunter les termes de la *Coutume d'Orléans*, « l'élection se faisait du plus prochain parent habile à succéder, idoine, capable et suffisant (2), et que les parents ni le juge ne pouvaient refuser sans de graves motifs de confirmer la nomination contenue dans le testament du père et de la mère. Le choix du juge n'était donc pas libre, et la délibération de l'assemblée de parents avait de fait bien moins pour objet le choix d'un tuteur que la vérification préalable de la capacité et de la moralité de celui que le choix du père ou sa parenté avec la pupille désignait pour ces fonctions. Cette pratique avait l'avantage d'assurer les intérêts du mineur et en même temps d'éviter au tuteur le désagrément d'une véritable destitution.

Un assez grand nombre de coutumes importantes ad-

(1) A l'inverse. nous trouvons dans la *Coutume du Bourbonnais* cette disposition : « Tutelles testamentaires sont valables et préférées à toutes autres. »

(2) *Cout. d'Orléans*, art. 184.

mettaient d'ailleurs de vraies tutelles légales, dans une mesure plus ou moins étendue (1).

Aujourd'hui le conseil nomme le tuteur sans être obligé d'avoir aucun égard aux degrés de parenté, et si les délibérations prises à cet effet peuvent, ce qui est très douteux, être cassées, ce ne sera que si les intérêts du pupille se trouvent lésés. Il existe cependant encore un cas où notre Code a conservé les anciens principes : dans le cas prévu par l'art. 141, C. c., les ascendants ne sont pas tuteurs de plein droit. Le conseil de famille doit faire un choix parmi eux, et, à moins de raisons graves, observer dans la délation de cette tutelle la proximité du degré de parenté. Telle avait été en effet la théorie d'abord proposée pour la tutelle des ascendants, mais abandonnée par les art. 402 et suiv., et dont la trace ne se retrouve que dans cet art. 142 et l'art. 404. Dans le cas où deux bisaïeuls de la ligne maternelle se

(1) V. Argou, op. cit., t. I, p. 47 ; — Meslé, op. cit., p. 9 ; — Meslin, V· *Tutelle ; passim.* — Cauvet, *Observations sur l'édit de règlement des tutelles du parlement de Rouen de 1673.* Cet édit avait admis au profit du frère aîné sur les autres enfants une sorte de tutelle légale. — Les coutumes où l'on retrouvait les tutelles légales étaient : Lorris, Tours, Poitou, Eu, Perche, Bourbonnais, Bretagne, Brabant, Flandre, Orléans. Cette dernière coutume nous offre le système de tutelles légales le plus étendu de notre droit. Tous les ascendants étaient appelés à la tutelle, et successivement : en cas d'excuse d'un ascendant du plus proche degré, la tutelle était dévolue à l'ascendant du degré suivant. Le Code civil lui-même ne va pas si loin. — Quant à la nécessité de la conformation du tuteur testamentaire, nous ne connaissons d'exception que la disposition de la *Cout. de Bourbonnais* que nous avons citée. Cela est facile à comprendre et l'on s'expliquera le caractère absolu de cette règle si l'on songe que, du moins c'est l'opinion de Meslé, si le père ne pouvait nommer seul un tuteur à son enfant, c'est qu'un pareil droit était considéré comme une suite de la patria potestas inconnue en ces coutumes.

trouvent concurremment appelés à la tutelle, le conseil
de famille, aux termes de cette dernière disposition, fait
nomination de l'un d'eux. C'est là une nomination d'un
caractère spécial et qui doit être placée à part. Toute
distinction sociale ayant disparu, à quelque classe
qu'appartienne le pupille, la nomination a toujours lieu
d'après les règles ci-dessus. Sous l'ancienne monarchie,
les tuteurs des princes du sang étaient nommés par le
roi, et ces tuteurs étaient ordinairement assistés d'un conseil, composé d'officiers de cours souveraines, d'anciens
avocats, sans l'assentiment duquel aucune mesure importante ne pouvait être prise.

Quand Napoléon Ier organisa son empire, il n'oublia
pas de revenir aux anciennes traditions. La nomination
des tuteurs des membres de la famille impériale fut
confiée à l'empereur. — Le conseil de famille impérial ne
pouvait prendre aucune délibération sans l'approbation
de l'empereur (art. 9 et suiv. des statuts du 30 mars 1806).

Interdits. — Les interdits se divisent en interdits judiciaires et interdits légalement.

Les premiers sont interdits à raison de leur état d'esprit.
Les seconds par mesure d'ordre public. Le conseil de
famille est toujours appelé à nommer les tuteurs des uns
et des autres.

Mais dès avant l'interdiction des premiers par justice il
est appelé à délibérer.

Lorsqu'une demande en interdiction ou en dation de
conseil judiciaire est formée, le tribunal après avoir pris
connaissance par la requête des faits allégués par le
demandeur, en avoir apprécié la gravité, doit ordonner la
réunion du conseil de famille de la personne contre qui
la demande est formée. L'assemblée de famille donne son
avis sur l'état mental de la personne dont l'interdiction

est demandée. C'est là une sage mesure. Les parents ou les amis de cette personne sont bien à même de renseigner le tribunal; ils savent, se trouvant en fréquentes relations avec cette personne, si le trouble d'esprit qu'on lui impute est habituel, s'il est grave et la met vraiment hors d'état de faire ses affaires elle-même, ou si, au contraire, les faits invoqués n'ont été que le produit accidentel d'un désordre mental passager.

La loi nous dit que « le conseil donne son avis sur l'état mental », et semble lui interdire de se prononcer sur la question de savoir si la demande en interdiction est bien fondée. Le conseil pourrait cependant déclarer que l'interdiction ou la dation d'un conseil judiciaire lui paraît utile, ou qu'elle lui paraît peu justifiée. Ce n'est qu'une formule par laquelle il exprime implicitement son avis sur l'état mental de la personne dont il s'agit.

Cette réunion du conseil de famille est obligatoire et doit toujours être ordonnée en ce sens que le tribunal ne saurait admettre la demande sans avis préalable du conseil, mais il pourrait la rejeter de plano, c'est une garantie de plus pour la personne qu'on prétend enlever à ses affaires.

C'est le caractère de cette mesure qui nous fait décider que le conseil réuni ne peut émettre un avis que d'après les faits à sa connaissance dès sa convocation. Nous ne permettrions pas au conseil, ainsi que M. Demolombe, d'employer tous les moyens possibles de s'éclairer, par exemple d'interroger lui-même le défendeur. Il nous semble que c'est donner au conseil un rôle qui ne lui appartient pas d'après la loi. Si l'on prétend avoir égard à la délibération et à l'avis du conseil émis après de telles mesures, c'est substituer une procédure arbitraire à la procédure régulière d'enquête? Est-ce que si les faits arti-

culés ou au moins indiqués dans la requête ne sont pas
établis on permettra au conseil de faire une enquête là-
dessus, et prétendra-t-on avoir égard à l'avis qu'il
émettra après informé? Est-ce que, s'il y a lieu de recourir
à une enquête, ce n'est pas le tribunal qui doit expressément l'ordonner, et ne doit-elle pas se faire devant un juge
à ce commis. Ce sont les résultats de cette enquête judiciaire qui prendront une valeur juridique. Ceux de l'enquête faite par un conseil de famille ne sauraient être
d'aucune considération. Sur le point spécial de l'interrogatoire la loi nous fournit une solution expresse. C'est un
juge qui doit y procéder en présence du procureur de
la République, aux termes de l'art. 496. C'est dire clairement que tout interrogatoire fait par d'autres personnes
et sans ces formalités ne doit point être pris en considération par le tribunal.

Nous avons dit que l'avis préalable du conseil de famille était une garantie de plus pour la personne défen-
deressse : nous nous expliquons. Cette personne devra
être interrogée par un juge, une enquête pourra être
ordonnée sur les faits allégués par le demandeur. Mais
ces informations pourraient être insuffisantes : il se pourrait que le défendeur fît des réponses absurdes aux questions, parce qu'il se trouverait momentanément sous le
coup d'une maladie mentale, passagère et guérissable.
Les faits pourraient être vrais, mais ne constituer
que des accidents reproduits à de longs intervalles.
Néanmoins il pourrait arriver que le tribunal frappé de
ces faits donnât satisfaction à la demande, et bien qu'il
n'existât pas ce trouble mental habituel, qui seul peut
justifier une interdiction, en frappât le défendeur. C'est
justement sur cette question que le conseil est appelé
à donner son avis, c'est sur l'état mental habituel du

défendeur qu'il doit renseigner le tribunal. Ce ne sera que si l'interrogatoire, l'enquête et l'avis du conseil de famille se corroborent que la demande sera admise. Si au contraire le conseil de famille déclare qu'à sa connaissance jamais le défendeur n'a passé pour fou, dément, ou imbécile, les juges seront tenus en garde par cet avis contre la surprise d'une demande malveillante ou intéressée. La loi ouvre au juge trois sources d'informations : elle sollicite en quelque sorte la contradiction de l'une par les autres et veut une lumière complète. Si l'on permet au conseil de prendre les mesures dont nous avons parlé, son rôle fait alors double emploi avec les enquêtes ou l'interrogatoire : la garantie résultant de cette contradiction possible que nous avons signalée, disparaît complètement pour le défendeur. C'est une pratique à la fois irrationnelle et dangereuse.

Nous avons surtout considéré l'hypothèse d'une demande en interdiction ; les inconvénients du système que nous combattons sont évidents dans ce cas-là. Mais il est également certain que les mêmes garanties doivent exister lorsqu'il s'agit d'une dation de conseil judiciaire pour prodigalité ou faiblesse d'esprit.

Ainsi il est certain que le conseil qui ne sait rien n'a qu'à déclarer qu'il ne sait rien et n'a point du tout à prendre des mesures pour s'éclairer.

L'avis du conseil de famille ne constitue pas seulement une garantie pour le défendeur, mais simplifie encore la procédure. Il renseigne le tribunal sur l'exactitude et la fausseté des faits allégués, comme pourrait le faire une enquête, mais de façon plus simple, plus rapide et moins coûteuse (1).

(1) Les prodigues aussi bien que les déments, les fous et les imbéciles, pouvaient, dans notre ancien droit, être frappés d'interdic-

Nous avons dit que le tribunal pouvait rejeter la de_
mande d'interdiction sur le vu de la requête, de plano,
et sans prendre aucune mesure d'instruction, sans réunir le conseil de famille. On ne comprendrait pas autrement que le tribunal fût appelé à statuer sur la
requête qui doit être adressée au président, et ne
pût le faire que sur le rapport de l'un des juges
et les conclusions du ministère public. Si semblable
examen doit être fait, c'est que le tribunal est compétent pour apprécier la requête au fond, et statuer sur
le bien ou le mal fondé de la demande. (Art 890 et suiv.
C. pr. c.)

Cet avis est la seule délibération que le conseil de famille soit appelé à prendre, lorsque le jugement pourvoit
seulement le défendeur d'un conseil judiciaire.

Les interdits au contraire sont en tutelle, et le conseil est immédiatement appelé à nommer le tuteur. Son
intervention est à ce sujet plus fréquente qu'en cas de
minorité. Il n'existe en effet en cette matière qu'une tutelle légale, celle du mari sur sa femme (597) (1). —
Hors cette hypothèse de l'interdiction d'une femme

---

tion. Mais les procédures étaient différentes. S'il s'agissait d'un prodigue, l'interdiction était soumise à la procédure ordinaire et nor-
male des instances. Dans tout autre cas, le juge, sur la demande des
intéressés, ce qui, dans certaine coutumes, telles que celle d'Anjou,
comprenait jusqu'aux créanciers, réunissait une assemblée de parents et prenait son avis sur l'interdiction et sur la nomination du
tuteur, puis statuait. — Meslé, p. 446-454 et suiv. — Anjou, 506. —
(Maine, 501 — Bretagne, 158.)

Dans la *Coutume de Lille* l'interdiction devait être obtenue, par
lettres patentes du prince, que le juge entérinait sur avis de parent. — Cette procédure était toute singulière.

(1) « Le mari est bail de sa femme. (Bretagne, 523.) »

mariée, la tutelle est dative. — C'est aujourd'hui un principe certain. Merlin l'a victorieusement établi dans les conclusions qu'il rendit en 1812 devant la Cour de cassation sur un pourvoi formé contre un arrêt de la Cour de Caen du 12 mars 1810, qui avait décidé : 1° que le père avait la tutelle légale de son fils interdit; 2° et qu'il pouvait en conséquence nommer à ce dernier un tuteur testamentaire. L'art. 505 est positif en effet. Il porte : « *Qu'il sera pourvu à la nomination* d'un tuteur à l'interdit. » Le sens de ces mots est clair : jamais la tutelle de l'interdit n'est déférée de plein droit, on a cependant voulu tirer une objection de la suite de l'article ainsi conçu : « *Il sera pourvu*, dit l'article, *à la nomination d'un tuteur et d'un subrogé-tuteur à l'interdit, suivant les règles prescrites au titre de la minorité, de la tutelle et de l'émancipation.* Ces derniers mots, dit-on, ne renvoient pas seulement aux règles sur la nomination des tuteurs par le conseil de famille, mais à toutes les règles sur la délation de la tutelle qui se trouvent au titre de la minorité, c'est-à-dire même à celles qui établissent les diverses tutelles légales. Mais on voit que cette interprétatation crée entre les deux parties de l'article une véritable antinomie : car les premiers mots ont évidemment le sens que nous leur avons donné. Les travaux préparatoires imposent cette interprétation. Le Tribunat ayant entendu l'art. 505 ainsi que nous le faisons, et s'étonnant que les père et mère ne fussent point de plein droit tuteurs de leurs enfants interdits, avait demandé que la rédaction en fût modifiée. Or, après conférence, après le Tribunat, la section de législation du Conseil d'État a maintenu cette disposition dans ses termes primitifs, dont la signification avait été bien établie par l'objection qu'on y avait faite.

Pourquoi cette différence entre la tutelle des mineurs et celle des interdits? pourquoi les père et mère, en première ligne, et à défaut de ceux-ci, les ascendants ne sont-ils pas de plein droit investis de la tutelle de leurs descendants interdits? L'affection qu'ils sont présumés éprouver pour l'incapable est la seule raison de leur vocation à la tutelle des mineurs. Il ne faut point aller la chercher dans un lien de puissance; les ascendants qui n'ont point leurs petits ou arrière-petits-enfants en leur puissance, ne sont pas moins leurs tuteurs.

Est-ce qu'ici, si cette présomption de sollicitude pour la personne de leurs descendants est fondée, elle ne devrait pas produire le même effet? S'il est vrai, ainsi que le dit Merlin, que le législateur ait écarté la tutelle légale par cette considération que le majeur libre n'est rattaché à aucun de ses ascendants par un lien de puissance, qu'il nous soit permis de dire que les auteurs du Code ont oublié les vrais principes qu'ils avaient suivis en matière de minorité (1). Nous ne pouvons voir là qu'un souvenir de l'ancien droit. Nous avons noté en passant que la *Coutume de Bretagne* admettait que le mari était bail de plein droit de sa femme interdite. Mais ce n'était qu'une exception peut-être unique. Pothier nous dit en effet que les curatelles des fous et des prodigues étaient datives dans tout le pays coutumier, même dans les coutumes qui, comme celle d'Orléans, admettaient une tutelle légitime (2).

Les règles que nous venons d'expliquer sont entièrement applicables aux individus légalement interdits par suite d'une condamnation à une peine afflictive.

(1) Merlin, *Rép*, V° *Tutelle*, sect. II, § 2.
(2) *Des Personnes*, part. 1, tit. VI, sect. V, art. 1er.

§ 2. — Nomination du protuteur

Lorsque tous les biens du pupille ou de l'interdit sont situés en France, si loin du domicile du tuteur qu'ils soient situés, il ne reste au conseil de famille pour compléter le personnel de la tutelle, qu'à nommer un subrogé tuteur.

Mais s'il s'en trouve quelques-uns qui soient situés aux colonies, il y a lieu de nommer un protuteur, qui sera exclusivement chargé de l'administration de ceux-ci. Ce protuteur est un véritable tuteur, indépendant de celui qui régit les biens de France, et seul responsable de ses actes et gestion. La protutelle est une institution de l'ancien droit, créée par les ordonnances du 15 décembre 1721 et 1ᵉʳ février 1743.

La même mesure doit être prise lorsqu'il s'agit d'un mineur ou d'un interdit domicilié aux colonies : on nomme alors un protuteur pour gérer les biens de France.

Cette mesure est-elle obligatoire ou facultative? Nous la croyons obligatoire, malgré l'opinion contraire de M. Demolombe, qui semble motiver son avis : 1° sur ce que c'est là une mesure imaginée dans l'intérêt du tuteur et qui ne saurait être par conséquent appliquée que sur sa demande ; 2° sur l'intérêt possible du mineur à l'unité d'administration (1). Si la première considération est évidemment fausse, celle-ci peut être exacte et suffirait à justifier sa thèse. Mais pour y répondre nous ferons remarquer que le projet du titre n'imposait pas la nomination d'un protuteur et permettait seulement au tuteur de la demander. La rédaction de l'article a été modifiée. Elle porte aujourd'hui : « L'administration spéciale de

(1) M. Demol, t. VII, n° 199. — *Sic* : Dalloz, V° *Minorité*.

ces biens *sera confiée* à un protuteur. » Cette formule est impérative (1).

On s'est demandé encore si la protutelle a lieu dans toute tutelle. Cette question, si on la résout affirmativement, amène à poser celle-ci : dans les cas où il y a lieu à protutelle, la nomination appartient-elle toujours au conseil de famille? Dalloz pense que, hors le cas de tutelle dative, le conseil ne peut nommer le protuteur, parce qu'il n'est pas appelé à nommer le tuteur ; cette nomination est la principale : celle du protuteur n'est que l'accessoire, qui ne lui appartient que s'il a la première. Pourquoi, dit-il, les tuteurs légitimes ou testamentaires ne nommeraient-ils pas eux-mêmes les protuteurs? Nous répondons : parce que cette nomination d'un tuteur n'appartient qu'à ceux à qui la loi l'a accordée : et qu'elle ne l'a attribuée ni aux tuteurs testamentaires, ni aux ascendants autres que les père et mère, et qu'elle ne l'a attribuée qu'au dernier mourant de ceux-ci, qui n'ont pas ce même droit lorsqu'ils sont excusés ; le conseil de famille, au contraire, a reçu une compétence générale pour les nominations de tuteurs. On peut même dire qu'il a reçu d'une manière générale le droit de nommer les protuteurs, par cela seul que la loi, en ne portant sur ceux-ci qu'une seule disposition, a ici conféré cette attribution au conseil de famille. On ne saurait nous objecter que cet article se trouve au titre de la tutelle dative. Le plus grand nombre des règles qu'il nous offre, tant celles sur la composition et la convocation du conseil de famille, que les deux articles qui le terminent sont applicables à toute tutelle. L'art. 417 nous semble avoir la même portée. C'est ce qui nous

(1) Marcadé, t. II, sous l'art. 417, § 1. — V. Fenet, t. X, p. 555 et 582.

ferait décider que la protutelle a lieu dans toute tutelle et que, quelque respectable que soit la puissance paternelle, le conseil de famille pourrait imposer un protuteur au père et à la mère investis de la tutelle. Nous ne pouvons en dire plus long sur cette question hors de notre plan.

§ 3. — Nomination du subrogé-tuteur

Dans toute tutelle il y a un subrogé-tuteur, chargé de surveiller la gestion du tuteur et de représenter le pupille dont les intérêts sont en opposition avec ceux de ce dernier.

C'est encore une institution coutumière. Dans toute tutelle, le juge nommait, sur avis de parents, un curateur. Ses fonctions paraissent avoir été moins étendues que celles du subrogé-tuteur. Des auteurs nous disent qu'il n'avait d'autre rôle que de servir de contradicteur au tuteur dans l'inventaire; d'autres, qu'il était encore chargé de représenter le mineur dans les instances qu'il pouvait avoir avec son tuteur. C'est que la pratique variait suivant la nécessité et les circonstances. Ces curateurs n'avaient compétence que pour les actes pour lesquels ils avaient été spécialement nommés : il arrivait alors que l'on donnait au curateur nommé fonction de représenter le mineur dans toutes les instances qu'il pourrait avoir avec son tuteur, si on en prévoyait quelqu'une; sinon, on se contentait de le charger de contredire à l'inventaire (1). On ne nous dit pas qu'il eût ce

(1) Pothier, *Des Personnes*, part. I, tit. VI, sect. V, art. 2. Pothier appelle ces représentants du mineur : curateurs aux actions contraires, à raison de leur rôle spécial.

rôle de surveillance, si mal défini d'ailleurs, qui appartient aujourd'hui au subrogé-tuteur.

Par cela seul que la loi ne parle que de la nomination du subrogé-tuteur par le conseil de famille, c'est à celui-ci qu'appartient le droit exclusif de le nommer. Les règles de tutelle sont d'ordre public.

Le subrogé-tuteur peut être destitué comme le tuteur. On peut se demander si, à son égard, les droits du conseil de famille ne vont pas plus loin. Dans les cas où la tutelle vient à finir, ex parte tutoris, le conseil ne peut-il pas le changer en dehors de tout motif de destitution? Un premier point certain, c'est que ce résultat peut très légalement se produire d'une façon indirecte. Il faut, cela n'est pas douteux, dans l'intérêt du mineur, que le conseil puisse choisir le tuteur qui lui paraîtra le plus capable et le prendre dans l'une ou l'autre ligne des parents du pupille ou de l'interdit. S'il arrive qu'il le prenne dans la ligne à laquelle appartient le subrogé-tuteur, celui-ci se trouvera, de ce fait, déchargé de ses fonctions. Mais en supposant qu'il n'en soit pas ainsi, le conseil pourrait-il le remplacer? M. Valette s'exprime ainsi : « Nous pensons que le conseil de famille qui a nommé le nouveau tuteur peut toujours remplacer l'ancien subrogé-tuteur. Pour surveiller tel tuteur d'une manière convenable, il faudra peut-être d'autres qualités, par exemple, une plus grande habitude des affaires, que pour surveiller tel autre tuteur (1). » La pensée de l'éminent et regretté professeur n'est pas très nette. S'il suppose que le conseil de famille reconnaît que l'ancien subrogé-tuteur est *incapable* de remplir sa mission vis-à-vis du nouveau tuteur, sa doctrine n'est qu'une

(1) Vol. I, Proudhon, t. II, p. 301.

stricte application de l'art. 444, 2°. Mais si sa pensée était qu'en dehors d'une incapacité véritable, le conseil pouvait arbitrairement remplacer l'ancien subrogé-tuteur, nous ne pouvons y adhérer, en présence de l'énumération limitative que la loi a faite des causes de destitution des tuteurs, lesquelles sont applicables aux subrogés-tuteurs, aux termes de l'art 426, § 1.

Lorsqu'il y a lieu de nommer un tuteur et un protuteur, un subrogé-tuteur doit être adjoint par le conseil à chacun d'eux.

APPENDICE

NOMINATION DE TUTEURS AD HOC

Après avoir parlé du rôle du conseil de famille dans les tutelles ordinaires et générales, il nous reste à parler du pouvoir qu'il est appelé à exercer relativement aux tutelles spéciales ou ad hoc.

Selon nous, c'est en principe le conseil de famille qui nomme et qui destitue les tuteurs ad hoc. Que leur nomination soit nécessaire au cours d'une administration légale ou d'une tutelle, c'est au conseil de famille qu'elle appartient. Si nous prouvons qu'il en est ainsi pendant la tutelle, il est naturel en effet d'admettre qu'il en est de même pendant l'administration légale, car ce n'est point là un de ces actes qui peuvent paraître placer l'administrateur sous la dépendance du conseil.

On a contesté que ce fût au conseil qu'appartînt cette nomination. M. Laurent dit, au n° 420 du tome IV de ses *Principes de droit civil,* en parlant de la doctrine que nous adoptons : « Cette opinion est contraire à la rigueur des principes. On s'accorde à dire que le conseil de famille n'a d'attributions que celles que la loi lui donne : sa compétence doit donc être interprétée d'une façon restrictive. La conséquence logique de ce principe est que le tuteur ad hoc ne peut être nommé par le conseil que lorsque la loi le dit. Dans ce cas, c'est aux tribunaux à suppléer au silence de la loi, car leur compétence est générale. » Excepté dans le cas prévu par l'art. 968, C. p. c., seul cas de tutelle ad hoc réglé par la loi, lequel se réfère à l'hypothèse où il est nécessaire de nommer à chacun de plusieurs mineurs ayant des intérêts contraires dans une instance en partage, un tuteur spécial, il faudrait faire nommer les tuteurs ad hoc par les tribunaux. Cette doctrine n'a jamais été admise par la pratique, et la pratique a eu raison. Pour la combattre M. Laurent n'oppose que ce raisonnement : le conseil n'a que les attributions qui lui sont expressément conférées par la loi. Or la loi ne l'a appelé à nommer de tuteur ad hoc que dans un cas. Donc hors ce cas c'est au tribunal de le désigner. Eh bien, s'il est très vrai que le conseil n'a que les attributions que la loi lui donne, qu'on ne saurait l'introduire dans des matières où la loi ne l'a pas établi, pour des actes différents de ceux pour lesquels elle exige son intervention, il n'est pas moins exact de penser, nous semble-t-il, que, alors que dans tous les cas où il y a lieu à nomination de tuteur, la loi défère cette attribution au conseil, alors que dans l'unique cas où elle se soit occupée de la forme de la nomination du tuteur ad hoc, elle l'attribue encore au conseil, alors qu'on la voit toujours et partout en charger celui-ci, il est exact de penser, disons-nous, que ce n'est pas faire sortir le conseil de ses attributions que de l'appeler à nommer les tuteurs ad hoc dans les cas où la loi ne s'est pas expliquée : il est assez sage de présumer qu'elle a entendu les soumettre à la règle générale.

Il est cependant un cas où le tuteur ad hoc ne nous paraît pouvoir être nommé que par le tribunal : nous voulons parler de l'hypothèse d'une action en désaveu, où il est nécessaire de donner un représentant spécial à l'enfant. Dans la pratique, lorsqu'un tel cas se présente, on réunit et l'on compose un conseil de famille pour moitié des parents du mari pour moitié de ceux de la mère (1).

La jurisprudence qui a consacré cette procédure n'invoque d'autre raison que celle-ci, savoir que, puisque la loi n'a point édicté de règles spéciales pour la nomination de ce tuteur, elle doit être faite conformément aux règles générales.

Nous ne le croyons pas par la raison décisive que la nature même des choses rend ces règles inapplicables.

Lorsqu'un conseil de famille doit être réuni, il faut en principe y appeler des parents du père pour moitié, et pour moitié des parents maternels. Comment pourrait-on se conformer à ces règles dans notre hypothèse. Ce qui est en question, c'est l'état même du mineur : le résultat de l'action peut être de lui rendre complètement étrangers, tant en fait qu'en droit, ceux qui semblent être ses parents paternels ; tout rapport de parenté cessera

(1) Je remarque combien la pratique du ressort du tribunal de la Seine est inconséquente : c'est *un administrateur nommé par le tribunal* qu'elle appelle à représenter le mineur en opposition d'intérêts pécuniaires avec son père durant le mariage, et c'est *par le conseil de famille* qu'elle fait nommer un tuteur.

d'exister entre eux et lui, s'il est jugé qu'il n'est point l'enfant du mari. Ceux mêmes du côté maternel lui deviendront légalement tout aussi étrangers : un enfant naturel n'a de famille que ses père et mère. Comment reconnaître alors à qui que ce soit la qualité de parents. L'espèce que nous étudions se refuse, si nous osons ainsi parler, à l'application des principes généraux, et on se trouve dans une sorte d'impossibilité de l'y soumettre. Cela montre bien qu'elle est tout à fait en dehors des prévisions et des dispositions du législateur. A cela l'on répond que jusqu'à désaveu l'enfant doit être présumé légitime et que, par conséquent, jusqu'au jugement qui doit lui retirer cette qualité, il a pour parents les parents de ses père et mère. S'il est vrai que l'enfant doit être présumé légitime, dirons-nous à notre tour, jusqu'au jugement, cela n'est vrai qu'en ce sens que jusque-là on ne peut lui refuser aucun des droits de la légitimité, et cela n'enlève rien à l'exactitude de notre affirmation, savoir que le jugement a un effet rétroactif et que tous les effets antérieurement produits par cette légitimité provisoire tombent et sont annulés. La jurisprudence admet, il est vrai, une restriction à ce principe de rétroactivité : elle décide que l'enfant conserve son domicile chez le mari de sa mère et que l'action doit être portée devant le tribunal de ce lieu. Mais c'est là une restriction qui s'impose : il faut bien qu'il y ait un tribunal devant lequel l'action puisse être intentée, et le plus simple est d'attribuer cette compétence au tribunal du domicile du mari, à qui l'enfant n'est pas enlevé et qui le garde toujours chez lui. Hors ce point, la rétroactivité du jugement n'est pas douteuse, de sorte que si l'action est admise, les membres du conseil se trouveront n'être plus parents du mineur et l'on aura composé un conseil tout à fait en dehors des termes de la loi.

Si ces déductions paraissent un peu subtiles, que l'on apprécie au point de vue des faits les conséquences de la doctrine que nous combattons. Alors que le conseil de famille n'a de raison d'être que l'affection présumée de ses membres pour l'enfant, on va réunir une assemblée de parents du mari et de la mère, tous intéressés au triomphe de la demande du mari pour désigner le mandataire qui sera chargé des intérêts de l'enfant. L'intérêt des parents du mari au succès du désaveu est évident : celui des parents de la mère n'est pas moins certain, quoiqu'il soit moins apparent. L'enfant déchu du rang d'enfant légitime à celui d'enfant naturel, ou même adultérin, perdra tout ou partie de ses droits sur les biens de sa mère (1) : ce sera autant de gagné pour les parents de celle-ci. Peut-on penser que des gens aussi intéressés au succès de la demande désigneront un défenseur sérieux à l'enfant? Fussent-ils les plus désintéressés du monde, ils sacrifieront la plupart du temps la défense de l'enfant : mis par leurs relations avec la famille au courant des débordements de la femme, ou de la faute, peut-être unique, qu'elle a commise, alors même que l'enfant peut fort bien être du père et non de l'amant, ils seront portés à penser, comme le mari, que l'enfant n'est point de lui et considèreront la nomination du tuteur, la défense en désaveu comme une formalité pure et simple. C'est donc, selon nous, avec grande raison que la chambre du conseil du tribunal civil de la Seine a décidé

(1) Le système imaginé par Marcadé, qui proposait de n'appeler au conseil que les parents du côté maternel, n'évitait fpas ce danger. Outre qu'il est sujet à l'objection théorique que nous avons présentée, il tombe donc encore sous celle-ci.

que c'était à la justice de désigner le tuteur ad hoc, contrairement aux cours d'appel et à la Cour de cassation elle-même (1). La doctrine que nous soutenons est consacrée dans le projet de loi sur la Chambre du conseil, élaboré par M. Bertin, amendé et présenté par M. Bozérian au Sénat, devant la commission d'initiative duquel il est aujourd'hui pendant.

SECTION II

ORGANISATION DE LA TUTELLE

Principes généraux

Lorsque les nominations que nous venons de rapporter ont été faites, lorsque le mineur ou l'interdit ont été pourvus d'un tuteur par la loi, par testament ou par le conseil, la tutelle, suivant le langage de la pratique, se trouve constituée.

Il reste à prendre certaines mesures destinées à en assurer le bon fonctionnement.

Certaines de ces mesures ont été prévues par la loi, qui a chargé expressément le conseil de famille de les prendre. Nous les étudierons un peu plus loin.

Nous devons d'abord chercher si le conseil, hors ces dispositions expresses, peut imposer arbitrairement au

(1) En ce sens, Demol. ; — Laurent. V. également les décisions citées par Bertin, *Chambre du conseil*, t. I, V° *Mineurs*. — Cf. trib. de la Seine, 7 février 1866. *Droit*, du 11 février 1866. — Val., *C. Code civil*, t. I, p. 399. — Demante, t. II, n° 44 *bis*. — *Contra* : Aubry et Rau, t. VI, n° 545. — Cass. Req., 9 août 1864. — Cass., 24 novembre 1880. S. 1881, 1, 63. — Douai, 5 août 1880, et 30 mars 1882. S. 1882, 2, 108.

tuteur telles conditions qu'il juge utiles dans l'intérêt du mineur ou de l'interdit.

On dit ordinairement que les dispositions sur la tutelle sont d'ordre public. Il importe en effet à la bonne organisation de la société que la protection des incapables soit assurée. Cette idée est ancienne. Beaumanoir parlant des sous-aagés disait déjà : « De droit commun li sous-aagés sont en le garde du seigneur, en qui justice il sont : si convient qu'il les face garder, c'on ne ne leur face nul tort ou qu'il même les garde (1); » et Domat la formulait plus clairement : « Il est également de la religion et de la *police* que ceux qui sont privés de leurs pères avant qu'ils soient dans un âge où ils puissent se conduire eux-mêmes, soient mis jusqu'à cet âge sous la conduite de quelque personne qui leur tienne lieu de père, autant qu'il se peut, et qui soit chargé de leur éducation et du soin de leurs biens (2). » Ce principe qui domine toute la matière amène à cette première solution incontestée : savoir que le conseil de famille ne pourrait augmenter les pouvoirs des tuteurs, ni supprimer aucune des restrictions imaginées par la loi dans l'intérêt des incapables. Ces garanties sont d'ordre public : aucune dérogation n'y saurait être apportée.

Mais devons-nous également décider que le conseil ne pourrait prendre aucune mesure restrictive des pouvoirs légaux du tuteur dans l'intérêt de l'interdit ou du mineur? C'est bien là, semble-t-il, une conséquence du caractère même des règles de la tutelle. Il est en effet d'interprétation constante que dans les matières d'ordre public, la loi doit être littéralement appliquée sans qu'il soit permis même d'en combler les lacunes.

(1) *Cout. de Beauvoisis.* Des sous-aagiés, n° 2, éd Beugnot.
(2) *Lois civiles*, liv. II, Tit 1ᵉʳ., *princ.*

Ainsi le conseil de famille ne pourrait, comme cela se pratiquait sous l'ancien droit, nommer un conseil représenté par un ou plusieurs de ses membres, « par l'avis desquels le tuteur serait tenu de se conduire aux affaires ordinaires de la tutelle, » ainsi que l'explique l'art. 32 du règlement que le Parlement de Rouen fit en 1673 sur les tutelles, dit *Placitez de Rouen* (1). Sur cette question particulière d'ailleurs les principes se trouveraient ici corroborés par un argument à contrario de l'art. 391, qui permet au père de donner un conseil à la mère survivante tutrice : la négative est assez généralement admise d'ailleurs.

Cette manière d'entendre les règles de la tutelle a été rejetée par la jurisprudence et la pratique. La Cour de cassation a formulé ainsi le principe de son interprétation : «Les règles sur la tutelle ne sont d'ordre public que dans l'intérêt du mineur. Toute mesure qui peut paraître porter atteinte à cet intérêt doit être annulée. » Mais on ne saurait interdire au conseil de prendre telle mesure extra-légale qu'il jugerait utile à l'intérêt de l'incapable.

----

(1) L'édit de 1733 sur les tutelles, pour la Bretagne, contient une disposition semblable dans son art. 17. Voici d'après Cauvet, op. cit ; comment était appliqué l'article des *Placitez de Rouen* que nous citons : on nommait au tuteur un adjoint qui prenait le nom de tuteur actionnaire et un conseil de deux parents et de deux avocats qui étaient appelés tuteurs consulaires. L'assemblée de ces personnes ne constituait pas seulement un conseil de tutelle destiné à éclairer et à assister le tuteur dans les actes qu'il eut pu faire seul, si ces pouvoirs n'avaient pas été restreints par cette nomination, mais une véritable délégation de l'assemblée de parents chargés d'autoriser aux lieu et place de ceux-ci les actes excédant les pouvoirs du tuteur : le même art. 32 nous dit en effet que si pareil conseil avait été nommé l'avis des parents n'était plus necessaire qu'en ce qui concernait l'éducation et le mariage du mineur.

L'application a été faite à une espèce où le conseil avait divisé entre deux tuteurs l'administration de la personne et des biens d'un mineur. Cette pratique, puisque l'on accorde que les lois qui régissent la tutelle sont d'ordre public, constitue, pensons-nous une violation formelle de l'art. 6 du Code civil (1). On ne saurait logiquement admettre, comme le font MM. Massé et Vergé, une distinction entre les différentes dispositions de la loi, entre celles qui forment les règles constitutives de la tutelle, qui seraient d'ordre public, et les règles secondaires qui ne touchent qu'à la manière d'administrer, qui pourraient être librement modifiées par le conseil. Le sens même de cette distinction nous échappe complètement, nous l'avouons. Est-ce que l'ensemble de toutes les règles de notre matière ne sont point constitutives du pouvoir spécial qui s'appelle la tutelle (2)?

Mais, objecte-t-on, l'intérêt du mineur peut rendre nécessaire la dérogation à laquelle nous nous opposons. Nous répondrons que le législateur, en limitant les pouvoirs des divers organes de la tutelle, a apprécié l'intérêt du mineur et s'est guidé sur cette considération pour fixer les attributions du conseil, fixation qui ne peut être expliquée que si elle est limitative. Le législateur avait à apprécier quelle distribution des pouvoirs était la meilleure pour l'intérêt du mineur. Il l'a fait : s'il s'est trompé, ce n'est point à l'interprète à corriger sa décision.

Nous ne reconnaissons donc pas au conseil de famille le droit d'imposer aux tuteurs d'autres conditions que celles énoncées par la loi.

(1) En ce sens, MM. Demolombe, t. VII, n° 144, et Laurent.
(2) MM. Massé et Vergé sur Zachariæ, t. I, § 219, note 23.

Fidèles au plan que nous nous sommes tracé, nous expliquerons d'abord les mesures que le conseil peut prendre relativement à la personne des incapables. Comme il nous est impossible de scinder notre exposition des attributions du Conseil relatives aux personnes, nous examinerons tant celles qui peuvent être prises au début de la tutelle, que celles qui sont prises au cours de celle-ci.

§ 1

Des mesures que le conseil doit prendre relativement à la personne des mineurs ou des interdits.

A. *Mineurs*. — Le conseil, immédiatement après la constitution de la tutelle, doit fixer la somme qui devra être employée à l'entretien et à l'éducation du mineur. Le devoir du tuteur est d'appeler sur ce point la délibération du conseil. C'est en somme surtout lui qu'intéresse l'accomplissement de ce devoir : si la somme qu'il devra dépenser été fixée, sa responsabilité est à couvert. Si au contraire il n'a pas fait procéder à cette fixation, les dépenses qu'il aura faites pour le mineur pourront être réduites, et il pourra être condamné à la bonification des intérêts des sommes indument employées, qu'il eût dû placer, et non dissiper ainsi. Si nous supposons qu'il ait par ces dépenses entamé les capitaux du mineur mal à propos, on peut se demander si les contrats qu'il a passés avec des tiers, pour l'instruction du mineur par exemple, ne devraient pas être annulés. Cette question rentrant dans une autre plus générale, nous renvoyons à l'examen de celle-ci, que nous ferons un peu plus loin.

L'attribution du conseil de famille que nous étudions ici lui a toujours appartenu. L'art. 485 de la *Coutume de Bretagne* ordonnait au conseil, immédiatement après la « création des tuteurs ou curateurs à mineurs », de délibérer sur l'entretenement des mineurs. Un arrêt de règlement du parlement de Rennes de 1737 rappelle cette disposition. Même règle était écrite dans l'art. 21 des *Placitez de Rouen*.

A défaut même de disposition expresse, c'était la pratique constante. Meslé et Pothier (1) nous disent que les questions concernant les sommes qui devaient être employées à l'entretien et à l'éducation des mineurs étaient ordinairement réglées dans l'acte de tutelle.

Il est sage de la part du conseil de n'autoriser le tuteur à prendre ces sommes que sur les revenus du mineur. Mais, il est tel cas où ce ne serait qu'imprévoyance : il peut s'agir d'un mineur qui a commencé de recevoir une instruction coûteuse, mais propre à lui ouvrir une carrière libérale, pour laquelle il montre de vives dispositions. Mieux vaut alors escompter un peu l'avenir et faire des dépenses un peu considérables qui puissent mettre l'enfant en état de gagner plus tard largement sa vie. C'était l'ancienne pratique de permettre au tuteur d'employer les capitaux en cas pareil, et rien n'indique que le Code ait voulu y mettre fin.

Le conseil pourrait-il fixer cette somme à forfait ? Cela ne nous semble pas légal. Le moindre inconvé-

---

(1) Merlé, op. cit., p. 252. — Pothier. *De pers.*, p. I, t. VI, § 4, art. 4.

nient de cette pratique serait, contrairement à l'esprit
de la loi, de placer les intérêts du pupille en opposition
avec ceux du tuteur, en mettant ce dernier entre son profit et son devoir. Ne peut-on pas, sans craindre d'être
taxé de pessimisme, supposer que le tuteur sera tenté,
dans ce cas, de réduire au chiffre minimum la dépense
du mineur, afin de s'approprier l'excédant? De cette
manière, on nous paraît également éluder la loi, qui
veut que le tuteur rende compte. En attribuant une
somme fixe, une fois pour toutes, à l'entretien du
mineur, il peut arriver que le tuteur, de la meilleure
foi du monde d'ailleurs, conserve un excédant par de-
vers lui. Or l'art. 471 nous dit expressément qu'on ne
lui doit allouer que des impenses justifiées : ici il y
aurait un bénéfice pour lui (1).

Cette conséquence a fait reculer la jurisprudence : et
un arrêt de la Cour de Grenoble (2) tout en déclarant
régulier et valable le forfait passé entre un tuteur et
un conseil de famille, par lequel celui-ci avait abandonné
au premier tous les revenus du pupille à charge de
pourvoir à son entretien, a décidé que le traité devrait
être modifié, si les revenus du pupille venaient à augmenter d'une façon notable. Cela se comprend difficilement. Si la convention passée entre le tuteur et le conseil est valable, elle les oblige l'un et l'autre. Cette
atténuation de la doctrine que nous repoussons ne pare
qu'à demi, du reste, au résultat fâcheux et illégal que
nous signalions tout à l'heure : la convention ne cessera de produire ses effets qu'à l'avenir ; le bénéfice
extraordinaire et scandaleux que le tuteur eût pu en re-

(1) Cf. MM. Aubry et Rau, t. I, § 112, texte et arrêts à la note 36.
(2) 8 février 1866. D. P., 1867, 2, 71.

tirer lui sera enlevé. Mais antérieurement, il a pu réaliser un excédant dont il profitera seul !

L'article 454 soustrait expressément les père et mère à l'obligation de faire fixer par le Conseil de famille la dépense annuelle du pupille. Cette exception, bien évidemment édictée en faveur des père et mère investis légalement de la tutelle de leurs enfants, doit-elle être entendue seulement de ceux qui ont la jouissance légale des biens de ceux-ci. Marcadé l'a soutenu. Pour justifier cette opinion, il fait remarquer que notre disposition fait suite à celle qui dispense les père et mère usufruitiers de vendre les meubles corporels appartenant au pupille, et que l'ensemble de ces règles constitue l'application d'une même idée, savoir que les père et mère ayant la jouissance légale, il ne saurait être question de les soumettre à de semblables obligations, parce qu'elles porteaient atteinte à leur usufruit. Pour réfuter cette opinion, il suffit de constater que l'art. 454 dit d'une façon générale et absolue, que les père et mère ne sont pas soumis à la règle qu'il prescrit, sans reproduire la distinction de l'art. 453 entre ceux qui ont et ceux qui n'ont pas la jouissance légale. C'est une étrange interprétation que de limiter les termes absolus de la loi par des motifs imaginaires : et inexacts ! Rappelons brièvement la genèse de notre article. Le projet de la Commission du Code civil contenait un article qui soumettait, d'une façon absolue, tous les tuteurs à l'obligation de faire déterminer par le conseil de famille la dépense annuelle du mineur. Le Tribunal de cassation, demanda qu'une exception y fût apportée en faveur des père et mère, en faisant remarquer que ces dépenses étaient en elles-mêmes des actes assez importants. « Ne convient-il pas, ajoutait le tribunal suprême,

d'accorder, toutes les fois que l'inconvénient n'est pas
trop grand, la plus grande confiance à l'autorité comme
à l'affection paternelle (1). »

Dans le premier projet qui fut soumis au Conseil
d'État ne figurait aucune disposition relative à cet objet.

Ce n'était sans doute qu'un oubli.

Dans la rédaction définitive, notre disposition reparut
et fut adoptée sans discussion. Rien ne nous indique
quels en ont été les motifs : mais s'il faut en supposer et
en invoquer quelqu'un, n'est-ce pas d'après celui qu'al-
léguait le Tribunal de cassation que l'interprète devra
se guider ? C'est le respect de l'autorité paternelle qui
a inspiré le législate ur.

Ainsi expliquée, l'exception écrite dans l'art. 454 apparaît avec un sens général (2).

Une question beaucoup plus délicate que la précédente, est de savoir si les père et mère peuvent jouir
de cette exception, alors qu'ils sont non tuteurs légaux,
mais tuteurs datifs ; dans le cas, par exemple, où la
mère remariée a été maintenue dans la tutelle, ou encore si le père excusé d'abord de la tutelle pour un motif temporaire, tel qu'une mission de l'État, est ensuite
réintégré dans la tutelle par application de l'art. 431 du
Code civil.

Pour la négative, on fait valoir que ce n'est là qu'une
exception à la règle générale qui, sur ce point, soumet
les tuteurs à la nécessité d'obtenir l'autorisation du
conseil de famille, que cette exception n'a bien évidemment visé que le cas où les père et mère sont légalement investis de la tutelle, et que les exceptions ne

(1) Fenet, t. II, p. 82 et 524.
(2) V. Marcadé, t. II, p. 256.

doivent point être étendues. Pour le cas de convol, on fait remarquer que le nouveau mari de la mère étant tuteur datif, il faut prendre alors toutes les mesures qui sont imposées au tuteur de cette classe.

On fait valoir aussi que la mère ne présente plus les mêmes garanties. On ajoute enfin que l'on ne comprendrait pas que le conseil de famille qui est maître de retirer la tutelle à la mère, ne fût pas autorisé, en la lui conservant, à la soumettre aux conditions imposées aux tuteurs ordinaires (1).

Il faut bien avouer qu'en présence du caractère exceptionnel de notre disposition, il serait conforme aux règles d'interprétation de l'entendre dans son sens le plus restreint. Cette solution nous paraît cependant douteuse. Elle heurte en effet complètement les principes certains sur la puissance paternelle, d'après lesquels celle-ci échappe absolument au contrôle du conseil de famille. Le conseil qui pourrait restreindre les dépenses d'instruction du pupille placé sous la tutelle de son père ou de sa mère, exercerait certainement par là un contrôle indirect sur l'éducation de l'enfant, alors que le père ou la mère devraient en rester seul maîtres. La mère elle-même qui a convolé en secondes noces ne perd pas sa puissance sur ses enfants, nous le savons. Pour diminuer ce droit ou allègue que son mari est cotuteur. Ne serait-il pas plus juste de ne pas soumettre ce tuteur à la règle de l'art. 454, puisque par là on y soumettrait la mère qui doit y échapper. Cette doctrine aboutirait, dit-on, à cette grave inconséquence: le conseil qui peut retirer la tutelle à la mère ne pourrait pas la soumettre à une obligation qui est de droit commun en matière de tutelle. Certes

(1) MM. Aubry et Rau, t. I, § 99 *bis*, texte et note 36, et auteurs cités à la note. — Laurent, t. IV, n° 386.

nous commettrions une inconséquence si nous admet-
tions que le conseil peut, en refusant de maintenir
la mère dans la tutelle , reprendre le droit de fixer la
dépense annuelle des frais d'instruction du pupille , et
ne pourrait lui imposer cette condition en la maintenant.
Mais nous l'évitons : nous ne reconnaissons pas au conseil de famille qui refuserait de maintenir la mère et
nommerait un nouveau tuteur, ou refuserait de réintégrer
le père dans la tutelle, nous ne lui reconnaissons pas le
droit pour cela de déterminer la somme qui sera employée
à l'éducation de l'enfant. L'atteinte portée à la puissance
paternelle serait aussi grave. Selon nous, tant que les enfants restent confiés au père ou à la mère, ceux-ci sont
seuls maîtres de leur éducation, par conséquent maîtres de
fixer la somme qui devra y être employée. S'ils sont sous
la tutelle d'un tiers, celui-ci devra remettre la somme
qui lui est demandée, et si elle lui semble exagérée, la
faire fixer par la justice , qui a seule le contrôle de la
puissance paternelle.

L'intérêt de procédure de cette question est que le
père ou la mère , alors même qu'une délibération du
conseil aurait fait cette fixation, n'aurait pas à se pourvoir contre cet avis dans les formes des art. 886 C. p. c.
et suivants qu'il lui suffirait d'assigner le tiers tuteur en
payement de la somme.

Les attributions du conseil de famille se réduisent-elles,
en ce qui concerne la personne du mineur, à fixer la
somme qui sera consacrée à son entretien et à son instruction? Ne pourra-t-il pas indiquer quel genre d'éducation devra lui être donné et où il devra la recevoir ?
Cette question revient à se demander si le droit d'éducation, ou mieux la puissance paternelle sur la personne du

mineur orphelin appartient au conseil de famille ou au tuteur.

Sous notre ancien droit, il est bien certain que l'éducation et l'instruction de l'enfant appartenaient à l'assemblée de parents. L'art. 485 de la *Coutume de Bretagne* que nous avons cité, ordonnait qu'il serait délibéré « sur l'éducation des mineurs, tant pour l'instruction au fait des armes, lettres qu'autres professions, selon leur qualité et quantité des biens des dits mineurs. » L'art. 29 des *Placitez de Normandie* permettait aux parents, mais lors de l'élection du tuteur seulement, de choisir le lieu et la personne qu'ils jugeraient à propos pour l'éducation des mineurs. Meslé nous apprend (p. 252) d'une manière générale que les questions concernant l'éducation du mineur étaient réglées dans l'acte de tutelle. Cette compétence du conseil ne souffrait aucune restriction : le père ou la mère investis de la tutelle devaient s'y soumettre et la garde de leurs enfants pouvait leur être enlevée : il semble que la puissance paternelle disparaît après la mort de l'un des époux. Cette dernière conséquence serait évidemment inadmissible aujourd'hui.

Mais poursuivons. Pothier de son côté s'exprime ainsi : « Il est surtout du devoir d'un tuteur, lorsque le mineur est en âge, de lui conseiller de prendre un état, celui qui lui conviendrait davantage, eu égard à sa naissance, à ses facultés et plus encore à ses talents et à ses dispositions. Le tuteur doit sur cela consulter la famille du mineur (1) » Ainsi le tuteur devait prendre l'avis des parents sur l'état à faire apprendre au mineur : c'est de cela qu'il s'agit, car le mineur n'est pas à même de prendre à proprement parler un état. C'est d'une question

(1) *Personnes*, p. I, t. VI, section IV, art. 4, *in fine*.

d'éducation qu'il s'agit ici : le tuteur ne devait point la décider seul. Il est vrai que le même auteur nous dit : « La puissance du tuteur sur la personne du mineur est semblable à la puissance paternelle qui a lieu en pays coutumier ; car un tuteur tient lieu de père à son mineur. Un tuteur a donc le droit de s'en faire obéir et de l'obliger à lui être soumis, comme un enfant doit l'être à son père. Il peut le retirer chez lui, ou l'envoyer dans des collèges ou tels autres lieux qu'il jugera à propos pour son éducation (1). » Cette définition des pouvoirs des tuteurs sur la personnes des mineurs nous les montre comme exclusifs de toute intervention directe de l'assemblée des parents. Mais ce serait donner aux expressions de l'auteur un sens qu'elle n'ont pas : leur signification se trouve expliquée et limitée par le dernier mot du même chapitre, que nous avons cité plus haut. Le tuteur pouvait, à défaut de délibération du conseil, diriger à son gré l'éducation du mineur : mais de son côté l'assemblée de parents pouvait prendre telle mesure qu'elle jugeait utile, et le tuteur devait s'y conformer.

En cela l'ancien droit se rapprochait du droit romain. A Rome l'éducation du mineur n'entrait pas dans les fonctions du tuteur, dont le pouvoir se rapportait seulement au biens. L'enfant était alors élevé par la personne que le père en avait chargée dans son testament et de la manière indiquée. A défaut de toute disposition du père à cet égard, le juge réglait cette question, après avoir consulté les parents et les amis de la famille. Dans notre ancien droit les idées de tutelle et d'éducation étaient à la vérité devenues si inséparables, que la per-

(1) *Personnes*, p. I, t. VI, sect. IV, art. 4, *princi.*

sonne chargée d'élever l'enfant, sans avoir aucune administration des biens, prenait le nom de tuteur à la personne. Mais c'était de vrai l'assemblée de parents qui avait hérité des pouvoir du juge romain.

En est-il de même aujourd'hui? la puissance paternelle est-elle entre les mains du conseil de famille? le tuteur en est-il au contraire le dépositaire et le représentant?

En faveur du tuteur on dit : l'art. 450 porte qu'il prendra soin de la personne du mineur. Cette disposition signifie clairement que la personne du mineur sera sous son entière et exclusive direction. Si le sens pouvait en paraître douteux les circonstances où elle a été insérée imposeront bien vite cette interprétation. Le projet de la commission communiqué aux tribunaux d'appel disait seulement que le tuteur aurait la surveillance de la personne du mineur ; il s'exprimait ainsi : *Le tuteur surveille la personne du mineur.* Le tribunal d'appel de Paris fit remarquer que cette expression était impropre et n'exprimait pas avec assez d'énergie le pouvoir du tuteur sur la personne du mineur. Ce fut sur cette observation que l'on substitua aux termes ci-dessus la rédaction actuelle. L'art. 454 ne permet au conseil de famille que de fixer le chiffre de la somme qui doit être employée à l'entretien et à l'instruction du mineur. Cette disposition lui donne par là le moyen d'exercer une action considérable sur l'éducation du mineur. Mais c'est tout. Elle est absolument limitative comme toutes les dispositions qui règlent l'attribution des pouvoirs dans la tutelle. On fait remarquer que l'art. 108 dit que le mineur a son domicile chez son tuteur : c'est là donc qu'est son siège légal. On fait valoir enfin que le tuteur, ayant l'enfant auprès de lui, est le mieux instruit du genre d'éducation qui doit être donné à celui-ci. On invoque aussi le paragraphe dans lequel Pothier nous dit que le tuteur tient lieu de père au mineur, et on l'entend comme assimilant en ce point la tutelle à la puissance paternelle. C'est là la vraie tradition, dit-on.

Cette dernière allégation nous semble inexacte : nous pensons que l'aperçu que nous avons donné de l'ancien droit, l'explication que nous avons pu fournir du passage de Pothier dont se réclame cette doctrine, le prouve assez. Aussi peut-on répondre : cet historique lui-même permet de donner le sens exact de l'art. 450 que l'on invoque contre la doctrine qui attribue la puissance paternelle au conseil de famille : le tuteur tient lieu de père au mineur, dit Pothier ; il prend soin de sa personne, porte le Code civil. Eh, oui! quand le conseil n'a pris aucune disposition à cet égard, le tuteur est maître de la personne du mineur, c'était l'idée de Pothier, c'était le sens des *Placitez de Normandie*, qui permettaient aux parents d'abandonner complètement au tuteur le soin de la personne du pupille. C'est le seul sens possible de l'art. 450. A qui appartiennent les attributs de la puissance paternelle dont le Code s'est exclusivement préoccupé au titre de la tutelle? Au conseil de famille. C'est par lui qu'est exercé le droit de correction ; c'est par lui que le mineur est émancipé ; c'est par lui qu'est autorisé le mariage du mineur. L'attribution même du droit de correction n'emporte-t-elle pas implicitement attribution de tous les droits d'éducation, dont le premier n'est que la sanction. L'art. 454 permet, on le reconnaît, au conseil de famille d'intervenir indirectement dans l'éducation du mineur : serait-il bien raisonnable de décider qu'une intervention directe, en dehors de toute fixation du chiffre de la pension est inadmissible, et de dire qu'une fois cette pension votée, le conseil reste sans autorité sur la personne du mineur? L'art. 108 ne prouve pas que la garde appartienne exclusivement au tuteur : il a pour objet de fixer le domicile du mineur au point de vue de la signification des actes ou de l'exercice de certains droits.

Il résulte, peut-on conclure de tout cela, que le conseil de famille est maître de l'éducation du mineur. Les conséquences pratiques sont que tout membre du conseil pourra en requérir la convocation à l'effet de délibérer sur cette matière ; que le subrogé-tuteur pourra actionner le tuteur en justice, pour obtenir de lui l'exécution de la délibération prise, et que l'exécution n'en pourrait être empêchée que si le tribunal la considérait comme contraire aux intérêts du mineur : dans le système contraire le conseil de famille ne pourrait, s'il jugeait mauvaise l'éducation donnée au mineur, que destituer le tuteur comme incapable, en cas grave. C'est le premier système qu'a généralement admis la doctrine, et qu'a consacré la jurisprudence. Celle-ci permet au conseil de statuer sur le placement de l'enfant, sur le genre d'éducation qui doit lui être donné. On le retrouve dans les motifs d'un jugement du tribunal civil de la Seine du 22 août 1877 qui déclare qu'à défaut de tout règlement par les parents l'éducation des mineurs appartient au tuteur assisté du conseil de famille (1).

Ce système est très fort de la tradition de l'ancien droit, il faut l'avouer : il s'appuie solidement aussi sur les

(1) *Droit* du 12 octobre 1877. — Dans le même sens : Dijon, 14 mai 1862. Sir. 1862, 2, 449. — Cass. 14 décembre 1863. S., 1864, 1, 21. — Bruxelles, 15 janvier 1876. *J. droit inter. pr.* 1876, p. 481. — Cet arrêt cassait un jugement du tribunal de Bruxelles qui avait décidé que le tuteur seul avait à décider quelle instruction religieuse recevrait son pupille. Cf. Cass., 8 mars 1815. S., 1815, 1, 328.

dispositions du Code, qui ont statué expressément sur certains attributs de la puissance paternelle, sur celles des lois spéciales qui ont soumis à l'approbation du conseil de famille certains engagements personnels du mineur : telles que la loi militaire du 27 juillet 1872, dont l'art. 46 a renouvelé la disposition de l'art. 32 de la loi du 21 mars 1832 et interdit au mineur orphelin de s'engager sans le consentement du conseil de famille. Il peut encore cependant légitimement paraître douteux. Il consiste en somme à conclure de ce que le Code a conféré au conseil de famille les attributs les plus graves de la puissance paternelle, qu'elle les lui a tous donnés, alors qu'on est d'accord avec les partisans de la première doctrine pour reconnaître que les dispositions qui déterminent les pouvoirs du conseil sur les biens sont limitatives. Car ce n'est qu'entre ceux qui n'admettent pas le pouvoir arbitraire du conseil en matière de tutelle que la question peut se poser, et c'est ce qui est arrivé. MM. Demolombe et Laurent s'entendent pour dire que le conseil n'a que les pouvoirs qui lui sont expressément conférés, et M. Demolombe en ce qui touche la personne du mineur adopte néanmoins la seconde doctrine. On paraît aller aussi contre le texte de l'art. 450. On n'a pas assez remarqué ensuite que le droit de correction, dont l'attribution au conseil de famille fournit un si fort argument à cette doctrine, ne s'exerce que sur l'initiative du tuteur ; que c'est encore en principe sur cette initiative que le mineur est émancipé, et que la loi indique limitativement les parents qui pourront demander la réunion du conseil de famille à l'effet de délibérer sur l'émancipation, ce qui ne permet pas d'admettre, ce qui serait une conséquence générale et nécessaire du principe de l'autre doctrine, tout membre du conseil à requérir dans ces cas la réunion et l'assemblée ; on n'a pas remarqué non plus que, si l'art. 454 confère au conseil le soin de fixer le chiffre de la pension du mineur, il lui indique d'après quel principe il devra se diriger dans cette évaluation : ce sera, dit l'article, d'après l'importance des biens régis. Ne paraît-il pas par là que le conseil a surtout pour attribution de modérer la dépense, d'empêcher le tuteur de dissiper dans une éducation coûteuse et inutile les revenus du mineur, de contrôler, en un mot, l'administration des biens, bien plus que de donner son avis sur l'éducation du mineur : son influence n'est-elle pas réduite à être indirecte ?

Il est en tous cas une conséquence extrême de cette doctrine que nous repoussons absolument, savoir, que le conseil pourrait enlever complètement au tuteur la surveillance du pupille pour la confier à un tiers. Ce serait diviser la tutelle entre un tuteur à la personne et un tuteur aux biens : ceci est inadmissible : Il nous paraît évident, après la lecture des travaux préparatoires du Code, que c'est avec intention d'exclure toute pluralité de tuteurs que le législateur n'a jamais supposé que l'existence d'un seul. Cette solution dépendant non de la question des attributions du conseil, mais de celle de savoir s'il peut y avoir plusieurs tuteurs, nous ne la discutons pas et nous en tenons à cette affirmation en renvoyant aux auteurs et aux travaux préparatoires (1).

(1) V. Fenet, t. II, p. 76 et 519, et t. X, p. 582, 600 et 612. — En sens divers ; Merlin, V°. *tutelle*, sect. II, § 3 ; Delvincourt. t. I, p. 4, n° 22 ; Demol., t. VII, n° 220. Zachariæ. t. I, § 198 ; Aubry et Rau, t. I, § 89 ; Marcadé, sur l'art. 417 ; Freminville, t. I, n° 12 ; Val. *C. c. civ.* liv. I ; Demante, s. l'art. 417 ; Laurent, t. IV, n° 411. — Dans le sens opposé à notre opinion : Rouen, 8 mai 1840. S. 1840, 2, 313 ; Dijon, 14 mai, 1862. S. 1862, 2, 449 ; Cass., 14 décembre 1863. S. 64, 1, 21.

Si l'on décide que l'éducation du pupille est sous ladirec-
tion du conseil de famille, ira-t-on jusqu'à décider qu'il
peut faire élever celui-ci dans une religion autre que celle
dans laquelle il est né ? Les tribunaux sont d'accord pour
décider que le conseil de famille ne peut faire donner
au mineur une autre éducation religieuse que celle que
son père a voulu qu'il lui fût donnée, et que sa volonté
à cet égard s'impose souverainement (1). Nous irons plus
loin, et même en cas de silence du père sur la religion
de l'enfant, nous ne reconnaîtrions pas au conseil le droit
de lui en imposer une autre que sa religion originaire.
La religion est comme une patrie : elle nous est donnée par notre naissance et on ne saurait sans notre
propre consentement nous enlever à l'une ni à l'autre.
Un père seul pourrait avoir ce droit (2). C'est en ce sens
que les législations allemande et autrichienne, qui se sont
occupées de cette question, l'ont résolue : elles ont décidé que les mineurs devaient être élevés dans la religion
de leur père : les pupilles peuvent, après l'âge de quatorze
ans révolus, changer de confession religieuse. Mais personne ne peut leur imposer cette abjuration (3). Nous ne
savons si une disposition semblable pourrait trouver place
dans notre législation laïque : mais il est toujours un
principe auquel tout doit être rapporté en ces matières :
la liberté de conscience ; notre solution nous semble seule
la respecter.

(1) Jug. du trib. de la Seine du 22 août 1877, précédemment cité.
— *Sic :* Colmar, 10 novembre 1859. D P. 85, 9, 2, 36.

(2) Dalloz (V° *Minorité*) est à peu près seul à suivre cette opinion
si juste.

(3) *Droit général allemand.* Loi autrichienne 25 mai 1868·
J. dr. int. p., 1880.

Nous avons tout à l'heure parlé de nationalité : nous signalons que le traité de Francfort n'a pas, pour l'option des Alsaciens-Lorrains mineurs, exigé l'autorisation du conseil de famille ; on s'est contenté de l'assistance du tuteur. C'est une application de la première doctrine que nous avons exposée (1).

Il nous faut dire maintenant quelles sont les attributions relatives à la personne du mineur en tutelle que le Code civil ou les lois spéciales ont expressément conférées au conseil de famille.

1° Art. 468 C. civ. : « Le tuteur qui aura des sujets de mécontement graves, sur la conduite du mineur, pourra porter ses plaintes à un conseil de famille et, s'il y est autorisé par ce conseil, provoquer la réclusion du mineur conformément à ce qui est statué à ce sujet au titre de la puissance paternelle. »

La disposition de cet article ne s'applique qu'au tuteur autre que le père ou la mère. Le père exerce son droit de puissance conformément aux art. 375 et suiv. La mère, quand elle n'est pas remariée, pour requérir la détention de son enfant, doit agir, non avec l'autorisation du conseil de famille, mais avec l'assentiment et le concours des deux plus proches paternels. (Art. 381.)

Si la mère est remariée, elle n'exerce plus le droit de correction, en vertu de l'art. 381, bien qu'elle ne perde pas la puissance paternelle, mais en qualité de tutrice seulement, et l'art. 468 devient alors applicable.

Le tuteur autorisé par le conseil de famille ne peut

---

(1) Rec. de De Clerq, p. 35. — Le traité de Turin, qui réservait le droit d'opter pour la nationalité italienne aux sujets sardes, habitant les territoires de Nice et de la Savoie, ne dit rien à ce sujet. Il faudrait appliquer les principes généraux du droit italien.

néanmoins agir pour faire détenir le mineur que par voie de réquisition.

L'art. 468 renvoie pour le surplus aux règles écrites au titre IX. Il en résulterait que le tuteur pourrait toujours abréger la durée de la détention, même sans le consentement du conseil de famille. (Art. 379.) Cette interprétation semble conforme à l'esprit de la loi, qui paraît être de permettre à celui qui ne peut faire détenir seul l'enfant de pouvoir du moins seul lui remettre tout ou partie de la peine. (C. civ. 377-379.)

D'après Pothier, l'ancien droit paraît avoir été identique à ce qui est prescrit par l'art. 468. Cet auteur nous dit en effet que le tuteur, qui peut exercer une correction modérée sur le mineur, ne peut le faire détenir que par une ordonnance du juge rendue sur avis de parents (1). La procédure était un peu plus rapide que la nôtre. C'était le juge même qui présidait l'assemblée qui rendait l'ordonnance : aujourd'hui ce n'est pas le juge de paix, c'est le président du tribunal qui ordonne la détention. Meslé, d'un autre côté, paraît nous dire que l'intervention du juge et de l'assemblée de parents n'était nécessaire pour l'exercice du droit de correction que si le mineur n'était plus en bas âge, c'est-à-dire probablement au-dessous de sept ans. Cela peut être concilié avec ce que dit Pothier. D'après ce dernier, l'exercice du droit de détention seul exigeait une ordonnance du juge : or on comprend que rarement un tout jeune enfant mérite semblable peine : la pratique indiquée par Meslé peut être mise d'accord avec les principes énoncés par Pothier (2).

Le droit romain avait connu une pratique analogue.

(1) *Personnes*, p. I, t. IV, sect. III, art 2, § 1.
(2) Meslé, p. 260, 261.

Une loi de Valentinien avait appelé les anciens de la famille à sévir contre les délits légers que les jeunes gens pouvaient commettre (1).

2°. Loi du 27 juillet 1872, art. 46, tit. IV : des engagements. — Si l'engagé a moins de vingt ans, il doit justifier du consentement de ses père et mère ou tuteur. Ce dernier doit être autorisé par une délibération du conseil de famille.

Cette disposition est identique à celle que contenait l'art. 31 de la loi du 21 mars 1832. Il suffit de la citer.

3° Engagement religieux. — « Les congrégations hospitalières auront des noviciats en se conformant aux règles établies à ce sujet par leurs statuts. (D. 18 février 1809, relatif aux congrégations hospitalières des maisons de femmes, art. 6.)

« Les élèves ou novices ne pourront contracter des vœux, si elles n'ont seize ans accomplis. Les vœux des novices âgées de moins de vingt-un ans ne pourront être reçus que pour un an. Les novices seront tenues de présenter les consentements demandés pour contracter mariage par les art. 148, 149, 150, 159 et 160 du C. civ. » (*ibid.* art. 7)

Nous faisons seulement remarquer sur cette disposition que ces autorisations sont nécessaires aux mineures émancipées comme à celles qui sont en tutelle.

4° Art. 160 C. civil. — S'il n'y a ni père ni mère, ni aïeuls ou aïeules, ou s'ils se trouvent tous dans l'impossibilité de manifester leur volonté, les fils ou filles mineures de vingt-un ans ne peuvent contracter mariage sans le consentement du conseil de famille.

Cet article est très clair : en attribuant au conseil de

____

(1) 1. V, 1. uni. *C. de emenda. propinquorum.*

famille le droit de consentir au mariage dans tous les cas où les père et mère ou autres ascendants du mineur sont dans l'impossibilité de manifester leur volonté, il évite des difficultés que nous allons voir surgir tout à l'heure au sujet de l'émancipation. Cette impossibilité doit s'entendre littéralement : il ne suffirait pas, pour permettre au conseil de famille d'autoriser le mariage du mineur, que les parents se fussent retirés à l'étranger, ainsi que l'admettait la déclaration royale du 6 août 1686.

L'art. 43 de l'ordonnance rendue par Henri III aux États de Blois est la première disposition générale qui exigea que les mineurs de vingt-cinq ans fussent autorisés, lorsqu'ils étaient en tutelle de leur tuteur, autorisé lui-même par le juge, après avis pris de ses parents, alliés, amis ou voisins. L'édit de Henri II de 1556 ne s'occupait que des mineurs ayant père ou mère. Si générale que fût cette disposition, elle n'était point appliquée en pays de droit écrit. Le mineur qui n'avait ni père ni mère pouvait se marier sans le consentement de son curateur. S'il s'agissait d'une fille, les parents pouvaient former opposition à son mariage et le juge ordonnait alors qu'elle serait cloîtrée pendant trois mois dans un couvent, en lui interdisant la conversation de celui qu'on prétendait l'avoir subornée.

Le conseil de famille par cette ordonnance de Blois était appelé bien plus souvent qu'aujourd'hui à délibérer sur le mariage du mineur. Jamais en effet dans l'ancien droit les ascendants autres que les père et mère ne furent admis à consentir seuls au mariage de leurs descendants mineurs. De plus, une déclaration royale de 1686, que nous avons déjà citée, dispensait les enfants du consentement de leur père et mère lorsque ceux-ci s'étaient retirés à l'étranger pour cause de religion, ou

quelque autre cause, ajoute Pothier ; dans ce cas ils devaient suppléer à ce consentement par celui de leur tuteur, et celui-ci devait être autorisé à le donner par le
juge après avis des parents, pris des deux côtés. Les
déclarations de 1723 et 1741 renouvelèrent ces dispositions, en donnant compétence, pour autoriser le tuteur,
au juge du domicile du mineur, lequel pouvait cependant ordonner que les parents de l'autre lieu fussent
réunis pour donner leur avis.

Nous avons dit que les père et mère pouvaient consentir au mariage de leurs enfants sans autorisation du
juge ni avis de parents. Si telle était l'ordonnance de
Blois, la pratique de la Normandie était différente. Cou-
vet en effet interprète l'art. XXXII des *Placitez de Rouen*
comme obligeant la mère tutrice elle-même à se faire
autoriser. L'art. 496 de la *Cout. de Bretagne* paraît avoir
le même sens.

Dans cette dernière province l'ordonnance de Blois
avait eu des précédents. Les procureurs fiscaux, ayant
en ce pays le droit d'exiger que les mineurs leur fussent
représentés non mariés. Charles VIII, quand il acquit la
Bretagne, rendit une ordonnance destinée à sanctionner
ce droit et interdisant sous certaines peines le mariage
des mineurs sans le consentement de leur tuteur.

Cette mesure législative avait elle-même de très anciens précédents. Beaumanoir expliquant la pratique
de son temps, nous dit : «Parce que mains mariages por-
raient être fet qui ne seraient pas convenable de chix ou
de celles qui sont en autrui bail, ou en autrui garde,
il est resons que cil qui en a le bail ou le garde face
bone seurté as amis prochain de l'un côté et de l'autre
qu'il ne les mariera pas sans lor conseil, et s'il ne veut
faire leur seurté, le garde des enfants lui doit être ostée

et les doit on mettre en le garde d'aucun prod'homme ou
d'aucune prode femme qui le voille faire (1). » Ainsi en
ces temps mêmes où ni la loi civile ni la loi canonique
n'exigeaient le consentement des parents ou tuteurs, on
avait compris la nécessité de prendre à l'égard des mineurs orphelins des mesures spéciales. Mais celle-ci
semble avoir eu pour objet moins de protéger le mineur
contre ses propres égarements que contre son tuteur,
et les mariages que celui-ci eût pu lui imposer.

La loi du 20 septembre 1792 avait suivi l'ancienne
tradition : et à défaut du père et de la mère le consen-
temet était donné par une assemblée de cinq parents,
amis ou voisins délibérant sous la présidence du maire,
en présence du procureur de la commune. Mais elle s'en
était éloignée en décidant que le consentement résulterait d'un vote conforme de la majorité : l'assemblée ne
donnant plus un simple avis. (Art. 6 à 9.)

Le Code a innové en donnant, à défaut des père et mère,
aux ascendants le pouvoir de consentir seuls à l'union des
mineurs. L'autorisation du conseil de famille n'est donc
plus nécessaire si le mineur a des ascendants. Cette innovation nous paraît justifiée. C'est bien plutôt aux ascendants qu'aux collatéraux, amis ou voisins qu'un tel pouvoir doit être attribué. Cette idée apparaît déjà dans les
arrêtés de Lamoignon, qui n'exigeait l'avis de la famille
que dans le cas où le tuteur était une autre personne que
les père, mère ou aïeul paternel, tant pour le mariage
que pour l'engagement religieux des mineurs. (Art. 80.)

Quoique l'art. 160 ne parle que des aïeuls et aïeules,
il est reconnu que tous les ascendants de quelque de-

____

(1) Op. cit., éd. Beugnot, ch. xv, n° 31.

grè qu'ils soient, excluent l'intervention du conseil de
de famille, s'ils sont en état de consentir.

Ils ne sont pas en état de consentir s'ils sont interdits,
ou simplement atteints de déraison, sans qu'on ait à considérer s'ils sont interdits ou non, ou absents, ou seulement présumés absents : c'est une question de fait abandonnée aux tribunaux.

Notre article, en ne parlant point du tuteur, a entendu
rompre avec la tradition qui faisait donner le consentement par le tuteur autorisé : de sorte que régulièrement c'était sur l'initiative de celui-ci que l'assemblée
de parents était appelée à délibérer et le juge à autoriser.
Aujourd'hui le mineur s'adresse directement au conseil
de famille, comme il pouvait le faire exceptionnellement
dans l'ancien droit quand le tuteur refusait de le réunir,
et ce dernier n'a plus aucun rôle prépondérant : de fait
il représente cependant le conseil lors de la célébration
et exprime son consentement.

A l'attribution que nous venons d'étudier s'en rattache une autre, qui n'en est que l'accessoire et qu'à raison de ce caractère nous plaçons ici, quoiqu'elle se
rapporte aux biens du mineur : nous voulons parler du
consentement que le conseil de famille doit donner au
contrat de mariage du mineur dans les cas où il est appelé à autoriser le mariage lui-même. (Art. 1398.)

Il est clair qu'en portant l'art. 1398, le législateur a
entendu imposer au conseil le devoir d'examiner les
clauses du contrat et de ne donner son approbation
qu'en connaissance de cause. D'un autre côté on ne
comprendrait pas que le conseil se rendît en corps en
l'étude du notaire où se dresse le contrat, pour y délibérer sur chacune des clauses. Pour satisfaire à la volonté de la loi deux moyens ont été imaginés.

Suivant un usage général, les conventions matrimoniales sont transcrites complètement dans la minute et l'expédition de la délibération du conseil de famille : par un seul avis, le conseil autorise le mariage, autorise le mineur à faire un contrat dans les termes qu'il indique, en chargeant le tuteur de le représenter à la passation de l'acte et d'exprimer son consentement. Cette concomitance des deux autorisations ne s'impose pas : le conseil pourrait également, et c'est le second moyen, donner pouvoir séparé à un mandataire de le représenter au contrat : mais ce pouvoir, qui serait évidemment une délibération, devrait déterminer les conditions de l'adhésion du conseil (1).

Au sujet du contrat de mariage du mineur on se demande si le conseil de famille pourrait autoriser une fille mineure à restreindre son hypothèque légale à certains immeubles désignés du mari. Nous ne le pensons pas. L'art. 2140 n'autorise expressément à faire cette restriction que les époux *majeurs*. Or ce mot dans cet article doit avoir un sens : il nous semble qu'il refuse à la future mineure la faculté de consentir semblable diminution de ses garanties.

Nous avons jusqu'ici supposé que le mineur était enfant légitime. Sur le mariage des enfants naturels le Code contient la disposition suivante : « L'enfant naturel qui n'a point été reconnu et celui qui, après l'avoir été, a perdu ses père et mère, ou dont les père et mère ne peuvent manifester leur volonté, ne pourra avant l'âge de vingt-un ans révolus, se marier qu'après avoir obtenu le consentement d'un tuteur ad hoc. » (Art. 159.)

L'article précédent relatif au consentement des père

(1) Cass. 16 juin 1879. S., 1880, 1, 166.

et mère naturels et celui-ci constituent une innovation
Sous l'ancien droit, les bâtards n'avaient jamais à requérir
le consentement de leur père ou de leur mère, qui n'ayant
point la puissance paternelle considérée comme un effet
civil du mariage, ne pouvaient avoir le droit de consentir
à leur union. Le consentement était toujours donné par
le tuteur ou le curateur, nous dit Pothier. Il faut penser
que ce tuteur devait être autorisé, comme le tuteur du
mineur enfant légitime par un avis, non des parents,
mais des amis ou voisins de l'enfant, puisque l'auteur
ne nous dit pas que ce consentement du tuteur du bâtard fût soumis à des règles particulières (1).

Les auteurs du Code ont compris que la puissance paternelle était un droit naturel, et l'ont accordée aux parents illégitimes. Les père et mère naturels sont les
premiers appelés à consentir au mariage de leurs enfants.
À défaut de père et mère, c'est un tuteur qui est appelé
à donner ce consentement. Il ne saurait être question d'y
appeler les autres ascendants : aucun lien de parenté
légale ne les rattache au mineur.

Le tuteur doit être nommé non par la justice, mais
par un conseil de famille composé d'amis de l'enfant. Il
nous suffira pour l'établir de rappeler les paroles déjà
citées de M. Réal : « Ce mode de procéder (la nomination du tuteur) couvre la trace de l'illégitimité de la naissance et appelle *ses amis* à délibérer sur son sort. »

On a dit que le rôle du conseil de famille n'était pas
le même ici que dans le cas où le mineur est enfant
légitime : lorsqu'il s'agit de celui-ci, le conseil délibère
sur la question du mariage et c'est lui qui y consent ou refuse ce consentement. Lorsqu'il s'agit d'un enfant naturel,

(1) *Mariage*, part. I, ch. I, sect. II, § 3.

son rôle se réduirait à nommer le tuteur, et ce serait
celui-ci qui aurait à délibérer seul, à consentir seul.
Cette différence s'expliquerait ainsi. La loi a pensé que
le conseil de famille composé d'amis s'intéresserait peu
au mineur et qu'il ne convenait pas de s'en rapporter à
sa décision sur cette grave question. Elle a voulu que la
responsabilité de ce consentement fût concentrée en une
seule personne, afin qu'il fût plus mûrement délibéré (1).
Cette interprétation peut paraître douteuse en présence
de l'explication que M. Réal, qui eut l'idée de l'art. 159,
a donné de sa proposition : « Les amis de l'enfant seront,
a-t-il dit, appelés à délibérer sur son sort. » Cela ne peut
s'entendre qu'en ce sens que c'est le conseil lui-même
qui décide s'il y a lieu de consentir au mariage. On peut
demander, il est vrai, pourquoi le législateur ne s'est pas
exprimé dans l'art. 159 comme dans l'art. 160, et dit que
le consentement serait donné par le conseil de famille.
C'est que M. Réal, qui proposa l'article, n'avait, en l'écrivant,
songé qu'à la situation la plus ordinaire à cette époque,
situation fréquente aujourd'hui encore, des bâtards, re-
cueillis, élevés, par un étranger, mais sans qu'aucune
tutelle ait été organisée, sans tuteur, sans conseil de
famille régulier. Dans cette situation il fallait bien faire
nommer un tuteur ad hoc, à défaut de tuteur ordinaire
qui pût représenter le conseil et exprimer son assentiment (2). Si l'on adopte ce dernier système, il faut décider
que le contrat de mariage de l'enfant naturel mineur
devra être soumis au conseil de famille. Ce sera au contraire le tuteur ad hoc qui l'approuvera, si l'on accepte
la première interprétation. (Arg. 1398.)

(1) Val., *Cours de Code civil*, leçon 1re, p. 178.
(2) Locré, *Leg. civ.*, t. IV, p. 330, no 27 et 28.

Les consentements dont nous venons de parler ne sont nécessaires aux mineurs orphelins que jusqu'à l'âge de vingt-un ans, sans distinction entre les garçons et les filles. Le consentement des père et mère ou autres ascendants est nécessaire aux garçons jusqu'à vingt-cinq ans.

5° C'est au conseil de famille qu'appartient le droit d'émanciper le mineur en tutelle. Le tuteur seul ne le pourrait faire. « Le mineur resté sans père ni mère pourra aussi, mais seulement à l'âge de dix-huit ans, être émancipé, si le conseil de famille l'en juge capable. » (Art. 478 C. civ.)

Dans notre ancien droit l'émancipation du mineur avait toujours lieu de la manière suivante. Si l'enfant avait moins de dix-huit ans, il réunissait ses parents devant le juge, qui prenait l'avis de ceux-ci sur la demande d'émancipation que le mineur était dans l'intention de faire. Sur cet avis le roi accordait des lettres d'émancipation, qui ne devaient être entérinées par le juge que sur nouvel avis de parents. Si l'enfant avait plus de dix-huit ans, le juge les entérinait sous connaissance de cause. Telle paraît être la procédure indiquée par Argou (1). Il n'est pas bien clair si les lettres d'émancipation n'étaient jamais entérinées qu'après un nouvel avis conforme des parents.

Ces procédures de chancellerie si fréquentes autrefois sont proscrites aujourd'hui.

L'art. 478 ne confie expressément au conseil de famille le soin d'émanciper le mineur que dans le cas où les père et mère sont décédés. On s'est alors demandé s'il pourrait exercer ce droit dans les cas suivants : 1° Lorsque les père et mère ont été déclarés absents ; 2° lors-

(1) Cf. Meslé. Pothier, *Pers.*, p. 1, t. VI, sect. IV, art. 5.

que le survivant a été déclaré absent ; 3° lorsque les
père et mère sont présumés absents ; 4° lorsque le survivant est interdit ; 6° lorsque les père et mère, le
survivant d'eux, est déchu de la puissance paternelle,
soit par suite d'une application des art. 29 et 335 du
Code de proc., soit par suite d'une destitution prononcée
par les tribunaux civils ; 7° lorsqu'ils sont judiciaire-
ment interdits tous deux ; 8° lorsque l'un est présumé
absent et l'autre interdit.

Les deux premiers cas ont fait peu de difficultés. La
déclaration d'absence produit en effet, provisoirement,
les effets du décès.

Pour la repousser dans tous les autres cas, on a dit
que permettre au conseil d'émanciper le pupille, c'était
sortir du texte et de l'esprit de l'art. 478, qui supposent
les père et mère emportés par la mort.

On a pu, pour les cas où les deux parents sont présents et interdits ou déchus de la puissance paternelle,
ou l'un interdit, l'autre présumé absent, argumenter du
principe admis par la jurisprudence, qu'il n'y a pas de
conseil de famille pendant le mariage. Cette objection
doit, suivant nous, tomber immédiatement, si l'on considère que c'est ce même conseil de famille, qu'on veut
proscrire en notre matière, qui est dans tous les cas
quelconque d'empêchement des père et mère appelé
à donner un consentement autrement grave que l'émancipation, a consentir au mariage du mineur, consentement qui d'ailleurs entraîne tacitement l'émancipation
elle-même.

On ne peut, contre le droit du conseil de famille,
émanciper l'enfant, tirer argument que du texte de
l'art. 478, qui ne parle que du cas où les père et mère
sont décédés. Doit-on s'en tenir à ces termes mêmes ?

Cela nous paraît assez difficile. Nous avons précédemment admis que dans tous les cas où les père et mère se trouvaient dans l'impossibilité d'exercer leurs droits de puissance paternelle, ces mineurs se trouvaient en tutelle, de sorte que le droit de les émanciper passerait dans tous ces cas au conseil de famille.

Sans même admettre cette solution générale, il est facile de voir que le droit d'émanciper doit appartenir au conseil de famille quand les parents sont présumés absents, ou quand le survivant d'eux est présumé absent. Dans ces deux cas, le mineur se trouve certainement sous la tutelle provisoire d'un tiers, et provisoirement au point de vue de l'administration de sa personne et de ses biens, il doit être considéré comme orphelin, tout aussi bien que si ses père et mère avaient été déclarés absents. (V. art. 141. C. civ.)

La situation est la même, lorsque le survivant des père et mère est interdit. La personne et les biens du mineur passent sous l'autorité d'un tiers tuteur, dont l'administration est, à tous les points de vue, soumise aux mêmes règles que celle de tout tuteur autre que les père et mère, ce qui fait passer les droits de ceux-ci au conseil de famille.

L'art. 160 du Code civil nous paraît, du reste, fournir un argument général pour donner au conseil le droit d'émanciper l'enfant dans tous les cas que nous avons énumérés. Le conseil de famille peut, lorsqu'un empêchement quelconque interdit aux père et mère de consentir au mariage de leur enfant, autoriser ce mariage, faire sortir l'enfant de la puissance paternelle, de sa famille, le mettre lui-même à la tête d'une autre famille, par là le mettre à la tête de l'administration de ses biens, non seulement de ses biens, mais de ceux qui peuvent, du chef de la femme s'il s'agit d'un garçon, tomber dans la communauté, et il ne lui serait pas permis de lui donner une indépendance moindre, des droits moins étendus, de l'enlever à la puissance paternelle pour lui confier seulement l'administration de sa propre personne et de son propre patrimoine ! Il faudrait, pour nous forcer à une conséquence semblable, qu'elle fût bien formellement écrite dans la loi. Or, l'est-elle ? Si oui il y aurait contradiction entre les art. 478 et 160. Doit-on l'admettre facilement ? Non, et elle n'existe pas. L'art. 478 a prévu le cas ordinaire, celui où l'enfant tombe sous la tutelle d'un tiers après le décès de ses père et mère. Ne doit-on pas entendre, nos adversaires eux-mêmes n'entendent-ils pas l'art. 477 comme conférant à la mère le droit d'émanciper son enfant dans tous les cas où le père ne peut exercer la puissance paternelle, bien que, l'art. 476 ne le lui donne expressément qu'à défaut de père, c'est-à-dire si le père n'existe plus. La loi, dans l'art. 478 comme dans l'art. 476, a statué de eo quod plerumque fit, sur les cas, où c'est par le décès que ceux à qui elle attribue la puissance paternelle se trouvent faire défaut, pour employer le mot du législateur.

Dans aucun de ces cas nous n'admettrions, comme on l'a dit, que le tribunal doive être consulté sur l'opportunité de l'émancipation. Ce droit, la loi ne le conférant qu'aux père et mère et au conseil de famille, exclut par là même et d'une façon absolue la nécessité de l'intervention de la justice (1).

---

(1) En sens divers, Demante, t. II, n° 244 *bis* ; Demol, t. VIII, n° 223, 224 ; — Marcadé, t. II, sous l'art. 478. — Laurent, t. V, n° 205. — Zachariæ, Massé et Vergé, t. I, p. 453, texte et note 18. — Lesenne, *Des Conseils de famille.* V° *Émancipation*, n° 9.

En résumé, nous admettons le conseil de famille à émanciper seul le mineur dans tous les cas où, par un empêchement quelconque, les père et mère se trouvent dans l'impossibilité d'exercer ce droit.

Il nous reste à dire pourquoi le tuteur n'a pas le droit d'émanciper seul le mineur. Indépendamment de la gravité de l'acte, il en existe deux raisons. Il serait à craindre, si le tuteur avait ce pouvoir, qu'il n'émancipât prématurément le pupille, afin de se décharger de la tutelle. A l'inverse, il pourrait arriver qu'il retînt sous sa tutelle un mineur capable d'administrer ses biens, de les gérer utilement et fructueusement, afin de retarder une reddition de compte que son infidélité aurait rendue difficile. Ce double danger est évité à la fois par la nécessité de l'intervention du conseil de famille et l'attribution à certains parents du droit de requérir la réunion du conseil pour délibérer sur l'émancipation.

Tels sont les actes pour lesquels la loi exige expressément l'intervention du conseil de famille : pour les autres on les y soumettra ou non suivant que l'on adoptera l'une ou l'autre des doctrines que nous avons exposées.

Il en est un cependant qui semble devoir être de la compétence du tuteur agissant seul. Je veux parler du contrat d'apprentissage. L'art. 3 de la loi du 22 février 1851, en exigeant que le contrat soit signé par le tuteur, passé par lui, n'a point exigé qu'il soit autorisé du conseil : il est permis de penser, en présence de cette disposition, que si le conseil peut indiquer au tuteur et lui imposer les conditions du contrat d'apprentissage, qui devra être passé au nom du mineur, en admettant l'exactitude du principe qui confie l'éducation au conseil, du moins le contrat passé par le tuteur seul serait valable.

Enfin c'est le conseil qui consent à ce que le mineur passe sous tutelle officieuse. (Art 561).

Dans les actes que nous venons d'examiner, et dans les actes concernant l'éducation, et en général la personne du mineur, si on les place dans la compétence du conseil de famille, celui-ci exerce la puissance paternelle, le le droit de puissance que la loi et la nature donnent aux père et mère sur les enfants : il est leur successeur légal et hérite de leur autorité. Mais cette autorité a-t-elle entre ses mains le même caractère que dans la personne de ceux-ci : est-il également souverain, ou au contraire les délibérations qu'il prend à ce titre sont-elles, conformément au droit commun, sujettes à recours devant le tribunal?

C'est là une question que nous ne pouvons laisser de côté ayant à indiquer le rôle, c'est-à-dire le caractère même dans lequel est appelé à agir le conseil de famille.

Pour refuser le recours contre ces délibérations on dit que le conseil de famille se trouvant au lieu et place du père et de la mère, ne saurait être soumis à un contrôle qui n'atteint point ceux-ci. Dans toutes ces hypothèses il a un rôle spécial et plus élevé qui lui donne des pouvoirs absolus. Cette opinion est contraire au texte de la loi. L'art. 883 du Code de procédure permet d'une manière générale de recourir contre les délibérations du conseil : point de distinction dans ce texte. Il faudrait autre chose que de simples considérations pour nous en faire admettre une. Sont-elles bien exactes d'ailleurs ? Il nous semble que semblable omnipotence ne saurait sans contradiction être reconnue au conseil de famille. Celui-ci, nous l'avons déjà dit au début de cette étude, n'est point du tout l'ancien conseil de famille germanique, assemblée souveraine dont l'autorité avait pour origine la nécessité où se trouvaient ces petites sociétés de se gouverner elles-mêmes, d'une façon complète et indépendante, en l'absence de tout pouvoir central. Notre ancien droit n'avait organisé les assemblées de parents que comme un moyen commode et sûr de renseigner la justice appelée au rôle d'autorité tutélaire. Elles n'avaient aucun pouvoir de décision, nous le savons, elles donnaient seulement leur avis sur les questions intéressant le mineur. Leur nom était inexact : des étrangers, amis ou voisins pouvaient les composer d'une façon exclusive : si les parents y étaient appelés, ce n'était pas seulement ou même principalement à raison du lien du sang qui les rattachait au pupille, mais bien parce qu'ils étaient présumés mieux connaître les intérêts de celui-ci. Aujourd'hui les conseils de famille décident sur les questions qui leur sont soumises : mais, ce point mis à part, leur caractère est resté le même, il nous paraît difficile qu'une semblable assemblée soit admise à exercer sur le mineur aucune autorité absolue, surtout en ces questions, plus graves que toutes autres, et dont les solutions ont des conséquences plus redoutables.

B. *Interdits.* — Lorsque le tuteur d'un interdit entre en fonctions, il doit, ainsi que celui d'un mineur, faire fixer par le conseil de famille le chiffre de la somme qui devra être employée annuellement pour l'interdit. Cette somme comprend l'entretien proprement dit, vêtement, logement et nourriture, et les frais de traitement de la maladie mentale de celui-ci. S'il est marié, il faudra faire régler la dépense annuelle de sa femme et de ses enfants. Le conseil ne peut évidemment suivre ici les mêmes principes d'économie qui s'imposent à lui lorsqu'il s'agit d'un mineur : si l'interdit est atteint d'une maladie gué-

rissable, quoi qu'il doive en coûter, le conseil doit autoriser toutes les dépenses nécessaires pour le traitement.
Il semble même que l'intervention du conseil ne soit
nécessaire que s'il y a lieu d'entamer les capitaux. Le
premier paragraphe de l'art. 510 nous dit que les revenus d'un interdit doivent être essentiellement employés
à adoucir son sort et à accélérer sa guérison. Cette disposition permet au tuteur d'employer seul sans consulter le conseil de famille ces revenus dans le but indiqué
par la loi ; le défaut d'autorisation ne devrait pas rendre
suspectes les dépenses qu'il aurait faites.

En pratique il est utile néanmoins de faire fixer par
le conseil le chiffre des sommes qui devront être affec-
tées à l'entretien et au traitement de l'interdit. Les faits
tous les jours nous démontrent en effet que bien souvent
les tuteurs détournent de la plus odieuse façon les revenus du malade de leur destination naturelle et légale,
pour les employer à leur profit, ou du moins pour les
économiser et les accumuler dans l'espérance du décès
prochain de leur pupille leur parent, dont ils sont les
proches et présomptifs héritiers. Le juge de paix qui
préside le conseil où se constitue la tutelle, doit soigneusement veiller à ce qu'il soit fixé une somme, pour
être exclusivement employée au traitement de l'interdit.
C'est une précaution indispensable.

Le conseil est dans les mêmes circonstances chargé
d'arrêter si le malade sera traité chez lui ou dans une
maison de santé, ou un hospice. C'est là une faculté. Le
conseil peut sur ces points s'en remettre à la sagesse et
à l'affection du tuteur. La loi n'a point voulu le faire : il
était à craindre que sans surveillance véritable; mais
pour s'éviter l'ennui du traitement à donner à l'interdit,
le tuteur ne s'en débarrassât en le faisant enfermer dans

une maison de santé, alors que rien n'eût justifié cette mesure.

Doit-on considérer la disposition de l'article comme générale et s'appliquant à tous les tuteurs? Au contraire doit-on dire que le mari tuteur légal de sa femme n'a pas à consulter la famille sur le lieu où sa femme doit être traitée et reste libre de la garder auprès de lui ou de la placer dans une maison de santé?

En présence de la généralité des termes de l'art. 510, qui ne fait aucune distinction entre les tuteurs, il paraî difficile d'admettre une exception en faveur du mari et de le soustraire à la loi commune. Dans un autre cas où la loi a pensé que le lien de puissance existant entre le tuteur et l'incapable, ainsi que l'affection présumable du protecteur légal pour celui qu'elle lui confiait, ne permettaient pas de laisser cette situation toute particulière sous l'application des règles générales, elle s'en est formellement expliquée et a laissé au père et à la mère investis de la tutelle, juges de leurs devoirs vis-à-vis de leurs enfants, le soin de fixer eux-mêmes le chiffre de la pension de ces derniers. Elle n'a point fait de même pour le mari. Ce silence n'est-il pas significatif?

On a pu cependant objecter que le mari, qui, investi déjà de la puissance maritale, devenait tuteur de sa femme, ne cessait pas pour cela d'être mari, que cette qualité n'étant point effacée devait continuer de produire les mêmes effets; que, toujours soumis, en son premier titre, à fournir secours, assistance à sa femme, il ne devait point perdre les droits corrélatifs à ces devoirs, et que l'on ne pouvait non plus concevoir que les rapports résultant du mariage fussent altérés par la volonté du conseil de famille, enlevant une femme à son mari pour la placer dans un hospice.

Il faudrait, si le premier système est exact, dire également que le mari doit consulter le conseil de famille sur les frais d'entretien et de traitement de sa femme interdite, puisque la puissance maritale se trouve amoindrie dans l'intérêt de celle-ci, et passe en partie, pour ce qui concerne les soins dûs à la personne, au conseil de famille (1).

S'il est exact que l'autorité du conseil de famille fasse échec à la puissance maritale lorsque la femme est interdite, il faut admettre que, si le mari est destitué de la tutelle, cette assemblée pourra ordonner que la femme sera confiée au nouveau tuteur, ou placée dans une maison de santé, quelque refus qu'oppose le mari.

On a vu, mais à tort, selon nous, une contradiction entre notre art. 510 et l'art. 8 de la loi du 30 juin 1838. Cette dernière disposition fait figurer parmi les personnes qui peuvent requérir le placement d'un aliéné dans une maison de santé, le tuteur de celui-ci, et ce sans dire qu'il devra justifier d'une autorisation du conseil « qui semblerait cependant nécessaire, dit Demante aux termes de l'art. 510 du Code civil. » Cette manière de comprendre l'art. 510 ne nous paraît pas complètement exacte. L'article dit non pas que le conseil de famille devra, mais qu'il pourra arrêter que l'interdit sera traité dans son domicile ou dans une maison de santé. Nous avons entendu et expliqué ces mots comme permettant au conseil de famille de laisser au tuteur le soin de décider sur la question. De cette façon toute contradiction disparaît. La loi de 1838 n'est que l'application stricte des prin-

(1) Dans le sens de la première opinion : Demol., t. VIII, n° 579 bis; Aubry et Rau, t. I, § 126, texte et note 16. — *Contra* : Laurent, t. V, n° 300, et auteurs cités.

cipes du Code civil. L'art. 510 permettait au tuteur, en l'absence de toute décision du conseil de famille, de faire placer seul l'interdit : la loi de 1838 l'eût contredit si elle eût exigé qu'il justifiât d'une autorisation. C'est au conseil de famille à prendre, s'il le juge à propos, une délibération à l'effet d'ordonner la sortie de l'interdit, et à destituer le tuteur s'il ne veut point s'y soumettre (1).

Les règles sont les mêmes pour la sortie : c'est le tuteur seul qui la requiert. Le conseil de famille peut, de son côté, s'y opposer et de la manière que nous avons indiquée, assurer l'exécution de sa décision (2).

β. Lorsqu'il s'agit d'un condamné légalement interdit, nous savons qu'il n'est en tutelle que pour ses biens : le tuteur n'a point en principe, à s'occuper de sa personne. Si par hasard il devenait cependant nécessaire d'employer une somme à son entretien, s'il était atteint, par exemple, d'une maladie qui exigeât des soins coûteux, quelque peu d'intérêt qu'il mérite, le tuteur le pourrait faire, mais seulement avec l'autorisation du conseil de famille. Il est bien entendu que celui-ci ne pourrait l'autoriser à affecter aucune somme, à adoucir la position du condamné.

γ. Relativement à la personne de l'interdit, le Conseil peut encore être appelé à intervenir : aux termes de l'art. 175, le tuteur autorisé du Conseil de famille, peut former opposition au mariage de l'interdit. C'est du moins ainsi que nous entendons cet article : cette disposition ne peut, en effet, se comprendre que comme se rappor-

(1) Cf. Demol, t. VIII; Demante, t. II, n° 290 bis.

(2) La loi belge contient sur ces points une disposition précise assurant l'exécution des décisions du Conseil : le tuteur ne peut requérir le placement ou la sortie de l'interdit qu'en produisant une délibération l'y autorisant. (Laurent, t, V, n° 294.)

tant à un interdit. Le mineur devant justifier à l'officier de l'état civil du consentement du conseil de famille, l'opposition à son égard serait inutile : et, si elle était considérée comme nécessaire, pourquoi le tuteur ne la pourrait-il pas faire tout seul ? Au contraire, il est toujours nécessaire d'aviser l'officier de l'état civil que le majeur qui lui demande de le marier, et paraît en règle avec la loi, est interdit, atteint de démence, et qu'il y a lieu de ne point célébrer une union qui devrait être annulée ultérieurement.

§ 2

Fixation du budget de l'administration des biens

(art. 454 C. C.)

Le conseil de famille doit lors de l'entrée en fonctions du tuteur, déterminer la somme à laquelle pourront s'élever les frais de gestion. Dans ces frais rentrent naturellement les salaires des individus que le tuteur pourra charger de gérer à sa place certains biens du mineur, que son incompétence, par exemple, ne lui permettrait pas d'administrer lui-même. Aussi, le second paragraphe de l'art. 454 nous dit-il que le conseil spécifiera dans le même acte si le tuteur est autorisé à s'aider dans sa gestion d'un ou plusieurs administrateurs particuliers salariés, et gérant sous sa responsabilité.

Nous nous occuperons d'abord des frais de gestion en général.

La somme allouée par le conseil n'est pas fixée d'une manière définitive. Elle est réglée par aperçu seulement. Si elle est insuffisante et que le tuteur la dépasse, l'excédent pourra néanmoins être admis en compte, si la dépense a été justifiée et utile. Si au contraire la dépense effective reste au-dessous du chiffre fixé le tuteur sera débiteur du reliquat.

Le conseil de famille ne pourrait même régler que de cette façon le budget de la tutelle. Nous ne croyons pas qu'il lui soit permis de fixer à forfait, et d'une manière définitive, le chiffre des frais de gestion. Nous nous sommes déjà prononcés en ce sens sur les frais d'entretien et d'instruction du mineur. Décider autrement ce serait permettre au tuteur de tirer indirectement un bénéfice de la tutelle, qui est gratuite, contrairement à l'art. 471 du Code civil, qui porte que les dépenses justifiées doivent seules être allouées au tuteur (1).

Le tuteur ne peut en effet recevoir d'honoraires. La déposition précitée le prouve expressément.

M. Demolombe, qui admet que la tutelle est gratuite, ajoute cependant : que le tuteur doit être rendu indemne : « Le conseil de famille peut donc et doit même, dit-il, lui accorder à cet égard une indemnité complète, et dans la fixation de cette indemnité, il doit avoir égard à la fortune du pupille, à la position du tuteur, aux embarras et aux complications de la gestion, aux voyages que le tuteur devra faire, et il peut, eu égard à tous ces éléments d'appréciation, déterminer d'une manière plus ou moins large le montant des frais de gestion » (2). Si nous comprenons bien, le tuteur pourrait non seulement répéter ses impenses, mais encore se faire allouer par le conseil de famille une indemnité à raison du préjudice de toute nature que lui causerait la gestion de la tutelle. Nous ne croyons pas devoir aller même jusque-là. Le tuteur reçoit un mandat d'une nature spéciale, et soumis à des

(1) Laurent, t. V, n° 65, Freminville, t. I, n° 25.
(2) Demol., t. VII.

règles particulières. Si l'art. 2000 du Code civil permet
au mandataire de se faire indemniser, alors même que
le mandat est gratuit, du préjudice qu'il a pu en éprouver,
l'art. 471 ne permet au tuteur de porter en compte que
les *impenses* suffisamment justifiées et dont l'utilité sera
démontrée.

C'est là une disposition bien dure, et il faut avouer que
ces règles de protection à outrance du mineur se retour-
nent contre lui : le tuteur met peu de zèle dans sa gestion
et la justice est portée à se montrer indulgente à son
égard.

Aussi dans maintes circonstances a-t-on eu recours à
une fixation à forfait des frais de gestion, afin de dissi-
muler les honoraires qu'on allouait au tuteur, en fixant
la somme à un chiffre supérieur à la dépense, et de son
côté la jurisprudence a déclaré que cette pratique était
légale (1).

Le conseil, nous l'avons vu, est appelé à donner son
avis sur le point de savoir si le tuteur pourra s'aider
d'administrateurs salariés *particuliers*.

Ce mot *particuliers* n'a pas été jeté par hasard dans
cet article. La loi a bien évidemment voulu interdir au
tuteur de déléguer ses fonctions d'une façon complète
et générale (2). Un pareil mandat serait nul. Si la personne nommée ne peut gérer, elle doit le faire connaître
au conseil, qui fera alors un autre choix. Les causes qui
pourront le plus fréquemment empêcher le tuteur de
gérer lui-même sont : ou l'éloignement des biens, ou
son incompétence, si par exemple un avocat est nommé

____

(1) Cass. 18 avril 1854. D. P., 1854, 1, 387. — Dijon, 14 mai 1862.
D. P., 1862, 2, 121. — Cass. 14 décembre 1863. D. P., 1864, 1, 63. —
(2) *Contra* : Demante, t. II, n° 212 *bis* II.

tuteur d'un mineur propriétaire d'une usine ou d'un
fonds de commerce ; dans ces cas, il est évident que le
meilleur moyen d'assurer une bonne gestion est de
nommer un administrateur spécial à ces biens, que le
tuteur ne peut mettre en valeur. En ne permettant dans
ces hypothèses que la nomination d'administrateurs particuliers, la loi, d'une façon claire, bien qu'implicite,
exclut la possibilité de nommer plusieurs tuteurs au
même patrimoine.

C'est le tuteur qui nomme les administrateurs particuliers : le conseil ne saurait le faire sans sortir de ses
attributions.

Le projet de la commission du gouvernement portait
que dans certains cas des administrateurs particuliers
devraient être nommés par le conseil de famille. Cette
qualification d'administrateurs particuliers n'était pas
très claire. S'agissait-il de véritables tuteurs gérant d'une
façon indépendante et sous leur responsabilité individi-
duelle, ou de simples agents de tutelle ? Le Tribunal de
cassation remarqua que ces administrateurs paraissaient
être considérés comme indépendants par le projet, et
en demanda la modification ; il proposa de les soumettre
à l'obligation de rendre des comptes annuels au tuteur.
C'était les placer sous la surveillance de ce dernier, et
c'était rendre celui-ci responsable de leur gestion. S'il
en était ainsi, il fallait bien laisser aux tuteurs leur nomination. Le projet de la section du Conseil d'État n'obligeait même pas ce tuteur à demander l'autorisation du
conseil. Sur la demande de Treilhard, on prit cette précaution pour éviter des débats qui auraient pu s'élever lors
de la reddition de compte sur l'utilité des délégations
que le tuteur aurait pu faire de son pouvoir à des manda-

taires salariés, et sur la nécessité de ces dépenses (1). L'autorisation du conseil de famille couvre la responsabilité du tuteur. Mais celui-ci étant seul responsable des agents, doit seul les nommer.

Il n'est pas nécessaire que le tuteur se fasse autoriser par le conseil de famille à confier à des mandataires la gestion d'une affaire ou d'un bien de la tutelle. De droit commun, un mandataire peut déléguer ses pouvoirs, sauf à répondre du délégué (1991), et, nous l'avons vu, la loi n'exclut que la délégation de toute la tutelle (2), et l'autorisation du conseil n'a d'autre objet que de mettre hors de contestation l'utilité des salariés.

Les dispositions que nous venons d'expliquer ne s'appliquent pas aux père et mère tuteurs légaux de leurs enfants. L'art. 454 le dit expressément du règlement des frais d'administration. Pour ce qui concerne la nomination d'administrateurs salariés, l'exception résulte de ces mots du deuxième paragraphe de l'article : « par le même acte ». C'est par l'acte qui fixe le budget de la tutelle que le tuteur se fait autoriser à déléguer ses fonctions ; or cet acte n'existe pas pour les père et mère tuteurs légaux.

Si les père et mère ne tiennent plus la tutelle de leurs enfants de la loi, mais du conseil de famille, dans le cas de convol de la mère, par exemple, on doit leur appliquer l'art. 454.

Cette exception n'a été évidemment édictée que pour le cas de tutelle légale et les exceptions ne doivent point être étendues. Si nous avons décidé que la disposition du même art. qui soustrait les pères et mères à l'obligation commune aux tuteurs de faire évaluer par le con-

---

(1) Fenet, t. II p. 76 et 519, t. X, p. 582, 600, 612.
(2) *Contra* : Fréminville, t. I, n° 201.

seil les frais d'entretien et d'instruction du mineur,
devait être étendue même aux pères et mères tuteurs,
c'est que cette règle ne constitue pas, nous le pensons
du moins, une exception véritable, et n'est au contraire
que l'application du principe de l'indépendance de la
puissance paternelle vis-à-vis du conseil de famille.

Cette disposition ne s'applique d'ailleurs évidemment
pas quelque soit leur titre, aux père et mère usufruitiers
légaux (1).

D'ailleurs le défaut d'autorisation du conseil de famille
n'aurait d'autre effet que de rendre suspectes les nominations d'administrateurs salariés que le tuteur aurait
pu faire et de rendre les dépenses faites à cette occasion sujettes à discussion. Mais si elles étaient justifiées
et reconnues utiles elles devraient être allouées au tuteur
malgré l'absence d'autorisation.

§ 3

**Autorisation que doit donner le conseil de conserver des
meubles corporels.**

(452 C. C.)

L'art. 452 du Code civil porte que, dans le mois de
l'inventaire, le tuteur devra faire vendre, avec les formalités indiquées audit article tous les meubles autres que
ceux que le conseil de famille l'aura autorisé à conserver.

L'art. 453 fait exception à cette règle en faveur des
père et mère qui ont la jouissance propre et légale des
biens de leurs enfants.

Le tuteur qui ne se conformerait pas à ces dispositions ne serait pas seulement tenu de payer au mineur la

____

(1) Marcadé, s. 454, t II, p 256, I.

somme à laquelle s'élève l'estimation desdits meubles faite dans l'inventaire, mais s'exposerait encore à payer des dommages-intérêts représentant l'équivalent du profit que le mineur aurait pu tirer du placement du prix de la vente, si elle eût été faite.

Aussitôt que l'inventaire est fait, le conseil de famille doit être convoqué à l'effet de dire quels meubles vent être conservés. La délibération prise met le tuteur à l'abri de toute responsabilité.

Cette pratique est traditionnelle dans le droit français. L'art. 101 de l'ordonnance d'Orléans ordonnait que les meubles périssables fussent vendus et que le prix en fût employé en acquisition de rentes ou d'héritages. Pour l'application de cette disposition, on suivait la pratique indiquée dans les art. 69 à 74 des arrêtés de Lamoignon. Le tuteur prenait, pour décider la question de savoir quels meubles devaient être conservés, avis des quatre plus proches parents du pupille, réunis devant le juge. C'était une sorte de conseil de famille spécial (1).

Par la disposition de l'art. 442, le tuteur ne reçoit pas précisément le droit d'aliéner seul les meubles. Il est plus exact de dire qu'il a l'obligation de vendre, pour en placer le prix, tous ceux que le conseil de famille ne l'autorise pas à conserver. Il ne faudrait cependant point jamais considérer comme nulle l'aliénation que le tuteur pourrait faire d'un meuble, si précieux soit-il. Notre Code n'a point porté de disposition pour consacrer l'ancienne pratique observée en France, d'après Bourjon, selon laquelle, conformément à la constitution

(1) V. aussi *Placitez de Rouen* de 1673, XLII; *Cout. de Bretagne*, 509 — Meslé, p. 79-108-177; Pothier, *Pers.*, pl., t VI, Sect. IV, art. 4.

de Constantin, le tuteur ne pouvait vendre l'argenterie et les meubles précieux sans autorisation et avis de ses parents. Seule l'aliénation des immeubles a été soumise à la nécessité de cette autorisation.

La délibération du conseil, que le tuteur doit prendre avant d'aliéner les meubles, a pour effet, non de valider la vente, mais de mettre le tuteur à l'abri de toute responsabilité.

Lorsque le conseil de famille a ordonné la conservation de certains meubles il nous paraît certain que le tuteur ne pourraient plus les vendre sans une autorisation de ce conseil. La conservation a été ordonnée parce qu'elle a été jugée utile; elle n'est que l'exécution d'une décision du conseil : le tuteur ne peut infirmer l'appréciation du conseil, et ce ne peut être qu'au conseil qui a pris la décision qu'il peut appartenir de la révoquer.

On peut à la vérité nous objecter le texte de l'art. 453, qui porte que le conseil autorise le tuteur à conserver les meubles. C'est une autorisation, dira-t-on. Or on peut toujours ne pas user d'une autorisation : le tuteur pourra donc ne pas conserver les meubles et les vendre.

Le tuteur pourait-il être valablement dispensé par le père ou la mère de vendre les meubles qui se trouveraient dans leur succession? Nous pensons que jamais le tuteur ne peut être, même par un testateur ou donateur, dans le testament ou la donation, dispensé de consulter le conseil de famille sur la conservation des meubles. L'art 452 contient une règle générale : la loi n'y a apporté qu'une exception : les père et mère à raison de la jouissance légale qu'ils ont des biens de leurs enfants, sont soustraits à cette obligation, qui porterait atteinte à leur droit d'usufruitiers. Pas d'autre exception. Or les exceptions ne s'étendent pas, et les règles de la tutelle sont d'ordre public ; double raison pour que nous nous en tenions au texte même de la loi (1).

§ 4

Explication de l'article 455 C.civ.

Le tuteur doit, aux termes de l'art. 455 du Code civil, faire déterminer par le conseil la somme à laquelle commencera pour lui l'obligation d'employer l'excédent sur la dépense.

Il faut faire cet emploi dans le délai de six mois, passé lequel il devra les intérêts à défaut d'emploi.

Nous n'étudions pas ici l'obligation d'employer les fonds du pupille ou de l'interdit qui pèse d'une façon générale sur le tuteur. Nous ne nous occupons que de la délibération que le conseil de famille doit prendre lors de l'entrée en fonction de celui-ci, pour fixer la somme à partir de laquelle il devra employer l'excédent des revenus. On entend généralement cet excédent comme étant l'excédent annuel des revenus sur les dépenses. Le délai de six mois ne court donc pour l'emploi que du jour de l'expiration de chaque année de la tutelle. La loi ne l'ayant pas dit précisément, semble par le silence qu'elle a gardé sur le mode de détermination de l'excédent, avoir voulu permettre au conseil de famille d'obliger le tuteur à arrêter un compte et à constater les excédents à des intervalles plus rapprochés, tous les six mois par exemple.

Mais ses pouvoirs se bornent-ils à cela ? Ne pourrait-

______

(1) M. Demol., t. VIII, n° 579. — Aubry et Rau., t. I, § 112, texte et note 26. — Fréminville, t. I, n° 234. — *Contra* : Laurent, t. V, n° 18.

il pas également indiquer le mode d'emploi ? La loi ne
lui donne point ce droit Il semble donc à priori que le
caractère d'ordre public des règles de la tutelle ne
permet pas d'étendre les pouvoirs du conseil de famille
hors de leurs termes mêmes : du moins faudrait-il
pour cela qu'il y eût lacune dans la loi, et analogie
évidente entre le cas prévu par le texte et le cas douteux. Il y a encore des raisons spéciales à notre cas de
ne pas donner ce droit au conseil : l'emploi en lui-même
est à tous les points de vue un acte d'aministration :
c'est à l'administrateur qu'il appartient naturellement de
décider quand et comment cet emploi doit être fait. Or
le tuteur est administrateur, et la règle qui lui impose de
faire fixer par le conseil la somme à laquelle il devra
faire emploi est une restriction à ses pouvoirs, qui ne
s'explique que par la volonté du législateur d'éviter des
débats toujours préjudiciables aux parties sur la question
de savoir si le tuteur avait dû ou non faire, dès telle époque,
emploi des sommes qu'il avait. Par une mesure sévère,
justifiée par l'intérêt que mérite le pupille, on coupe court
à ces difficultés en fixant la somme à laquelle commence
l'obligation d'emploi et le délai dans lequel il doit être
fait. Mais pour restreindre encore les pouvoirs que son
titre d'administrateur confère par lui-même au tuteur, il
faudrait un texte. Nous faisons encore remarquer que
dans notre droit le tuteur ne pouvait faire valablement
seul emploi des deniers de son pupille, mais devait pour
cela prendre l'avis de ses parents, réunis devant un juge
ou un notaire (1). Notre Code n'ayant point reproduit
ces règles, mais en ayant établi de nouvelles sur l'emploi,

(1) Arrêtés de Lamoignon, t. de la minorité, art. 95. — Meslé,
p. 200. — Pothier, *Personnes*, p. I, t. VI, sect. IV, art. 4. — V.
Placitez de Normandie, n° 50. Édit des tutelles, art. 20 à 24.

on doit penser qu'il a voulu les écarter : on ne saurait dire que par son silence il montre qu'il a voulu les respecter. Il contient une règle sur la matière, il a prévu la question de l'emploi, et a porté une règle inconnue dans l'ancien droit : il n'y a pas omission : il a abrogé l'ancienne pratique.

Nous pensons donc que le tuteur pourrait faire tel emploi qu'il lui plairait, acquérir des immeubles, par exemple, sans que le pupille pût en demander la nullité par défaut de formes (1), et que l'indication que le conseil ferait d'un emploi ne reçoit pas obligation pour lui.

Si le tuteur n'a pas fait déterminer par le conseil de famille la somme à laquelle doit commencer l'emploi, il devra, après l'expiration du délai de six mois, les intérêts de toute somme non employée quelque modique qu'elle soit (art. 456.)

Ces dispositions sont-elles applicables aux père et mère tuteurs de leurs enfants ? Il est bien évident que cette question ne peut se poser que si les père et mère n'ont plus la jouissance légale, comme les questions que nous avons examinées sous l'art. 454. Autrement, maîtres des revenus, ayant droit de les employer à leur profit, ils échappent en ce point au conseil de famille.

Mais quid s'ils n'ont pas cette jouissance légale? Pour les soumettre à l'obligation commune, on argumente du silence de la loi, qui ne porte aucune exception, alors qu'au contraire, elle s'est expliquée formellement sur une question semblable dans l'art. 454 Pour la négative, on fait remarquer que les trois articles 454, 455, 456, ne forment, pour qui les lit attentivement, qu'une

(1) Laurent, t. V, n° 59. — Demol., t. VII, n° 670. — Fréminville, t. I, n° 267. — Val. s Proudhon, t. II, p. 362. — *Contra:* Demante, t. II, n° 213 bis II.

seule et même disposition contenant plusieurs règles générales, toutes soumises à la même exception. Il est si vrai, ajoute-t-on, que cet ensemble de dispositions dans l'esprit du législateur ne s'appliquait pas aux père et mère, que celui-ci a cru devoir, dans l'art. 457, écrire formellement que la règle qu'il y édictait était obligatoire même pour ces derniers (1). Cette doctrine nous paraît exacte.

Il est bien entendu que nous n'admettons cette exception que lorsque les père et mère tiennent la tutelle de la loi, et non lorsqu'ils l'ont reçue, comme la mère remariée, du conseil de famille.

§ 5
Des comptes que le conseil peut obliger le tuteur à faire au cours de la tutelle

La dernière mesure que le conseil de famille est appelé à prendre préalablement à l'entrée en fonction du tuteur dans l'intérêt du mineur, est d'imposer au tuteur de remettre au subrogé-tuteur, à des époques qu'il fixe, sans pouvoir en exiger plus d'un par an, des état de situation de sa gestion.

Le conseil peut ne point prendre cette mesure : et de fait jamais, ou du moins presque jamais, elle n'est imposée au tuteur. L'imprévoyance du conseil, et quelquefois la crainte qu'il éprouve de froisser le tuteur par un acte de défiance, la font omettre le plus souvent.

Ces comptes devant être rendus sans frais sur papier non timbré, il n'y aurait point d'inconvénients à les rendre obligatoires pour le tuteur. On faciliterait ainsi

---

(1) Demol., n° 630. — *Contra :* Laurent.

l'examen du compte définitif présenté par celui-ci, et qui, comprenant une foule de détails, embrassant souvent un nombre considérable d'années, ne permet guère une contradiction utile. L'édit des tutelles pour la Bretagne s'était inspiré de cette idée, dans son art. 151, qui enjoignait aux parents nominateurs d'imposer au tuteur, immédiatement après son élection, l'obligation de rendre compte à trois d'entre eux à diverses époques de la gestion.

La loi hypothécaire belge n'a pas été jusque-là : mais elle a expressément permis au conseil de famille de se faire rendre de semblables comptes aux époques qu'il fixerait. On peut douter que le Code civil permette au conseil d'exercer un semblable contrôle. L'art. 470 nous dit seulement que le tuteur pourra être obligé de présenter des états de situation au subrogé-tuteur. N'est-ce pas dire que c'est le subrogé-tuteur qui devra les recevoir? La distribution des pouvoirs dans la tutelle étant une sorte de charte, selon le mot de M. Demolombe, constituant un ensemble de règles d'ordre public, il paraît difficile d'étendre les pouvoirs du conseil : cela ne se comprendrait que dans la théorie selon laquelle les règles de la tutelle ne sont d'ordre public que dans l'intérêt du pupille, théorie que nous avons expliquée et rejetée.

L'art. 470 ne s'applique point aux père et mère, nous dit la loi elle-même. Comme nous l'avons fait plus haut, nous restreignons l'exception au cas de tutelle légale. La mère remariée par exemple pourrait, au contraire, être astreinte à fournir des états de situation annuelle au subrogé-tuteur (1).

(1) Demante, t. II, n° 221 bis, Aubry et Rau ; Demol. ; Laurent, — *Contra* : Fréminville t. I, n° 57 ; Massé et Vergé sur Zachariæ t. I, p. 418, vol. II.

§ 6

De l'autorisation que le conseil peut donner à la restriction de l'hypothèque légale

Nous avons à faire connaître maintenant une mesure que le conseil est appelé à prendre lors de la nomination du tuteur, dans l'intérêt de ce dernier.

L'art. 2144 du Code civil permet au conseil de restreindre l'hypothèque légale du mineur à certains biens du tuteur par la même délibération qui le nomme. Cette délibération est exécutoire par elle-même sans homologation de la justice.

Si le conseil ne prend point cette mesure dans l'acte même qui nomme le tuteur, celui-ci ne peut plus au cours de la tutelle faire restreindre l'hypothèque qui grève ses biens qu'en s'adressant à la justice, par une demande formée contre le subrogé-tuteur, après avis du conseil.

C'est aussi cette procédure qui devra être suivie dans les tutelles légales et testamentaires, puisque l'art. 2144 ne permet au conseil de restreindre l'hypothèque que dans la supposition qu'il a nommé lui-même le tuteur (1).

§ 7

Tutelle. Interdits

Les interdits étant pour l'administration de leurs biens assimilés par l'art. 509 aux mineurs, les attributions que nous venons d'étudier appartiennent au conseil de famille dans la tutelle des uns et des autres. Il en est une

(1) Demante, t. IV, n° 112 bis II ; Aubry et Rau, t. III, § 264 bis 2°.

qui ne lui est conférée qu'à l'égard de la tutelle des interdits et dans un cas spécial.

Nous avons décidé qu'en principe, le conseil de famille ne pouvait soumettre l'administration de la tutelle à aucune condition autre que celles expressément prévues par la loi. Celle-ci apporte elle-même exception à ce principe. Aux termes de l'art. 507, le conseil de famille qui a déféré la tutelle de l'interdit à sa femme peut d'une manière générale régler les formes et conditions de l'administration, sauf le recours devant les tribunaux de la part de la femme qui se croirait lésée par la décision du conseil.

Quels sont exactement les pouvoirs attribués au conseil par cette disposition? On a dit qu'il lui appartenait de déterminer quels droits le contrat de mariage donne à la femme et quels droits il donne au mari.

Pour cela, on fait remarquer que la disposition du projet, correspondant à l'art. 507, était ainsi conçu : « En ce cas le conseil de famille règlera la forme et les conditions sous lesquelles l'administration doit être déférée à la femme, le tout conformément aux conventions matrimoniales qui règlent les droits respectifs des époux. » Locré, t. VI, dit que cette disposition a été changée parce qu'elle n'indiquait pas suffisamment le rôle que le législateur avait entendu conférer au conseil de famille : déterminer quels droits les conventions matrimoniales donnent à chacun des époux, et expliquer ensuite comment et dans quelle étendue les droits reconnus comme appartenant au mari seront exercés par la femme. Le projet ne lui permettait par ses termes que le règlement des droits respectifs des époux et non de déterminer les conditions sous lesquelles s'exercerait la tutelle. Mais du

moins le changement n'a point eu d'autre raison, et le
droit conféré par le conseil ne lui a point été retiré.

Il nous semble d'abord un peu singulier d'appeler aussi
le conseil à interpréter le contrat de mariage de l'interdit. Il semble qu'un tel soin ne puisse appartenir qu'aux
tribunaux. L'art. 507 n'en parle pas. Que disait-il? « Que
les formes et les conditions de l'administration seraient
déterminées conformément aux conventions matrimoniales. » Malgré son obscurité, déjà sentie par le tribunal
de Paris, qui alla jusqu'à le déclarer inintelligible, l'article
signifiait que le conseil, en réglant les conditions sous
lesquelles la femme administrerait la tutelle, devait respecter le contrat de mariage, et ne faire aucun règlement
qui pût y porter atteinte. C'est dans cette mesure seulement et pour apprécier ses propres droits que le conseil
pouvait interpréter le contrat : en ce sens et de cette
manière l'art 507 lui permet toujours cette interprétation.
Telle était la signification littérale du projet : rien dans
les travaux préparatoires ne permet de penser qu'il ait
été compris autrement, ni surtout qu'il ait été modifié
pour la raison de Locré. Les travaux préparatoires
écartés nous ne trouvons plus devant nous que le texte
de l'art. 507, et ces mots : « le conseil règlera la forme
et les conditions de l'administration », venant après
ceux-ci : « la femme pourra être nommée tutrice de son
mari, » ne peuvent avoir d'effet que de permettre au
conseil de réglementer la tutelle de la façon qu'il jugera
utile. C'est le seul droit que nous lui reconnaissions.

Si le conseil impose à la femme quelque condition
contraire au contrat de mariage, où si le règlement lui
paraissait excessif, la femme pourrait se pourvoir devant
les tribunaux.

Dans quel sens le conseil peut-il réglementer la tu-

telle ? Il peut certainement restreindre les pouvoirs de
la femme. En l'appelant à gouverner la famille, le législateur a voulu l'environner des sages avis de ses parents,
et la préserver contre l'inexpérience de son sexe. Le
législateur nous a expliqué lui-même ses intentions de
cette façon (1). Ne l'eût-il pas fait il serait encore bien
visible que cette disposition a été écrite dans ce but : cette
considération nous fait penser que le conseil ne pourrait
étendre les pouvoirs de la tutrice en lui permettant de
ne pas se soumettre aux formalités qui s'imposent de
droit commun aux tuteurs (2).

SECTION III

POUVOIRS DU CONSEIL DE FAMILLE DANS LE FONCTIONNEMENT DE
LA TUTELLE

Une fois prises, les mesures préalables que nous
avons étudiées, la tutelle entre en fonctionnement sous
le contrôle et avec l'intervention supérieure du conseil
de famille.

Le tuteur, mandataire légal général à l'effet de représenter le mineur dans tous les actes de la vie civile, ne
peut à ce titre faire seul que les actes d'administration.
La loi s'est même montrée très rigoureuse à son égard,
et tels actes, comme les demandes en partage, qu'elle ne
refuse pas à l'administrateur des biens d'absent, doivent
être autorisés par le conseil de famille. Nous pensons
que ces restrictions formellement établies par la loi

(1) Rapport au Tribunat, par Bertrand de Greuille. — Discours
de Tarrible. ch. L.

(2) *Contra :* Demante, ch. II, n° 239 bis II.

pour un certain nombre d'actes déterminés, doivent être étendues à tous les actes analogues, et nous ne pouvons accepter la formule qui représente le tuteur comme apte à faire tous les actes pour lesquels la loi n'exige point expressément l'autorisation du conseil de famille. Ceux-là mêmes qui l'ont adoptée l'ont contredite par leurs solutions.

Les actes pour lesquels la loi exige l'autorisation du conseil de famille sont : les emprunts, les aliénations d'immeubles et de meubles incorporels, les acceptations de succession et de donation, les partages, les transactions, les actions immobilières.

Il est aussi d'autres actes qui ne peuvent en aucune manière être rangés par analogie à côté de ceux-ci, et pour lesquels le pouvoir du tuteur d'agir seul est douteux. Ce sont ceux-là que nous examinerons d'abord.

Notre section sera donc divisée en cinq articles.

Article 1er. De quelques actes douteux.

Article 2. Des emprunts et de l'autorisation que le conseil de famille doit donner au tuteur pour emprunter.

Article 3. Des aliénations et de l'autorisation que le conseil de famille doit donner au tuteur pour aliéner.

Article 4. Des droits litigieux des mineurs et des interdits.

Article 5. Successions et donations.

Nous étudierons ainsi tous les actes par lesquels le conseil de famille intervient normalement dans le fonctionnement de la tutelle. En dehors des cas prévus par la loi le tuteur peut le réunir à l'effet de le consulter sur un acte qu'il peut légalement faire seul. Mais le conseil n'étant point légalement convoqué, étant appelé à prendre une délibération qui ne lui est pas imposée par la loi, en dehors de ses attributions régulières, pourrait refuser de se réunir et de donner son avis. S'il le donne, cet avis ne s'impose pas au tuteur : celui-ci ne se trouve pas non plus déchargé de toute responsabilité, mais sa responsabilité se trouve naturellement diminuée par l'adhésion du conseil qui est de nature à faire supposer, si l'acte se trouve préjudiciable au mineur ou à l'interdit, qu'il n'y a là qu'une conséquence nécessaire des circonstances et non le résultat d'une faute du tuteur.

Nous devons avant d'entrer dans l'examen successif des actes qui exigent l'autorisation du conseil de famille examiner si le conseil ne peut être appelé à un autre rôle dans le cas où le père prédécédé a nommé à la mère un conseil de tutelle.

La mère tutrice que le conseil refuserait d'assister, pourrait-elle recourir devant le conseil de la famille à l'effet de se faire autoriser et de suppléer ainsi au consentement qui lui est refusé ? MM. Demolombe, Demante, Aubry et Rau (1) admettent ce recours par l'impossibilité de comprendre que le conseil de tutelle puisse ainsi paralyser l'administration des biens du mineur, et léser ainsi les intérêts de celui-ci. Cela revient à dire que, alors que par la loi et la volonté du père la mère tutrice et son conseil ont été chargés de l'administration des biens de l'enfant, si une mesure se trouve arrêtée alors qu'elle est utile pour celui-ci, le conseil de famille pourra l'ordonner. Nous doutons que cela soit bien exact. Lorsque le tuteur par une mauvaise gestion, par sa négligence, compromet les intérêts de son pupille, le conseil n'a point pour cela le droit d'ordonner les mesures dont le tuteur ne prend point l'initiative qui lui est attribuée par la loi. Le conseil peut le destituer, voilà tout. Cela nous

____

(1) Aubry et Rau, § 99 bis.

paraît assez bien prouver que, l'administrateur de la tutelle, étant pour les actes de sa compétence indépendant dans le sens que nous avons indiqué, dans le cas où il y a deux coadministrateurs, il doit en être de même d'eux. Jamais le conseil de famille ne pourrait donc suppléer par son autorisation au consentement de la personne désignée par le père pour assister la mère tutrice. Les gérants de la tutelle, si je puis ainsi désigner ceux qui sont à la tête de cette gestion peuvent seulement être destitués.

La solution que nous indiquons nous paraît aussi mieux répondre à la volonté du testateur. Il a exigé que le conseil désigné par lui assistât la femme dans la gestion de la tutelle : le consentement éclairé de cette personne lui a paru nécessaire. On ne saurait y suppléer.

Si cependant on admettait qu'un recours est ouvert contre le refus d'assistance du conseil, c'est devant le conseil de famille et non devant le tribunal qu'il devrait être porté : c'est le juge naturel, le juge le plus compétent du conflit.

Nous refuserions également tout recours devant le conseil de famille à la mère remariée dont le mari cotuteur refuserait son assentiment à l'acte qu'elle proposerait. Notre raison est toujours tirée de ce principe que le conseil de famille ne saurait en aucune façon, n'en ayant point reçu attribution de la loi, s'ingérer dans les actes qui sont de la compétence du tuteur.

ARTICLE I

DE QUELQUES ACTES DOUTEUX

Les actes dont nous parlerons ici sont ceux qui ne pouvant trouver leur place sous l'une des rubriques suivantes empruntées aux divisions de la loi elle-même, doivent être étudiés à part. Ce sont la plupart des actes dont le caractère d'acte d'administration est douteux.

Emploi. — Nous avons assez longuement parlé de l'emploi des revenus. Nous n'avons reconu, au conseil relativement à cet emploi, que le droit de fixer la somme, à laquelle commence pour le tuteur l'obligation d'employer l'excédent des revenus, sans lui permettre d'imposer au tuteur un mode d'emploi. Relativement à l'emploi des capitaux, nous ne lui accorderions pas non plus, en principe, une semblable attribution, et pour les mêmes raisons qui nous ont décidé précédemment à les lui refuser, à moins bien entendu qu'il ne s'agit de capitaux provenant d'une aliénation, qui doit être autorisée par le conseil, et dont les conditions, parmi lesquelles figure le sort du prix, sont réglées par lui. Hors cette hypothèse, nous ne lui accorderions le droit d'ordonner un emploi que dans le cas prévu par l'art. 7 de la loi du 27 février 1880. L'art. 6 de cette loi de février 1880 ne lui confère en principe qu'une attribution. Après avoir décidé que le tuteur devra faire emploi des capitaux du mineur dans les trois mois qui suivront leur acquisition définitive au mineur, sous peine d'en payer les intérêts conformément à l'art. 455, la loi permet au tuteur de faire proroger par le conseil de famille le délai qui lui est accordé.

Cette délibération du conseil serait nécessaire, pour couvrir la responsabilité du tuteur, et le faire échapper à la peine portée par l'art. 455, dans le cas notamment où se trouvant débiteur du mineur ou de l'interdit, à raison de la présomption qu'il a payé entre ses propres mains comme obligé de le faire, il se trouverait obligé de faire emploi dans les trois mois de l'échéance de la dette. S'il a quelque bonne raison pour obtenir une prorogation de délai, il devra la porter et la faire valoir devant le conseil. Nous ne savons pas comment on a pu dire que dans ce cas, le tuteur étant un débiteur comme un autre, on ne peut le forcer à faire emploi qu'autant qu'il s'est chargé en recette par une quittance régulière de la somme dont il est débiteur, que par conséquent s'il lui plaît de demeurer débiteur tant qu'il en est ainsi, le délai pour l'emploi ne court pas, et le conseil de famille ne peut le contraindre à le faire, et que la seule ressource du conseil est de le destituer (1). L'auteur oublie qu'il ne peut pas plaire au tuteur de rester débiteur, que la maxime relative aux dettes du tuteur vis-à-vis du pupille : a semetipso exigere debuit, est aussi ancienne que la tutelle et qu'elle a pour effet de faire considérer le tuteur comme détenteur des fonds non à titre de débiteur ordinaire, mais de tuteur, une fois l'échéance arrivée.

Le conseil de famille, en prorogeant le délai d'emploi, peut, par précaution, ordonner le dépôt des fonds soit à la Caisse des dépôts et consignations, soit entre les mains d'une tierce personne ou d'une société désignée (art. 5 et 6 Cbn.) par lui.

Lorsque le tuteur n'a pas fait l'emploi dans le délai légal, le conseil de famille convoqué par le subrogé-tuteur le fait comparaître devant lui et lui fait rendre compte de ses actes.

En conférant au conseil cette attribution, en lui permettant de faire ainsi citer le tuteur devant lui, il semble bien que la loi a voulu innover sur le Code civil, et ne pas

---

(1) Défrénois, *Commentaire pratique de la loi du 27 février* 1880 sur l'art. 6 n° 73.

seulement permettre au conseil de destituer le tuteur, qui ne pourrait justifier de sa négligence. Une disposition spéciale et expresse était inutile pour cela : l'art. 444 du Code civil suffisait. L'obligation du tuteur a donc une autre sanction que la destitution, et ce ne peut être une comparution platonique et inefficace devant le conseil. Ces considérations nous amènent à admettre qu'exceptionellement le conseil peut intervenir dans le mode d'emploi : car l'art. 6 a pour sanction l'art. 7, et cette sanction ne peut se trouver que dans le droit pour le conseil d'ordonner toutes les mesures nécessaires. Mais cette intervention du conseil ne saurait se produire que si le tuteur a manqué à ses obligations. Il pourrait sans doute ordonner au besoin que les fonds fussent remis au subrogé-tuteur et indiquer un emploi à celui-ci.

Le subrogé tuteur, nous dit l'art. 7, devra surveiller l'accomplissement de ces formalités, il devra, si le tuteur ne s'y conforme pas, provoquer la réunion du conseil de famille, devant lequel le tuteur sera appelé à rendre compte de ses actes. Or ce n'est qu'après l'expiration des délais légaux qu'on peut dire que le tuteur ne s'est pas conformé à la loi.

Nous n'admettrions donc pas, ainsi que nous l'avons vu faire, que le conseil de famille autorisât le subrogé-tuteur à former opposition entre les mains du débiteur du mineur et dès avant le payement au tuteur, à faire faire emploi par ce tiers débiteur de la somme par lui due. Contrairement à notre opinion, la septième chambre du tribunal civil de la Seine a, l'année dernière (1), jugé : 1° que l'opposition ainsi formée par le subrogé tuteur était valable ; 2° que l'emploi fait par le tiers débiteur en un titre de rente 3 %/₀ nominatif était valable aussi et que par conséquent le tuteur devait accepter l'offre qui lui était faite du titre en payement de la somme due et ne pouvait exiger le payement de cette somme. C'était là bien évidemment cependant un empiètement sur les fonctions d'administration du tuteur, et l'intérêt de l'enfant, qui dans l'espèce se trouvait évidemment menacé par la dissipation que faisait habituellement le tuteur des deniers de son pupille, ne suffisait pas pour justifier la décision du tribunal. S'il était vrai, comme on le prétendait et comme cela était vraisemblable, que le tuteur ne cherchât à toucher cette somme en deniers qu'afin de se l'approprier, le subrogé-tuteur avait bien quelques faits d'infidélité à produire ; il devait faire destituer, et puisqu'il montrait tant de zèle, le conseil de famille pouvait le nommer tuteur à son tour. Il lui suffisait de faire prendre ces mesures avant que le tuteur n'eût touché le montant de la créance de sa pupille. Voilà ce qui doit être fait dans tous les cas où le tuteur est suspect : mais tant qu'il est tuteur, on ne saurait admettre un tiers à exercer ses attributions. L'ingérence du conseil de famille ne trouverait plus de limites ; la gestion du tuteur deviendrait impossible. C'est lui, après tout, qui est responsable, c'est lui qui doit avoir l'initiative de l'action. Mais, me dira-t-on, si aucun fait antérieur d'infidélité ne permet de le destituer, vous compromettez les intérêts du mineur ou de l'interdit. Je réponds que puisque la loi exige que le tuteur se soit montré infidèle pour permettre de le destituer et ne permet pas d'atteindre le tuteur simplement suspect, le danger a été créé par la loi, qui n'a pu l'ignorer. Et puis à quelles vexations le système contraire n'exposera-t-il pas le tuteur ?

Conversion de titres. Aux termes de l'art. 5 de la loi

du 27 février 1880, le tuteur doit convertir les titres au porteur appartenant aux mineurs en titres nominatifs dans un délai de trois mois à compter du jour où ces valeurs sont définitivement acquises au mineur ou à l'interdit. Si, pour une raison quelconque, ce délai de trois mois se trouve insuffisant, le conseil de famille pourra, sur sa demande, autoriser le tuteur à conserver les valeurs dans leur état actuel pour **un** temps plus ou moins long. La loi n'a pas déterminé le temps pour lequel l'autorisation pourrait être donnée, ainsi que le demandait la commission du Sénat, qui voulait que le délai légal pour la conversion des titres ne pût être prorogé que de six mois.

Le Conseil peut, en prorogeant le délai, ordonner que les titres soient déposés au nom du mineur ou de l'interdit, soit à la Caisse des dépôts et consignations, soit entre les mains d'une personne ou d'une société spécialement désignée. Il peut les laisser entre les mains du tuteur lui-même. (Même loi, art. 5.)

Les deux dispositions de là loi de 1880 que nous venons de rapporter sont applicables à tous les tuteurs. Le père et la mère eux-mêmes doivent s'adresser au conseil de famille pour faire proroger le délai accordé par la loi pour l'emploi, pour n'avoir pas à payer les intérêts des capitaux à compter de la date de l'expiration des trois mois jusqu'au jour de l'emploi.

Il a même été jugé que la même obligation grevait le tuteur, père ou mère, usufruitier légal, qu'il devait faire emploi dans les délais de la loi, sous peine de payer les intérêts, sauf à faire proroger le délai par le conseil. C'est comme tuteur qu'il détient les fonds . La loi est absolue ; la jouissance du père porte sur tout le patrimoine du mineur, et avant d'appliquer ce droit, il faut constituer ce patrimoine conformément à la loi, et c'est alors seulement qu'il peut s'exercer (1).

Recouvrements et payements. — Il n'est pas nécessaire que le conseil autorise le tuteur à payer ou à recevoir le montant des dettes et des créances de la personne en tutelle.

Mais au sujet des payements, une difficulté très pratique s'élève. L'autorisation du conseil de famille est-elle nécessaire au tuteur pour régler un compte où le pupille, mineur ou interdit, est intéressé et acquitter le montant du reliquat dont celui-ci peut se trouver débiteur. Quoiqu'on ait pu dire avec une grande apparence de raison que, si le tuteur pouvait payer une dette du mineur, c'était à la condition qu'elle fût certaine que la nécessité d'un compte enlevait justement à la dette dans notre espèce ce caractère de certitude ; que ce règlement de compte ressemblait fort à un aveu qui ne peut être fait par le tuteur que relativement aux actes qui lui sont personnels, que, par conséquent, il fallait au moins au tuteur l'autorisation du conseil de famille, nous considérons celle-ci comme inutile. Nous trouvons au titre de l'interdiction, une disposition qui nous paraît décisive en ce sens. L'art. 505 porte que, dans le cas où, pendant l'instance à l'interdiction, il a été nommé un administrateur provisoire à la personne et aux biens de l'interdit, le tuteur reçoit le compte de l'administrateur seul et sans avoir à requérir aucune autorisation (2). L'argument le plus grave de la doctrine contraire, savoir que

(1) Morel, Thèse, 1881, p. 203. — Trib. Saint-Marcellin, 8 mai 1881. *Journ. des Not.* p. 485.

(2) V. Proud'hon, t. II, p. 411. — Il développe cette doctrine et l'appuie d'une argumentation trop longue pour être reproduite ici. — Cf. Laurent, t. V, n° 54.

le règlement constitue une véritable reconnaissance de dette, et que le tuteur ne saurait la faire, est inexact : le tuteur peut très bien reconnaître seul une dette mobilière : il est impossible de ne pas le lui permettre en présence de l'art. 464, qui implicitement l'autorise à acquiescer à une action mobilière. Contrairement à l'art. 454 de la *Coutume de Paris*, le Code a en effet laissé les intérêts mobiliers du mineur à la discrétion du tuteur (1).

Il est bien certain que le tuteur peut toujours, afin de s'éclairer et de diminuer sa responsabilité, prendre l'avis du conseil de famille : mais cette délibération n'aurait que l'effet que nous avons attribué à toutes celles que le conseil prend en dehors de ses pouvoirs légaux.

Nous pensons également que le tuteur pourrait nover une dette du mineur par changement d'objet, en supposant, bien entendu, que la nouvelle dette eût pour objet une chose qu'il pût aliéner. L'autorisation du conseil de famille ne serait pas nécessaire non plus pour lui permettre de faire une dation en payement. Ce sont là deux actes analogues qui rentrent dans l'administration. Ce sont deux actes de la nature du payement.

L'autorisation du conseil n'est pas non plus nécessaire pour la novation d'une dette du mineur ou de l'interdit par changement de créancier.

Au sujet des créances du pupille, nous donnerions des solutions semblables. Le conseil de famille n'ayant pas à intervenir pour le recouvrement, son autorisation ne serait pas non plus nécessaire au tuteur pour en faire la novation par changement de débiteur ou d'objet. Celui qui peut recouvrer valablement peut nover : c'est une doctrine traditionnelle en droit français, et rien ne nous

(1) *Sic* : Demol., t. VIII, n° 55.

indique que le Code s'en soit écarté, même en matière de tutelle. Aucune autorisation ne serait donc nécessaire pour recevoir une dation en payement (1).

Le tuteur pourrait-il consentir seul au concordat d'un débiteur de son pupille. La question est généralement résolue d'une façon affirmative. La nécessité d'une autorisation ne s'accorderait guère avec la rapidité qui doit être apportée dans toute procédure commerciale. De plus, l'homologation de justice à laquelle doit être soumis le concordat, pour devenir exécutoire, est une garantie; de cette façon, le concordat ne sera conclu que s'il est juste, et dans ce cas il n'y a pas de raison pour ne pas permettre au tuteur de le consentir. Ce consentement pourrait même se trouver inutile si la majorité des créanciers adoptait le concordat, cet arrangement s'imposerait au tuteur.

Améliorations. — On s'est demandé si le tuteur pouvait faire des améliorations aux biens du mineur sans être autorisé du conseil de famille. En elles-mêmes, les améliorations ne sont pas des actes de simple administration : améliorer un bien, faire, pour lui acquérir une plus-value, des dépenses généralement assez considérables, et qui ne se retrouvent pas le plus souvent complètement dans la plus-value, c'est autre chose que d'administrer, et, si ce n'est point aliéner, il semble bien que ce droit doit être réservé à celui qui a la libre disposition de son patrimoine, et qui peut, à son gré, le diminuer ou l'augmenter. C'est une opération aléatoire, qu'il est nécessaire de faire au moins autoriser par le conseil de famille. Cela suffit, selon nous. Il nous paraît difficile d'aller aussi loin que M. Laurent qui assimile les

(1) Cf. sur toutes ces questions : de Fréminville, t. I, n° 264; M. Demol. V. Pothier, *Oblig.*, n° 592. — L. 10, *D., de novat.*

améliorations à l'emprunt. L'emprunt porte toujours atteinte au patrimoine qu'il grève et le diminue d'autant. Les dépenses faites pour les améliorations, si elles sont bien employées, se retrouveront toujours, en partie au moins, dans la plus-value. L'homologation du tribunal nous paraît donc inutile.

Des actes d'administration qui peuvent engager les capitaux. — M. Demolombe enseigne sur cette question que le tuteur peut valablement traiter avec les tiers pour les travaux d'amélioration à faire aux biens du mineur, si les impenses sont assez minimes pour que le tiers puisse penser qu'elles sont de nature à être acquittées sur les revenus. Ceci est l'une des conséquences d'un système général, formulé et développé par l'éminent interprète de nos lois civiles aux n°s 459 et suiv. de son *Cours de Code civil.*

Je crois que l'on peut l'exprimer ainsi : l'autorisation du conseil de famille est nécessaire au tuteur pour traiter valablement avec les tiers toutes les fois qu'il s'agit de dépenses assez considérables et que ceux-ci sont, par ce fait même, dans la possibilité de connaître qu'ils excèdent les pouvoirs du tuteur, comme entamant les capitaux du mineur.

Cette théorie a, il est facile de la comprendre, cette conséquence grave d'interdire au tuteur de faire seul des actes qui, dans leur essence propre, indépendamment de leurs conséquences accidentelles, sont des actes d'administration, telles que les grosses réparations à faire aux immeubles des mineurs ou de l'interdit.

La base de cette doctrine, son auteur la trouve dans les art. 454 du Code civil, qui a pour objet de ne pas permettre au tuteur d'entamer les capitaux du pupille pour son entretien ou l'administration de ses biens, seul.

Si l'on admet que le défaut de l'autorisation que le tuteur doit requérir aux termes de cette disposition, peut annuler les actes de celui-ci au regard des tiers, il semble que cette nullité doive avoir lieu toutes les fois que les obligations résultant de ces contrats ne pourront s'acquitter que sur les capitaux mobiliers ou immobiliers du pupille. Mais l'auteur reconnaît lui-même qu'on ne saurait aller jusque-là : parce que ce serait exposer les tiers qui ne peuvent connaître la situation de fortune des pupilles, à des surprises gravement préjudiciables, et rendre à peu près impossible la gestion du tuteur avec qui ces tiers ne consentiraient jamais à traiter que s'il était régulièrement autorisé par le conseil. C'est pourquoi il atténue cette conséquence par une distinction entre les dépenses qui peuvent et doivent, suivant l'usage, à raison de leur peu d'importance, être présumées s'acquitter sur les revenus et celles dont l'importance considérable doit faire penser qu'elles ne se peuvent payer qu'en entamant le capital. C'est là, selon nous, une manière extra-légale de déterminer les pouvoirs du tuteur. Ce n'est, nous insistons sur ce point, qu'une atténuation de l'interprétation qui verrait dans la délibération que le conseil de famille doit prendre, d'après l'art. 454, une autorisation dont l'absence annulerait l'acte du tuteur. Or l'art. 454 ne peut d'aucune façon être interprété en ce sens. « Le conseil réglera, *par aperçu*, les dépenses d'administration. » Ces expressions indiquent bien que la fixation de ces dépenses est une précaution prise contre les prodigalités possibles du tuteur; que celui-ci engagerait, en les dépassant, sa responsabilité vis-à-vis du mineur, mais enfin que le défaut d'autorisation pour les dépenses qui dépasseraient la somme déterminée, n'aurait d'effet qu'entre le tuteur et le mineur, et n'annulerait point les contrats par lesquels le tuteur a engagé ces dépenses, que le tuteur les payerait valablement. Si tel est le sens de l'art. 454, si l'autorisation du conseil n'est pas nécessaire pour permettre au tuteur de faire des dépenses et contracter des obligations entamant les capitaux de son pupille, peu importe que les tiers aient pu ou non présumer que ces obligations seraient acquittées sur les uns ou sur les autres. Il nous semble qu'il faut appliquer au tuteur le principe général suivant lequel on apprécie les pouvoirs des administrateurs, et que M. Demolombe a lui-même si bien expliqué et établi au sujet de la capacité de la femme mariée, séparée de biens, relativement à la gestion de son patrimoine, principe qui vent que toute personne ayant capacité ou pouvoir d'administrer, puisse engager les biens qu'elle gère, même les capitaux mobiliers ou immobiliers par tous actes qui sont par leur nature actes d'administration.

Ce principe ne pourrait guère souffrir qu'une limite et une dérogation : certains actes sont interdits à l'administrateur : il pourrait paraître logique de soumettre les actes d'administration dont nous parlons aux mêmes interdictions ou formalités que les actes prohibés ou réglementés : on pourrait dire en suivant cette idée, que l'administrateur, qui n'a entre les mains ni capitaux, ni revenus suffisants pour acquitter les frais des réparations d'entretien, par exemple, qu'il peut faire en principe, ne pourrait traiter valablement à cet effet avec les tiers sans les mêmes autorisations que celles qui sont nécessaires pour un emprunt, parce que cet acte, comme cette dernière opération, engagerait les immeubles. Ce système n'est cependant généralement pas admis. M. Demolombe lui-même refuse de l'appliquer aux

réparations d'entretien et se refuse à accepter semblable règle pour critérium de la capacité de la femme
mariée séparée de biens (1). Nous ferons enfin remarquer que les expressions employées dans l'art. 454
ne comprennent que les frais de gestion ordinaire, tels
que salaires d'employés (2), ce qu'on nomme proprement frais de gestion. En aucune façon donc le tuteur
ne pourra se trouver dans l'obligation de consulter le
conseil de famille. Il peut le faire, mais ce n'est là
qu'un avis qu'il peut suivre ou non, sous sa seule
responsabilité.

Nous permettrions donc au tuteur de traiter seul,
même à crédit, pour les grosses réparations. Les réparations de quelque nature qu'elles soient, sont toujours
des actes d'administration (3). Si nous exigions que les
améliorations et constructions nouvelle soient autorisées
par le conseil de famille, c'est qu'au contraire, constituant de véritables innovations, et des innovations dont
le résultat est aléatoire, elles nous paraissent sortir des
pouvoirs d'un simple administrateur.

En ce qui touche les grosses réparations, on pourrait
peut-être invoquer contre la doctrine que nous adoptons
l'ancien droit et la tradition tels que nous les fait connaître Meslé. « Quand il s'agit, nous dit-il, de grosses
réparations et qui soient considérables, il semble qu'elles
ne doivent être faites que par avis de parents et de

(1) T. IV, n° 161. — T. VII, 549.

(2) Il nous semble que les réparations d'entretien rentrent dans ces
frais ordinaires d'administration et que le tuteur doit les porter sur
l'état qu'il présente au conseil pour le renseigner sur l'importance
des dépenses annuelles.

(3) Aubry et Rau, t. I, § 113, texte α et note 50. — Laurent,
t. V, n° 44. — *Contra* : Demol, t. VII, n° 450. — Fréminville, t. I,
n° 522.

l'autorité du juge (1). » Mais outre que cet auteur n'est pas très affirmatif, nous voyons que Pothier ne parta- geait point cette doctrine. Restreignant la nécessité de l'autorisation au cas où le tuteur n'a point de deniers du mineur entre les mains, revenus ou capitaux, il traite cette espèce comme celle d'un emprunt. Dans le passage que nous analysons, il ne distingue d'ailleurs pas les deux actes, car il suppose que le tuteur prend de l'ar- gent à constitution pour solder les frais des grosses réparations (2). Mais il nous semble que si le législa- teur eût voulu adopter l'une ou l'autre de ces doctrines, la divergence même de la pratique l'eût amené à s'en expliquer formellement.

Baux. — Le tuteur ne peut, sans l'autorisation du con- seil de famille, louer les biens qu'il administre pour une durée de p'us de neuf années. Cette même autorisation lui serait-elle nécessaire pour toucher valablement les loyers d'avance? L'affirmative s'est scindée en deux doc- trines. Selon la première, qui est celle de la jurisprudence, l'autorisation du conseil et l'homologation de cette dé- libération sont toujours nécessaires au tuteur pour sti- puler que les loyers ou fermages seront payables d'avance.

La loi, dit-on, en permettant au tuteur de faire bail des biens du pupille, a supposé ces revenus payables par annuités ou à termes plus rapprochés : la stipulation en question, mettant entre les mains de l'administrateur la valeur des fruits à naître pendant plusieurs années, donne à l'acte un caractère de gravité tel qu'on ne peut penser que la loi ait permis au tuteur seul de faire une semblable réalisation, et qu'il faut considérer un semblable contrat, contraire aux usages ordinaires de gestion, comme sor-

(1) P. 197, Cf., *Règl. de Rouen* de 1673, art. 38.
(2) *Personnes*, P. I, tit. VI, Sect. III, art. 4.

tant de l'administration proprement dite. On ne peut permettre au tuteur de stipuler les loyers ou fermages payables d'avance que dans la mesure ou cela a lieu dans l'usage (1). Dans un second système on dit que le tuteur n'a besoin d'une autorisation du conseil homologuée par justice que pour donner quittance d'une somme équivalente à trois années de loyers ou fermages non échus. On appuie cette théorie sur l'art. 2 de la loi du 23 mars 1855, qui exige que de telles quittances soient transcrites (1). Nous croyons pouvoir répondre que le bail n'est jamais qu'un acte d'administration s'il est fait pour neuf années ou moins ; le payement anticipatif des loyers ou fermages n'en peut seul changer le caractère. On ne saurait prétendre qu'il y a plus aliénation de jouissance en cas de payement anticipatif qu'en cas de stipulation de payement aux termes d'usage. L'art. 2 de la loi de 1855 ne peut avoir pour effet de faire réputer le bail acte d'aliénation lorsque le payement anticipé est de trois années de loyer. La loi de 1855, dans l'intérêt des tiers, a voulu qu'un tel payement reçût la même publicité que les actes d'aliénation : mais en dehors de son objet propre cette loi spéciale n'a pu avoir pour résultat d'assimiler complètement au point de vue du droit civil deux sortes d'actes essentiellement différentes.

Sur l'exploitation des biens du pupille une autre question se pose. Le tuteur pourait-il exploiter lui-même sans y être autorisé par le conseil de famille ? Nous croyons que tel est son droit. La question de savoir comment les biens doivent être mis en valeur est de la compétence d'un administrateur et le tuteur en exploi-

(1) Aubry et Rau, t. I, § 113, texte δ et note 29 : — et auteurs cités à la note.

(2) Lesenne. *Conseils de famille.* V° *loyers d'avance* n°° 1 et 2.

tant lui-même ne fait qu'administrer. Le conseil ne pourait même, selon nous, lui enjoindre de louer les biens du pupille. L'administration est sous son contrôle, mais son ingérence n'y peut être admise. Domat et Pothier semblent bien dire, à la vérité, que sous l'ancien droit le tuteur était obligé de bailler à ferme les héritages des mineurs et ne pouvaient les mettre en rapport lui-même que du consentement des parents et aux conditions fixées par ceux-ci. Mais encore une fois on ne saurait admettre que l'ancien droit d'une façon absolue soit encore appliqué pour l'interprétation du droit nouveau : ce serait effacer le titre de la tutelle et toutes les distinctions que le législateur a faites des diverses attributions et des agents de cette gestion.

Pour terminer ce qui concerne les baux, nous rappelons la disposition de l'art. 450, qui porte que le bail des biens du mineur ou de l'interdit, ne pourra être consenti par le subrogé-tuteur au tuteur qu'avec l'autorisation du conseil de famille.

Avances. — Le tuteur est amené par la nécessité de sa gestion à faire des avances pour le compte du mineur. Ces avances ne sont remboursables qu'après règlement du compte de tutelle ; c'était la règle du droit romain, la pratique de notre ancien droit, et les art. 471 à 473 du Code civil, comprenant dans leurs termes toutes les dépenses, supposant l'existence d'un reliquat au profit du tuteur comme du mineur, semblent assez clairement renvoyer à cette époque la restitution des sommes avancées. Cette solution sera d'autant plus rigoureuse pour le tuteur que nous ne croyons pas possible d'étendre à cet administrateur l'art. 2001, qui alloue au mandataire les intérêts de ses avances du jour où il les a faites. L'art. 474, en disposant que les intérêts du reliquat dûs au tuteur courront par

une sommation de payer, disposition de faveur, puisque
la demande fait seule en principe courir les intérêts, ne
permet pas au tuteur d'exiger d'autres intérêts. Cet
art. 474 nous permet donc de dire que le conseil de famille ne pourrait allouer au tuteur les intérêts de ses
avances par une délibération spéciale, ainsi qu'on l'a
prétendu (1). Ce serait d'ailleurs conférer au conseil de
famille une attribution extra-légale, la loi ne lui en ayant
accordé aucune qui soit analogue. D'ailleurs cela est très
juste: car les sommes dues par le tuteur au mineur ne
sont remboursables qu'après règlement et apuration du
compte et ne portent intérêt que du jour où ce règlement a été fait.

ARTICLE II

DES EMPRUNTS ET DE L'AUTORISATION QUE LE CONSEIL DE FAMILLE DOIT DONNER AU TUTEUR POUR EMPRUNTER

Aucun tuteur ne peut emprunter pour le compte d'un
mineur ou d'un interdit sans y être autorisé par le conseil de famille.

Cette autorisation ne peut être accordée que pour cause
d'une nécessité absolue ou d'un avantage évident.

Dans le premier cas, le conseil de famille ne doit accorder son autorisation qu'après qu'il a été constaté par
un compte sommaire présenté par le tuteur que les deniers, effets mobiliers et revenus du mineur ou de l'interdit
sont insuffisants. (Art. 457 C. civ.)

La délibération autorisant l'emprunt doit en outre être
homologuée par le tribunal civil (458).

Le principe de la nécessité de l'autorisation a été emprunté par l'ancien droit à la loi 1, § 2, *D. de reb. eorum*

(1) Fréminville, t. I, n° 254. — *Contra:* Duranton, t. III, n° 506.

qui in tutela sunt. Mais la réglementation de cette autorisation est nouvelle. Autrefois l'avis des parents et
l'autorisation qui était donnée par le juge, se confon-
daient. Aujourd'hui, malgré la présence du juge de paix
dans le conseil, l'homologation par une juridiction supérieure a été jugée nécessaire.

Toutes les règles que nous avons rapportées sont
aujourd'hui certaines, après avoir toutes fait quelque
doute. La nécessité d'une autorisation a été contestée
par Chardon, qui la prétendait inutile dans le cas où
il est certain que l'emprunt ne peut causer aucun préjudice au pupille.

Mais s'il est vrai que dans le cas où les intérêts de
celui-ci sont respectés, il ne peut se plaindre du défaut
d'autorisation, il n'en est pas moins vrai que le tuteur est
obligé, par les termes absolus de l'art. 457, de recourir
à cette autorisation, et que les conditions de l'emprunt
fait par le tuteur seul, même non préjudiciable au pupille, pourraient d'une certaine façon être attaquées par
lui sans être annulées. Le pupille devenu majeur pourrait
fort bien se refuser à observer les délais fixés pour le
remboursement, dans le cas où la somme prêtée porterait intérêts, être libéré malgré le créancier. Le tuteur
lui-même pourrait imposer le remboursement à celui-ci
malgré les termes contraires du traité.

D'un autre côté, un arrêt de la Cour de Bordeaux a jugé
que le conseil n'était pas dans l'obligation d'exiger que
le tuteur justifiât par un compte sommaire du défaut
de deniers suffisants pour acquitter les dettes du mineur,
lorsque l'emprunt avait pour objet de payer une dette
pour l'acquittement de laquelle un immeuble du mineur
était sur le point d'être exproprié. La conséquence était
qu'il pouvait déclarer qu'il y avait nécessité absolue d'em-

prunter sous cette justification, et qu'ainsi l'emprunt se trouvait complètement validé par cette déclaration même fausse. Cette interprétation du § 2 de l'art. 457 n'est pas admissible, les termes en sont précis. Si la justification de la nécessité absolue de l'emprunt n'a pas été faite de la manière qu'il indique, la déclaration qui en est faite par le conseil, même confirmée par le tribunal est nulle, et le mineur, si elle est fausse, peut faire annuler l'emprunt dans la mesure de son intérêt.

Toullier enfin pensait que l'homologation de justice n'était pas nécessaire, lorsqu'aucune hypothèque n'était constituée pour sûreté du prêt parce qu'alors il n'y avait pas aliénation d'immeubles, à laquelle, selon lui, se référait seule la disposition de l'art. 458. Le contexte des deux art. 457 et 458 indique bien au contraire que par *délibérations relatives à cet objet* la loi entend toutes les délibérations prises en vertu de l'art. 457, tant celles qui autorisent les emprunts que celles qui autorisent des aliénations d'immeubles.

Lorsque l'emprunt a été autorisé dans les formes légales, il ne peut plus être attaqué que dans les cas où il pourrait l'être par un majeur. Toutes les conditions doivent être observées par le mineur devenu majeur, ou la personne autrefois en tutelle comme interdite.

Ces conditions doivent toutes être portées à la connaissance du conseil de famille et du tribunal. Le conseil peut imposer telles stipulations qu'il lui plaît, mais le tribunal, dans la doctrine que nous avons adoptée sur l'homologation, ne pourrait en imposer de nouvelles ou d'autres : s'il n'approuve pas celle qui ont été acceptées par celui-ci, il doit les renvoyer à l'examen du conseil.

Il est une condition que celui-ci fera sagement imposer au prêteur, c'est d'obliger celui-ci de surveiller l'emploi de la somme prêtée, et de le rendre responsable du détournement des fonds de leur destination, aussi souvent que cela sera possible.

Il est des actes qui, tout en différant de l'emprunt proprement dit, semblent devoir être soumis aux mêmes règles.

On sait que l'autorisation du conseil n'est point nécessaire au tuteur pour payer les dettes du mineur ou de l'interdit : c'est même pour lui un devoir d'administrateur. Supposons maintenant que le tuteur n'ait point de deniers suffisants, pour acquitter une dette considérable, ce tuteur pourra-t-il payer la dette de son pupille de ses propres deniers en stipulant subrogation à son profit dans tous les droits du créancier, hypothèques, intérêts, cautionnements, etc. Nous ne le pensons pas. Il est bien certain que le tuteur ne pourrait sans autorisation emprunter d'un tiers une somme suffisante pour acquitter la dette, avec stipulation au profit du tiers prêteur qu'il sera subrogé dans les droits du créancier, conformément à l'art. 1250 du Code civil. Or est-ce qu'au regard du pupille, mineur ou interdit les effets du payement fait par le tuteur avec stipulation de subrogation à son profit ne sont pas les mêmes que ceux d'un pareil emprunt? C'est le tuteur lui-même et non un tiers qui devient créancier du pupille : voilà toute la différence. Pourquoi se montrer plus favorable au tuteur qu'à l'étranger et lui permettre d'acquérir ainsi des droits contre son pupille? Il nous semble que l'on doit décider que les conditions du payement fait par le tuteur doivent être soumises à l'approbation du conseil et de la justice, comme elles le seraient si elles se trouvaient insérées dans un acte d'emprunt puisqu'elles doivent produire les mêmes effets (1).

(1) *Contra :* Demante, t. II, n° 206 bis, VII.

Il est bien évident que nous n'annulerions que la subrogation conventionnelle. La subrogation légale est un effet de la loi qui résulte toujours de l'exercice d'un droit antérieur, qu'aucune volonté ne saurait amoindrir.

Nous pensons qu'il faudrait également soumettre le tuteur qui voudrait acquérir des immeubles à crédit. Ce n'est point là en thèse générale un acte d'administration par nature. Ce ne peut être qu'une spéculation. Or cette spéculation engage le patrimoine du pupille de la même manière qu'un emprunt. Nous en concluons qu'il faut lui en appliquer les règles.

ARTICLE III

DES ALIÉNATIONS ET DES AUTORISATIONS QUE DOIT Y DONNER LE CONSEIL DE FAMILLE

§ 1. — Des aliénations d'immeubles
(Art. 457-458 C. C.)

Les immeubles appartenant à des mineurs ou interdits ne peuvent être aliénés sans une autorisation du conseil de famille, qui ne peut être accordée qu'en cas de nécessité absolue ou d'avantage évident. La nécessité se justifie de la façon que nous avons indiquée pour l'emprunt. La délibération du conseil de famille autorisant l'aliénation doit être homologuée par le tribunal. (Art. 457-458.)

Le conseil est juge avec le tribunal de la nécessité ou de l'avantage qui justifie l'aliénation. Le Code n'a point en effet énuméré, comme le faisait le projet les cas où la loi permet de reconnaître la nécessité ou l'avantage de l'acte. Lorsqu'il s'agit des mineurs la règle de l'art. 457 est absolue: jamais le tuteur ne peut faire une aliénation d'immeubles à titre gratuit. Dans cette disposition, le Code s'est encore montré plus large que le droit romain et que l'ancien droit, qui l'avait suivi. Autrefois l'aliénation des immeubles du mineur ne pouvait être autorisée par le juge, sur avis de parents, qu'en cas de nécessité, pour payer des dettes exigibles, par exemple. Telle paraît avoir été en général l'ancienne pratique (1). L'arrêt de règlement du parlement de Rouen de 1673 au contraire permettait d'en autoriser l'aliénation pour évidente utilité (2). L'art. 508 de la *Coutume de Bretagne* déclarait en termes plus généraux qu'ils pouvaient être aliénés pour cause suffisante. L'autorisation n'était donnée qu'après conclusions et en présence du ministère public (3); cette formalité, qui anciennement, nous dit Meslé, aux xiv° et xv° siècles notamment était toujours exigée, était devenue exceptionnelle et c'était une solennité de plus qu'expliquait la gravité de l'acte. Conformément encore au droit romain, l'autorisation du juge et l'avis de parents étaient inutiles, lorsque le père, ou le donateur, ou le testateur, avaient eux-mêmes ordonné ou permis l'aliénation (4). Aujourd'hui semblable déclaration ne devrait recevoir aucun effet : puisque la loi n'en parle point alors qu'elle précise les conditions sous lesquelles l'aliénation des immeubles des mineurs ou interdits est passible, il faut penser qu'elle a abrogé l'ancienne jurisprudence.

(1) Arrêt du règlement du Parlement de Paris du 9 avril 1630, cité par Meslé, p. 192. — L. 1,§ 2, *D.*, *de reb eor.* — L. 5, § 14, *ibid.*

(2) Art. XLII.

(3) Toulouse, 18 janvier 1809. — D. V° *Minorité*, n° 442.

(4) Ferrière, *Tutelles*, p. 234. — L. 1, § 3, *C. quando decreto opus non est.* — L. 1, § 2, *D., de reb. eorum.*

Le conseil doit indiquer les immeubles qui doivent être vendus ; il doit faire connaître et déterminer toutes les conditions qu'il juge utiles. Notamment il peut indiquer un prix au-dessous duquel l'immeuble ne pourra être vendu : il peut aussi permettre la vente à tout prix. Le conseil peut également prendre toutes les mesures qu'il juge nécessaire pour assurer l'emploi des fonds, et empêcher qu'ils ne soient détournés de la destination qui a motivé l'autorisation d'aliéner. Le tiers acquéreur pourrait être chargé de surveiller cet emploi : le subrogé-tuteur pourrait recevoir la même mission, et le cahier des charges pourrait indiquer que l'acquéreur ne se libérera valablement qu'en les mains du tuteur assisté de celui-ci. Les expressions de la loi sont assez larges pour permettre de telles conditions.

Quand le conseil a ainsi fixé les conditions de l'aliénation le tribunal est appelé à les homologuer : nous pensons que, s'il les juge mauvaises, son seul droit est de refuser l'homologation et d'ordonner qu'à la diligence du tuteur le conseil de famille sera convoqué pour donner à nouveau son avis. Au début de ce travail nous avons décidé que le tribunal n'avait jamais d'autre rôle. Sur le point spécial qui nous occupe, la Cour de cassation a à plusieurs reprises statué dans le sens que nous indiquons, et décidé notamment : que le tribunal ne pouvait autoriser la vente d'autres immeubles que ceux indiqués par le conseil de famille. (1)

Il résulte de cette règle que l'aliénation consentie à des conditions autres que celles qui auraient été déterminées par le conseil de famille serait nulle.

(1) Cass. Civ. 9 février 1863. D. P., 1863, 1, 85. — Cass. 17 décembre 1867. D. P., 1867, 1, 482. — *Contra* : Laurent, t. IV, n° 80. Berlin, t. I, n° 543. Décisions citées par Berlin.

La loi du 3 mai 1841 a dérogé à ces principes. Lorsque l'expropriant a fait offre de l'indemnité au tuteur d'un mineur ou d'un interdit, celui-ci, pour accepter, doit être autorisé non du conseil de famille, mais par un jugement du tribunal civil. Ici c'est la justice qui autorise le représentant de l'incapable à consentir à l'amiable l'aliénation des immeubles, dont l'expropriation a été décidée, coutre le payement de l'indemnité préalable qui lui est offerte. Cette règle nouvelle et exceptionnelle, n'a eu pour objet que de rendre la procédure d'expropriation plus rapide (1).

Les règles édictées par l'art. 457 sont applicables pour la constitution d'un droit réel quelconque sur les immeubles du mineur : usage, usufruit, servitude : elles doivent être également observées pour la renonciation à de semblables droits.

Elles seraient nécessaires pour la constitution d'une hypothèque, lors même que celle-ci aurait pour objet de garantir le payement d'une dette antérieurement existante de l'incapable. Par le droit de suite qui la caractérise, par le résultat même qu'elle doit avoir, l'hypothèque est, au moins dans une certaine mesure, une participation à la propriété, et une semblable constitution est toujours une sorte d'aliénation. On a cependant prétendu que le tuteur pouvait hypothéquer sans aucune autorisation les immeubles de son pupille pour garantie d'une dette de celui-ci antérieurement et régulièrement contractée. « Les immeubles sont déjà engagés par le fait de cette dette. L'hypothèque n'aggrave point les charges du patrimoine. » Juridiquement cette considération est inexacte : car le droit de suite que l'hypothèque confère

(1) V. Duvergier, *Coll. des lois à la date.*

au créancier augmente ses droits et le fait participer à la propriété. Elle est inexacte pratiquement ; la constitution d'hypothèques déprécie beaucoup plus gravement un patrimoine que l'existence des dettes les plus considérables, restées chirographaires.

L'autorisation du conseil et l'homologation du tribunal seraient nécessaires au tuteur pour lui permettre d'aliéner des mines ou carrières et même pour autoriser l'ouverture de mines ou carrières dans les fonds de l'incapable.

Il devait encore s'en pourvoir pour proroger le délai accordé aux vendeurs d'un immeuble du pupille pour le reprendre par l'exercice du reméré (1).

Le tuteur pourrait-il sans autorisation donner un immeuble du mineur à antichrèse ? La négative ne peut faire de doute dans l'opinion de ceux qui pensent que le créancier antichrésiste a un droit réel sur l'immeuble, qu'il détient à ce titre. Même en admettant que cette idée soit inexacte, nous pensons qu'il faut refuser ce droit au tuteur. Il y a dans la constitution de l'antichrèse une garantie nouvelle, un droit spécial attribué au créancier ; l'immeuble sort dans une certaine mesure du patrimoine du pupille. On ne peut dire que cet acte ressemble au bail des mêmes biens que le tuteur est autorisé à faire seul pour neuf années. Le bail est une nécessité de l'administration. On peut penser aussi que si la loi qui s'est préoccupée de déterminer les pouvoirs du tuteur quant à la location des biens d'incapables, a gardé le silence sur l'antichrèse, elle a voulu indiquer par là qu'elle refusait à celui-ci le droit de faire bail à ce titre (2). L'autorisation du conseil et l'homologation

(1) Cass. 18 mai 1813.
(2) Demol., t. VII, n° 742.

de cette autorisation par le tribunal sont nécessaires au tuteur pour un pareil acte.

La jurisprudence a assimilé les baux de plus de neuf années aux actes d'aliénation (1). Les règles de l'art. 457 doivent donc être strictement observées pour ces sortes d'actes. Les mêmes autorisations seraient, suivant ces principes, nécessaires au tuteur pour renouveler les baux à des époques et dans des périodes autres que celles qui sont déterminées par l'art. 1429.

Nous pensons que le conseil et le tribunal pourraient autoriser l'échange d'un immeuble du mineur. La mise aux enchères deviendrait impossible, il est vrai, ainsi que l'application des formalités prescrites pour la vente par le Code de procédure civile. Mais ce n'est point dans ce Code qu'il faut aller chercher des règles sur les pouvoirs du tuteur et du conseil. Ces formalités seront inapplicables : il n'y a aucune conséquence à tirer de là. C'est le Code civil qu'il faut consulter. Or nous y trouvons l'échange des immeubles dotaux *inaliénables en principe* autorisé par l'art. 1559. Peut-on penser que la loi a voulu se montrer plus rigoureuse à l'égard des biens des mineurs ou des interdits ? L'échange peut être très avantageux, par exemple en faisant acquérir au mineur un héritage voisin d'un autre qui lui appartient au lieu d'une pièce de terre située loin de sa propriété, et à cause de cela d'une exploitation coûteuse et difficile (1).

Il est un cas où le conseil est appelé seul à autoriser l'aliénation d'un immeuble du mineur. Aux termes de

(1) Chambre du conseil du Trib. Seine 1ᵉʳ février 1853. — Bertin. t. I p. 553. Il faut décider de même pour les conventions interprétatives de baux de plus de neuf ans.

(2) Demol. t. VII n° 737. — Vol. C. C. C. p. 561. — *Contra :* Laurent, t. V n° 90. — Zachariæ, éd. Massé et Vergé l. p. 437.

l'art. 744 du Code de procédure civile, cette autorisation
suffit au tuteur pour demander, lorsqu'un immeuble de
l'incapable a été saisi, et que la saisie a été transcrite,
que les poursuites de saisie soient converties en poursuite de vente volontaire. Il est tout naturel que l'homologation de la justice ne soit pas exigée par la loi, puisque
le tribunal doit examiner la demande de conversion et
peut la rejeter s'il la juge préjudiciable aux intérêts du
mineur (1). Nous devons avouer que cette considération, exacte en théorie, est complètement inexacte au
point de vue pratique. Les jugements de conversion sont
rendus comme jugements d'expédients sur des disposi-
tifs que les avoués des parties font passer aux tribunal,
lequel les accepte généralement sans contrôle effectif.
Il est assez difficile d'ailleurs d'imaginer comment cette
conversion pourrait préjudicier à l'incapable. Enfin on
ne saurait dire qu'il s'agisse vraiment d'aliéner pour
le tuteur : il achève la procédure de saisie en la con-
vertissant dans la forme : mais au fond l'aliénation est
forcée.

Que faut-il décider pour le délaissement? Comme la
conversion, le délaissement a pour objet d'éviter le dis-
crédit que les poursuites de saisie immobilière pourraient
jeter sur le propriétaire de l'immeuble. Cependant nous
ne considérerions pas l'autorisation du conseil comme
suffisante. Ce serait, en effet, soustraire complètement
l'acte au contrôle de la justice. Enfin, et ceci nous semble décisif, l'art. 2172 du Code civil ne permet de délaisser qu'à ceux qui peuvent aliéner : quoiqu'il s'agisse
ici d'une question de pouvoir et non de capacité pro-

---

(1) On peut ajouter encore que l'aliénation n'est pas vraiment volontaire et qu'il s'agit seulement d'apprécier dans quelle forme elle
doit avoir lieu.

prement dite, nous pensons que le tuteur ne peut être
habilité à délaisser que par les mêmes formalités qui lui
sont imposées pour aliéner (1).

Nous donnerions la même solution pour l'abandon des
biens composant une succession bénéficiaire. C'est un
acte tout pareil au délaissement, ni l'un ni l'autre de ces
actes n'emporte perte de la propriété et tous deux ont
pour objet de mettre le débiteur à l'abri de toutes poursuites et hors de toute procédure de saisie.

Nous ne permettrions pas non plus au tuteur de faire
seul les notifications, afin de purger des hypothèques in-
scrites. C'est un acte qui modifie la situation du détenteur : au lieu d'être seulement tenu de la dette, comme
tiers détenteur, il devient débiteur personnel du montant de ses offres envers les créanciers inscrits et perd
le droit de délaisser l'immeuble. Cet acte met les créanciers inscrits en demeure d'exercer leurs droits et par
là prépare l'aliénation de l'immeuble. L'art. 457 est applicable (2).

Les règles que nous venons d'exposer sont communes
aux biens des mineurs et à ceux des interdits. Nous
avons déjà dit qu'à l'égard de ceux-ci la loi avait porté
une disposition spéciale pour en permettre la donation :
la nature de cet acte rend d'ailleurs toujours nécessaire
l'autorisation du conseil sans qu'on ait à distinguer s'il
s'agit d'immeubles ou des meubles.

L'art. 511, C. civ., porte que, lorsqu'il sera question
du mariage de l'enfant d'un interdit, la dot ou l'avancement d'hoirie et les autres conventions matrimoniales

(1) Persil, *Reg. hypoth.*, p. 339. — *Contra* : Troplong, *Priv. et
hyp*, l. III, n° 820.

(2) Laurent, t. XXXI, n° 476-477. — *Contra* : Troplong ; op. cit.

seront réglés par un avis du conseil de famille, homologué par le tribunal sur les conclusions du procureur de la République.

Ainsi, lorsqu'il s'agit du mariage des enfants mineurs d'un interdit, deux conseils de famille doivent être réunis, dont la composition est différente. Le premier, comprenant les parents paternels et maternels du mineur, qui autorise le mariage et règle le contrat, et un second, comprenant des parents du père ou de la mère, qui, pour le mineur, sont tous parents d'un seul et même côté, qui doit examiner s'il doit être accordé une dot à l'enfant et règle les conventions matrimoniales dans tous les points qui touchent la constitution et le régime de cette dot. La délibération du conseil de famille de l'interdit qui règle ces points, doit être homologuée par le tribunal. La loi, au contraire, lorsqu'il s'agit de tout autre mineur, paraît se contenter pour le règlement des conventions matrimoniales, du consentement du conseil qui autorise le mariage (art. 1398). Lors même qu'elles comprennent des donations, la dot ne peut être constituée qu'en avancement d'hoirie.

L'art. 511 ne parle que des enfants et de leur établissement par mariage. Suivant Demolombe, la même donation pourrait être autorisée au profit de descendants de degrés plus éloignés et pour leur faciliter toute manière de s'établir.

Selon nous, il est fort douteux que le mot enfants comprenne tous descendants. Ce n'est point le sens ordinaire de ce mot. D'ailleurs, les mêmes raisons n'existent pas à leur égard, comme le prétend Demolombe. Est-il bien exact de penser qu'un aïeul, bisaïeul ou trisaïeul, considère comme un devoir pour lui de doter ses petits-enfants et arrière-petits-enfants, ainsi qu'un père le fait vis-à-vis de ses enfants? Or justement, l'idée de la loi et le motif de sa disposition est de permettre au conseil de faire ce que le père ou la mère sains d'esprit se fussent imposé comme un devoir.

Quant à étendre cette disposition à tous modes d'établissements des enfants, cela nous paraît impossible. C'est une exception à un principe absolu : les exceptions sont de droit étroit. L'esprit même de la loi, l'idée du législateur ne nous paraît même pas justifier cette extension. Les parents dotent toujours leurs enfants : ils ne leur fournissent pas toujours de quoi s'établir. Un commerçant laisse fort souvent son fils travailler comme employé jusqu'à l'époque où lui-même se retire. Le législateur n'a-t-il pas pensé à cette différence, lorsqu'il n'a mentionné que le mariage, dans l'art. 511, comme justifiant une infraction aux règles générales (1).

§ 2. — Meubles incorporels

(L. 27 février 1880.)

Le Code civil ne contenait aucune règle relative à l'aliénation des meubles incorporels appartenant à des mineurs ou des interdits.

Peu de temps après la promulgation du Code, le législateur songea à combler cette lacune, mais il ne le fit qu'en partie. Un décret du 13 mars 1806 interdit aux tuteurs d'aliéner sans autorisation du conseil de famille les titres de rente 3 0/0 sur l'État, appartenant aux incapables, lorsque ceux-ci seraient possesseurs de plus de 50 fr. de rente. Un décret du 25 septembre 1813

---

(1) Laurent, t. V, n° 299. — *Contra :* Demol. ; Aubry et Rau, § 126, texte et notes 15 et 16.

vint disposer que la même autorisation serait nécessaire aux tuteurs pour aliéner une action ou part d'action de la Banque de France, lorsque la personne en tutelle aurait plus d'une action, ou un droit dans plusieurs actions, excédant la valeur d'une action. En s'attachant, non à la valeur à aliéner, mais à la valeur dont l'incapable serait propriétaire, la loi voulait empêcher qu'on ne pût aliéner toutes les rentes sur l'État, ou actions de la Banque de France, appartenant à des incapables par fractions de 50 fr. de rente ou action par action.

Pour les autres meubles incorporels, le silence de la loi avait donné lieu à plusieurs systèmes.

Dans le premier on tirait argument a contrario de l'art. 457 C. civ., et argument a pari de l'art. 1428 C civ., pour permettre au tuteur d'aliéner sans autorisation du conseil de famille, les meubles incorporels des mineurs. Les partisans de cette doctrine considéraient les deux décrets ci-dessus comme restrictifs des pouvoirs appartenant au tuteur en vertu du Code civil.

Dans un second, on s'attachait à la nature de l'acte, et l'on décidait que le tuteur, simple administrateur, ne pouvait seul aliéner les biens incorporels de l'incapable. On argumentait en ce sens a contrario de l'art. 452, qui permet au tuteur d'aliéner sans autorisation les meubles incorporels.

Ceux qui admettaient cette seconde doctrine discutaient entre eux si l'autorisation du conseil de famille était suffisante et si elle ne devait pas au contraire être soumise à l'homologation du tribunal, par assimilation avec les aliénations d'immeubles.

La jurisprudence s'était décidée à se rallier au premier système, quand la loi de 1880 est venue donner une solution à la question.

Aux termes de cette loi, aucun meuble incorporel appartenant à des mineurs ou à des interdits, ne peut être aliéné par leur tuteur sans autorisation du conseil de famille. Si la valeur de l'objet à aliéner dépasse 1500 fr., l'homologation du tribunal est nécessaire.

Le conseil, en autorisant l'aliénation, peut prescrire toutes les mesures qu'il juge nécessaires.

Aussi le tuteur ne peut jamais aliéner sans autorisation du conseil un meuble incorporel du mineur ou de l'interdit : actions, obligations, brevets d'invention, propriété littéraire, ne peuvent être aliénés sans cette autorisation.

Au sujet de la propriété littéraire, il nous semble qu'il y a lieu de faire une distinction. Une autorisation du conseil de famille sera certainement nécessaire au tuteur pour aliéner l'œuvre complètement et définitivement. Mais elle nous semble inutile lorsqu'il s'agit de traiter avec un imprimeur ou un libraire pour la publication d'une édition. Il n'y a là qu'une mise en rapport de l'œuvre et non une véritable aliénation ; c'est un acte d'exploitation nécessaire sans laquelle le roman ou le drame ne peut donner aucun profit. Par la même raison le tuteur pourrait consentir une licence de brevet : ce n'est qu'une location.

La loi de 1880 s'applique à l'aliénation des fonds de commerce. En la soumettant à ces formalités la loi n'autorise-t-elle pas le tuteur à continuer l'administration du fonds de commerce qui a appartenu à l'auteur du mineur ou à l'interdit avant l'interdiction ? Elle nous a donné la solution d'une question que la pratique des affaires, peu savante des principes, ne s'est jamais posée, mais qui pouvait faire l'objet d'un doute sérieux. Le Code civil et le Code de commerce, en exigeant que le mineur fût émancipé pour faire le commerce, refusaient par là même au mineur non émancipé ou plus exactement à son représentant, à son tuteur, le droit d'exploiter un fonds de cette nature (1). Cela pouvait faire doute cependant, cette exploitation, rentrant dans l'administration du patrimoine du mineur, et le Code ne s'en étant point expliqué. Aujourd'hui la difficulté nous paraît levée.

Le contrat innommé, appelé inexactement dans la pratique cession d'office, rentre dans les termes de la loi de 1880. Telle était d'ailleurs déjà auparavant la jurisprudence et la pratique de la chancellerie.

En exerçant ainsi pour l'aliénation de tous les meubles incorporels des mineurs ou des interdits, quelle qu'en puisse être la valeur, l'autorisation du conseil de famille, la loi s'est écartée du projet, qui ne soumettait à cette autorisation que l'aliénation des biens meubles incorporels des incapables d'une valeur de plus de 1,200 fr. On a rejeté cette disposition du projet pour deux motifs, qui nous paraissent décisifs : les petites fortunes méritent même protection que les grandes ; il était aussi à craindre que le tuteur n'aliénât toutes les valeurs mobilières de son pupille par fractions de 1200 fr.

Le conseil qui autorise l'aliénation a deux autres attributions à remplir. Il doit apprécier lui-même la valeur de l'objet à aliéner, et par suite sa compétence. La délibération contient mention de cette évaluation et porte si l'avis du conseil devra ou non être soumis à l'homologation du tribunal civil. Si l'estimation du conseil est frauduleusement faite, que le tiers acquéreur en ait eu connaissance, la vente sera annulée, comme non autorisée conformément à la loi, puisque le conseil aura ainsi soustrait sa délibération au contrôle de la justice.

C'est cette évaluation que seule l'on doit prendre en

(1) Cf. MM. Lyon-Caen et Renault, *Dr. Comm.*

considération pour savoir s'il y a lieu ou non de recourir à l'homologation du tribunal. Les changements de valeur postérieurs ne sont d'aucun égard.

Dans le cas où le conseil se serait indûment déclaré suffisant pour autoriser l'aliénation, un recours serait ouvert devant le tribnnal.

Cette évaluatiou doit toujours être faite. C'est une appréciation évidemment de pure forme lorsqu'il s'agit de valeurs cotées : néanmoins la loi l'exige.

Le conseil en autorisant l'aliénation peut prendre toutes les mesures qu'il juge utiles. Cette disposition de la loi lui donne les pouvoirs les plus étendus. Il règle, comme il lui plaît, le mode d'aliénation, lorsqu'il ne s'agit pas d'une valeur cotée en Bourse. Il peut autoriser le tuteur à aliéner à l'amiable si ce mode lui paraît plus avantageux : ici la loi déroge au Code de procédure. Il peut fixer les conditions de l'aliénation. Il peut exiger que le tiers acquéreur ne se libère de son prix qu'aux mains du tuteur assisté de l'un de ses membres ou d'un mandataire investi de sa confiance, un officier ministériel par exemple, en outre du subrogé-tuteur.

Enfin, d'après la position du mineur, son âge, l'instruction qui lui paraît nécessaire, il fixe l'emploi que le tuteur devra faire du prix.

Conversion. — La jurisprudence, qui décidait que le tuteur pouvait, sans aucune autorisation, aliéner les valeurs mobilières du mineur ou de l'interdit, sans s'arrêter à ce que cet acte était une aliénation, décidait aussi que la conversion des titres nominatifs en titres au porteur constituait un acte d'administration : c'est en ce sens que la Cour de cassation s'était prononcée, le 4 août 1873, au sujet de la capacité de la femme mariée séparée de biens. L'application de cette jurisprudence à l'interprétation de la loi du 27 février 1880 eût amené à reconnaître que le tuteur qui ne pouvait plus aliéner les valeurs nominatives appartenant à des mineurs ou interdits, aux termes de l'art. 1er de la loi, pouvait les convertir en titres au porteur, puisque cette opération n'était point une aliénation. Si cette idée de la conver en soi est exacte, il est vrai aussi que quoique ne constituant pas une aliénation, elle n'est souvent que la première phase, la préparation de cet acte, et qu'interdire d'aliéner, en permettant de convertir, c'eût été édicter une règle facile à éluder, et sans sanction assurée.

Aussi la loi a-t-elle assimilé complètement la conversion à l'aliénation et l'a-t-elle soumise aux mêmes formalités que celle-ci. Cette disposition expresse était nécessaire, nous l'avons montré. Si quelques-uns assimilaient déjà les deux actes sous le Code civil, la pratique judiciaire avait repoussé cette opinion.

L'autorisation du conseil de famille sera donc nécessaire et suffisante pour convertir des valeurs nominatives en valeurs au porteur, jusqu'à concurrence d'une valeur de 1,500 francs en capital, évalué par le conseil de famille. S'il s'agit d'un valeur supérieure, l'homologation de justice devra intervenir pour confirmer l'autorisation du conseil de famille.

En n'exigeant l'homologation que pour l'aliénation de valeurs au-dessus de 1,500 francs, la loi nouvelle a rejeté et avec raison les principes admis par le Code civil relativement aux immeubles : aux termes de l'art. 457 la plus petite parcelle de terre, la plus petite habitation ne peut être vendue que sur un avis de parents homologué par justice.

Le gouvernement, dans son projet, était allé plus loin encore : l'homologation n'était jamais nécessaire. Ce fut la commission du Sénat qui proposa de l'exiger pour les valeurs au-dessus de 5,000 francs. Après nombre d'hésitations, de vicissitudes au Sénat et à la Chambre, on adopta la règle que nous avons exposée. Il a paru au législateur que si on devait éviter les frais autant que possible, il fallait néanmoins une protection plus complète aux intérêts les plus considérables, et pour déterminer les cas où l'homologation serait nécessaire, il s'est réglé sur le taux de l'appel. Au-dessus de 1,500 fr., la garantie d'une double autorisation pour l'aliénation des valeurs mobilières des incapables lui a paru nécessaire, comme la garantie d'une double juridiction pour les droits litigieux de semblable valeur.

Le rapprochement de l'article 10, que nous venons d'expliquer, et de l'art. 5 de la loi de 1880 donne lieu à une difficulté. L'art. 5, qui impose au tuteur l'obligation de convertir les titres au porteur appartenant au pupille dans les trois mois de leur attribution définitive à celui-ci, permet au conseil de famille d'autoriser le tuteur à les conserver tels qu'ils sont lorsque la conversion est impossible. Il semblerait donc résulter de ce premier texte que l'autorisation de conserver ne peut être donnée au tuteur *que si* la conversion est impossible. Or d'un autre côté, notre art. 10 permet au tuteur de convertir les titres nominatifs en titres au porteur avec l'autorisation du conseil, homologuée dans certains cas par le tribunal. Puisque cette conversion peut aussi être autorisée, pourquoi le tuteur ne serait-il pas autorisé à conserver telles quelles les valeurs au porteur, alors même que la conversion en est possible ?

Les rentes de l'État ne rentrent pas dans les dispositions de l'art. 10 : la circulaire du garde des sceaux a reconnu qu'elles continuaient d'être soumises aux dispositions de l'ordonnance du 29 août 1831, aux termes de laquelle les titres de rente sur l'État appartenant à des mineurs, ne peuvent en aucune façon être convertis en titres au porteur. Il faudrait également appliquer cette règle aux valeurs nominatives appartenant à un interdit. Les décrets de 1806 et 1813 ayant été abrogés, ces rentes se trouvent soumises en ce point à cette ordonnance et sur les autres à la loi.

ARTICLE IV

DROITS LITIGIEUX

Sous cette rubrique nous comprenons les actions, le désistement, l'acquiescement et les transactions.

§. 1. Actions. — Désistement. — Acquiescement

Les droits mobiliers du mineur et de l'interdit sont abandonnnés à la discrétion du tuteur. Sans aucune autorisation du conseil de famille, il peut introduire une instance mobilière; il peut défendre à une action de cette nature; il peut même y acquiescer. ¡Tel était la règle qu'il faillait tirer par a contrario de l'art. 464 du Code civil, qui exigeait l'autorisation du conseil pour l'introduction des actions immobilières, et l'acquiescement à ces actions. La loi du 27 février 1880, qui a soumis l'aliénation des valeurs mobilières et biens meubles incorporels en général appartenant à des mineurs ou à des interdits, à la nécessité d'une autorisation du conseil, et dans certains cas d'une autorisation homologuée par le tribunal, n'ayant rien dit des actions relatives à ces biens, et n'ayant point pris de précautions pour empêcher que ces biens soient compro-

mis par l'imprudence du tuteur, ou aliénés indirectement,
au moyen d'une instance fictive, nous sommes obligé
de considérer l'ancienne règle comme intacte; mais, il
faut bien le dire, il y a là une lacune. La loi de 1880
est incomplète.

Le tuteur pouvant introduire l'action, peut aussi s'en
désister. Il pourrait même, croyons-nous, sans aucune
autorisation, se désister du droit même qui faisait l'objet du débat et sur lequel il avait fondé sa demande. La
loi, en l'autorisant à acquiescer aux demandes mobilières formées contre le mineur ou l'interdit, a bien indiqué qu'elle le laissait maître des droits mobiliers de
son pupille (1). Nous n'exigerions pas non plus qu'il fût
autorisé pour se désister de l'appel qu'il aurait formé
d'un jugement rendu dans une instance mobilière. Il
pourrait donc toujours sans autorisation acquiescer au
jugement rendu; la raison de décider est la même. —
En résumé nous considérons que jamais le conseil de
famille ne peut intervenir dans l'exercice des droits
litigieux mobiliers du mineur ou de l'interdit, non seulement en ce sens que jamais le tuteur n'est tenu de
demander son autorisation, mais encore en ce sens que
le conseil ne serait jamais en droit d'ordonner aucune
mesure qui s'y rapportât et d'enjoindre par exemple
au tuteur d'agir ou de se désister. Dans les pouvoirs
accordés au tuteur, le conseil est sans action directe.

Conformément à la pratique de l'ancien droit le Code
civil a au contraire exigé que le tuteur fût autorisé,
lorsqu'il s'agirait d'introduire une action immobilière
ou d'y acquiescer.

L'ancienne jurisprudence n'était pas aussi précise

______

(1) *Contra :* Laurent, t. V, n° 68.

que le Code. Pothier paraît dire que le tuteur peut valablement agir seul, et considérer seulement comme prudent de sa part de se faire autoriser par le juge sur l'avis des parents. Meslé est plus affirmatif ; mais il ne s'explique pas bien nettement sur les actions pour l'exercice desquelles le tuteur devait se faire autoriser par le juge sur l'avis des parents, et par le conseil de tutelle composé d'avocats, qui était nommé lors de la délation de la tutelle, en Normandie et en Bretagne. Mais ce qui est bien certain, c'est qu'il range parmi celles-ci les actions réelles (1).

La même autorisation est nécessaire au tuteur pour acquiescer à une action de cette nature.

Nous devrons donner ici des solutions inverses à celles que nous avons indiquées précédemment.

Si l'autorisation du conseil est nécessaire au tuteur pour agir, elle lui sera aussi nécessaire pour se désister de la procédure, et aussi pour se désister du droit lui-même. On a même contesté que dans ce cas elle fût suffisante, et on a prétendu assimiler cet acte aux aliénations prévues par l'art. 457. Nous ne voyons aucune raison de décider ainsi. Existe-t-il une différence entre un défendeur qui acquiesce à la demande formée contre lui, et le demandeur qui, au cours d'une instance, reconnaissant le mal fondé de sa prétention, signifie à son adversaire qu'il y renonce afin d'éviter les frais d'une procédure et d'un jugement. Dans les deux cas il y a reconnaissance, au profit de l'adversaire, d'un droit sur

______

(1) Règlement de Rouen de 1673, art. 31. — Bretagne, art. 513. — Le très ancien droit français était plus rigoureux : il interdisait aux représentants des mineurs de figurer dans une instance où des droits de propriété étaient en question. (Beaumanoir, ch. xv.)

lequel un litige s'est élevé. Les formalités et les autorisations doivent être les mêmes dans les deux cas (1).

On s'est demandé si une nouvelle autorisation était nécessaire au tuteur pour former appel, ou si l'autorisation qui lui avait été donnée pour agir en première instance le lui permettait. Dans un premier système, on a décidé que la première autorisation était suffisante, et on a essayé de justifier cette solution en disant que l'appel n'était que la continuation de l'instance pour laquelle elle avait été donnée, que c'était la suite de la demande. Parmi les auteurs qui décident que le tuteur peut agir seul en appel lorsqu'il a été demandeur en première instance, les uns lui accordent le même droit lorsqu'il a été défendeur (2), par la raison que l'appel n'est que la continuation de la défense pour laquelle il n'a pas besoin d'autorisation, les autres au contraire lui refusent ce droit dans ce dernier cas, en disant que s'il a défendu à l'action, c'est qu'il n'était pas autorisé à acquiescer, il s'est trouvé dans la nécessité de le faire, tandis que la même nécessité n'existe pas de faire l'appel (3).

Il est un auteur qui au contraire permet au tuteur d'appeler, sans autorisation du conseil, lorsqu'il a été défendeur en première instance, et non lorsqu'il a été demandeur (4).

Dans une dernière doctrine enfin, on enseigne que l'autorisation du conseil de famille est toujours nécessaire au tuteur pour interjeter appel. Il nous semble que la discussion ne peut s'établir qu'entre celle-ci et la pre-

---

(1) *Contra :* Laurent, t. V, p. 96.
(2) Demol, t. VII, n° 713.
(3) Fréminville t. I, n° 619.
(4) Talandier. *Traité de l'appel*, p. 17.

mière, qui permet toujours au tuteur d'interjeter appel sans autorisation. De deux choses l'une, en effet : ou l'on considère l'appel comme la simple conséquence de la première instance et se confondant avec elle, et il faut dire qu'il n'y a jamais nécessité pour le tuteur de se faire autoriser ; ou on le considère comme une instance distincte, et il faut dire que l'appelant, quel qu'ait été son rôle en première instance, devenant demandeur (car il demande la modification d'un état de choses acquis par le jugement), le tuteur a toujours besoin d'être autorisé. En vérité cette seconde manière de voir nous paraît plus exacte : plus conforme à la volonté du conseil et à l'intention du législateur. Lorsque le tuteur a été autorisé par le conseil à former la demande, celui-ci n'était pas éclairé sur le fait comme il peut l'être par le procès. Est-il sage de présumer qu'il a donné son autorisation pour toutes les suites possibles de l'instance ? est-il au contraire plus raisonnable de considérer l'autorisation comme limitée à la première instance ? Pothier nous dit que c'était surtout dans le cas où il voulait appeler, qu'il était sage de la part du tuteur de se faire autoriser, parce qu'un premier échec doit rendre prudent. Ne peut-on pas raisonnablement penser que c'est de ces principes si justes de l'ancien droit que le législateur s'est inspiré (1) ?

L'autorisation du conseil de famille sera donc nécessaire aussi au tuteur pour se désister de l'appel interjeté : car c'est le conseil et non lui qui est le dominus litis. Le conseil a décidé qu'il y avait intérêt pour l'enfant à ce qu'appel fût formé : il n'appartient pas au tuteur

(1) La jurisprudence est en sens contraire : Poitiers, 28 nov. 1864. D. P. 1865, 2, 161 ; — Alger, 26 février 1866. D. P., 1868, 1, 110. — En ce sens : Laurent.

d'infirmer seul cette décision. M. Laurent pense même qu'il ne pourrait se désister de l'appel sans une délibération du conseil de famille homologuée par le tribunal civil : parce que le désistement de l'appel entraîne implicitement renonciation aux droits par lui réclamés. C'est une aliénation, dit-il, qui doit être autorisée dans les formes de l'art. 457. Nous pensons, pour nous, qu'il n'y a ni plus ni moins d'aliénation dans ce cas que dans le cas où le tuteur acquiesce à une demande. C'est toujours une renonciation à un droit, mais à un droit litigieux, que la loi traite moins rigoureusement que l'aliénation des droits certains. L'acquiescement ou jugement rendu en première instance, et le désistement de l'appel, car nous assimilons ces deux actes, sont même moins dangereux que l'acquiescement à la demande : car le tuteur et le conseil ont été éclairés par le procès, et le jugement en rejetant sa réclamation ou ses moyens de défense en a à peu près démontré le mal fondé (1).

L'autorisation du conseil de famille nous paraît suffisante, mais nécessaire, nous l'avons dit. Il ne suffit pas, comme le dit Fréminville, que le jugement de première instance ait donné un caractère sérieux à la demande de l'adversaire : il y a toujours dans ces actes une sorte d'aliénation, et le tuteur n'a que l'administration (2).

L'autorisation du conseil n'est nécessaire au tuteur que pour introduire une instance nouvelle et non pour la reprise d'une instance immobilière. Telle est la décision de la Cour de cassation conforme aux termes de l'art. 464.

La question de savoir quelles actions sont immobilières ne fait point partie du sujet de ce travail : nous

(1) Demol., t. VII, n° 684-719.
(2) Cf. Fréminville, t. II, n° 786.

ne l'examinerons pas. Nous nous contenterons de rappeler brièvement la controverse qui s'est élevée au sujet des actions possessoires. Les uns, s'attachant aux termes mêmes de l'art. 464, ont dû naturellement y faire rentrer ces actions qui ont pour objet des immeubles, et par conséquent sont immobilières (1). Les autres sans contester ce caractère, ont fait remarquer que malgré cela ces actions n'entraînant aucune décision sur le fond ne présentaient pas le même danger que les actions petitaires, et même ne présentaient aucun danger ; qu'elles étaient confiées ordinairement aux administrateurs (art. 1428 C. civ. ; art. 55, l. 18 juillet 1837 ; sur l'ad. des communes), qu'il y avait donc lieu de ne pas les considérer comme comprises dans les termes : « actions immobilières ».

Il existe des actions qui ne sont ni mobilières ni immobilières. Nous voulons parler des actions d'état, en interdiction, en séparation de corps. Avec MM. Demolombe et Laurent (1), nous exigerions que le tuteur se fît autoriser par le conseil de famille pour les exercer. Elles sont plus graves par leurs conséquences que les actions immobilières, et il serait fort à craindre qu'elles ne fussent mal à propos intentées. La doctrine contraire est enseignée par M. Dalloz : le tuteur, dit-il, est le représentant général du mineur ou de l'interdit ; tout ce qui ne lui est pas défendu lui est permis. Le principe même de cette doctrine, nous l'avons combattu : cette décision même en montre tout le danger. Elle a pourtant été adoptée par la Cour de cassation, qui a admis le subrogé-tuteur d'une femme interdite à former sans autorisation

---

(1) Carré, *Traité de la compétence*, t. IV, n° 428. — Berlin, *op. cit.* t. I, p. 516. — *Contra* : Laurent ; Demol. ; Aubry et Rau, etc.

une demande en séparation de corps contre le mari tuteur. La Cour de Caen a également décidé que le tuteur d'un mineur pouvait, sans y être autorisé, demander l'interdiction d'un parent de celui-ci (1).

Disons maintenant quelques mots d'un acte spécial qu'on a voulu faire rentrer dans les termes de l'art. 464. On a dit que la surenchère du dixième que tout créancier inscrit sur un immeuble est en droit de former sur les offres qui lui sont faites par l'acquéreur de l'immeuble hypothéqué, constituait une action immobilière. « Le réquisitoire de surenchère, dit Troplong, doit contenir assignation devant le tribunal pour l'admission de la caution. C'est une action qui tend aux droits immobiliers du mineur, puisque si la caution est rejetée, le créancier mineur se trouve déchu de son action en surenchère, quæ tendit ad immobile. » Il est permis de douter que cette manière de voir soit exacte : d'abord il n'y a vraiment action immobilière que s'il y a litige sur un droit immobilier. De plus, si l'hypothèque a pour objet un immeuble et par là semble un droit immoblier, il ne faut pas oublier qu'elle n'est jamais que l'accessoire d'un droit de créance ordinairement mobilier, et qu'on ne saurait traiter le droit accessoire autrement que le droit principal et qu'il faut accorder au tuteur les mêmes pouvoirs sur l'un que sur l'autre. Aussi, si nous acceptons la solution de Troplong, nous en rejetons les motifs. La raison de décider que le tuteur doit être autorisé par le conseil de famille se trouve dans l'article 2185. Aux termes de cette disposition, pour requérir la mise aux enchères, le mandataire du créancier doit être porteur d'un pouvoir exprès que la loi n'exige jamais pour

(1) Cass. 21 août 1841, rap. p. Dalloz, V° *Minorité.* — Caen, 21 mars 1861. D. P. 63, 1, 299.

les actes de simple administration (art. 1988, C. civ.). Or, le tuteur n'est qu'un administrateur (1).

Cette autorisation serait suffisante (2).

L'autorisation du conseil de famille peut être donnée à un moment quelconque de l'instance. Mais, bien entendu, le tiers défendeur opposera le défaut d'autorisation et le principe que nous énonçons n'a d'autre sens que celui-ci : à savoir, que l'autorisation rétroagit et valide les actes faits antérieurement.

§ 2. — Transaction. — Compromis

Lorsqu'un droit litigieux appartient à un mineur ou à un interdit, deux solutions peuvent se présenter : le tuteur peut agir en justice et prendre jugement ; le différend peut encore se régler à l'amiable et moyennant des concessions réciproques par une transaction. Le conseil de famille, nous l'avons vu, doit autoriser le tuteur dans le premier cas et cette autorisation est suffisante, s'il s'agit d'intérêts immobiliers : s'il s'agit de meubles même in-

(1) Troplong, *Priv. et Hyp.*, t. IV, n° 954 *bis*. — Fréminville, t. I, n° 448 et suiv. — Laurent, t. XXXI, n° 498. — *Contra* : Paul. *Priv. et Hyp.* ; — Colmet de Santerre, *Cont de Dem.*, t. IX, n° 174 bis — La jurisprudence décide généralement que la surenchère du 1/10 ne constitue pas un acte d'administration ; Cass., 14 juin 1824. D. P., 1824, 1, 238 ; — Bordeaux, 8 juillet 1839. D P. 1841., 1, 11 ; — Riom, 6 décembre 1865. S., 1866, 2, 325 , — Chambéry, 1874. *Droit* du 22 janvier 1875. — Nous faisons remarquer que ces discussions sont intervenues au sujet d'administrateurs autres que les tuteurs, mais les principes qu'elles invoquent sont généraux — Voy. en sens contraire : Bruxelles, 20 avril 1811. D. P., 1814, 1, 233 ; — Caen, 20 juin 1827. S., 1828, 2. 185 ; — Rouen, 6 janvier 1846 ; — Bourges, 2 avril 1852. S. 1853, 2, 386.

(2) *Contra* : Laurent, t. III, n° 498 et 99.

corporels, le tuteur n'a besoin d'aucune autorisation. Ses pouvoirs sont les mêmes pour acquiescer.

Lorsqu'il s'agit de transiger, au contraire, l'autorisation du conseil de famille est toujours nécessaire, de quelque nature que soit le droit litigieux, et n'est jamais suffisante. Il faut, en outre, que la transaction ait été approuvée par trois jurisconsultes, et que l'autorisation soit homologuée par le tribunal civil.

En droit romain, le tuteur pouvait, selon les expressions de Domat, transiger, en sorte que si le mineur était créancier, il conservât sa dette, et que s'il était débiteur, il trouvât son avantage ou par la diminution de la dette, ou par la facilité du payement (1).

Sous notre ancien droit, le tuteur ne pouvait sans autorisation transiger en matière immobilière. « La mère bail ne peut transiger d'éritage, nous dit déjà Pierre de Fontaine, en son *conseil* (2). » La *Coutume de Bretagne* nous dit aussi que le tuteur ne pouvait transiger ès causes héréditelles sans autorisation du conseil de tutelle désigné ordinairement lors de l'élection du tuteur par l'assemblée de parents (3). Mais il pouvait transiger seul en matière mobilière (4).

Aujourd'hui, une semblable distinction n'est plus possible. Les termes de l'art. 467 sont absolus et exigent pour toutes sortes de transactions l'accomplissement de formalités que nous avons indiquées.

Il est facile de comprendre que la loi se montre plus rigoureuse lorsqu'il s'agit pour le tuteur de transiger que lorsqu'il se propose de porter une demande en jus-

(1) L. 46, § *ult.*, D., *de peric. et adm. tut.*
(2) Ed. Marnier, p. 165, l. VIII.
(3) V. Meslé, p. 191.
(4) Cass., 10 mai 1813, dans Merlin, V° *Transaction.*

tice. La transaction comporte des sacrifices. Il n'est pas aussi facile de voir d'abord pourquoi elle ne soumet l'acquiescement qu'à la nécessité de l'autorisation du conseil, sans exiger, comme ici, ni avis de jurisconsultes, ni homologation du tribunal, alors que les conséquences de l'acquiescement paraissent plus graves que celles de la transaction. Cette différence s'explique pourtant. La gravité même de ses conséquences rend l'acquiescement moins à craindre : la renonciation pure et simple sera difficilement consentie à la légère. Au contraire, la transaction est dangereuse : on peut, se faisant illusion sur son droit, se croire très heureux d'obtenir de l'adversaire un sacrifice, sans valeur auprès de ceux que l'on fait soi-même, parce qu'on les croit nécessaires pour sauver partie de ses droits.

Nous avons dit que la transaction ne pouvait être faite que de l'avis de trois jurisconsultes et après l'autorisation du conseil de famille homologuée par le tribunal civil. A quel moment doit être consulté le conseil ? L'objet même de l'avis qu'on lui demande nous l'indique. Il a à examiner et à mettre en balance, en quelque sorte, les sacrifices proposés et les chances de succès que présenterait une action, et à dire s'ils sont en rapport avec l'importance du patrimoine du mineur, ou s'ils lui paraissent exagérés. Cette seconde appréciation, il peut la faire seul : mais pour la première, il faut qu'il soit éclairé sur la valeur du droit du mineur ou de l'interdit, et il ne peut l'être que par l'avis des trois jurisconsultes désignés par le procureur de la République. Cet avis doit donc précéder la délibération du conseil de famille. Nous pensons même qu'il doit en être ainsi à peine de nullité. Comment le conseil de famille peut-il donner une autorisation éclairée en l'absence de cet avis ? Il ne l'a pu faire. Il n'a pu remplir son rôle, tel que nous l'indiquions tout à l'heure, et qui est bien celui que la loi lui donne. Le projet de transaction doit en effet être soumis au conseil et au tribunal : l'art. 467 nous dit que la transaction doit être homologuée par le tribunal. Le conseil, en l'absence de l'avis des avocats, se trouve dans l'impossibilité absolue d'apprécier le projet qui lui est soumis : l'approbation qu'il y peut donner doit donc être réputée nulle. Il ne suffit pas, pour infirmer cette argumentation, de répondre que l'homologation donnée par le tribunal garantit les intérêts du mineur ou de l'interdit et couvre tout. Parler ainsi, c'est oublier que l'avis de justice ne suffit jamais, qu'il n'a de valeur que s'il est conforme à l'avis du conseil de famille, s'il se gémine avec lui. Or ce premier avis, on peut le dire, n'existe pas (1).

Compromis. — Cet acte est complètement interdit au tuteur : aucune autorisation ne saurait le valider. (Arg. art. 83, et 1004. C. p. c.) —

Serment. — Se rapprochant de la transaction, le serment trouve sa place ici. Selon nous qu'il s'agisse ou non d'un fait personnel au tuteur, il ne peut, sans l'autorisation du conseil de famille et les autres avis, exigés pour la transaction, déférer, ni référer, ni accepter le serment. Il est de principe que le serment ne peut être déféré et référé, et prêté qu'entre parties ayant la capacité de transiger.

M. Demolombe soutient cependant que sur un fait à lui personnel le tuteur pourrait sans autorisation référer ou déférer le serment : il le pourrait déférer, par exemple, à un débiteur qui prétendrait l'avoir payé. Cela ne nous paraît pas exact : le motif que nous donnons plus haut

(1) Laurent, t. V, n° 96. — *Contra :* Demol., t. VII, n° 746.

s'oppose à ce que semblable solution soit admise. Car le tuteur ne pourrait transiger alors même que la difficulté proviendrait de son fait personnel.

Aveu. — Le tuteur ne peut, selon nous, faire en justice ou extrajudiciairement aucun aveu, sans se pourvoir des mêmes autorisations qui lui seraient nécessaires pour contracter, au nom du mineur ou de l'interdit, l'obligation qui fait l'objet de l'aveu. Si cet aveu, en effet, n'est pas générateur de l'obligation, du moins lui donne-t-il seul toute son efficacité. C'est par cet aveu que l'obligation prend une existence légale. S'il s'agissait de l'exécution d'un contrat d'aliénation d'immeubles le tuteur devrait être autorisé à faire l'aveu par une délibération du conseil de famille homologuée par le tribunal. L'autorisation du conseil de famille suffirait s'il s'agissait de meubles incorporels, d'une valeur moindre de 1500 francs. On voit que nous n'assimilons pas l'aveu à l'acquiescement ordinaire puisque l'autorisation du conseil suffit au tuteur pour acquiescer à une demande immobilière, et qu'elle est inutile pour l'acquiescement à une demande mobilière. C'est que l'aveu suppose la prétention du demandeur dénuée de toutes preuves, il n'en est pas ainsi de l'acquiescement. Si l'on veut que l'aveu soit un acquiescement, du moins il nous sera permis de dire que c'est un acquiescement spécial (1).

ARTICLE IV

SUCCESSIONS ET DONATIONS

§ 1. — De l'autorisation que le conseil de famille doit donner à l'acceptation des successions ou donations

Le tuteur ne peut, sans une autorisation du conseil

(1) Fréminville, t. II, n° 770.

de famille, accepter une succession échue au mineur. Cette acceptation ne peut même avoir lieu que sous bénéfice d'inventaire. (Art. 461.)

La donation faite au mineur ou à l'interdit ne peut être acceptée par le tuteur qu'avec l'autorisation du conseil de famille.

Ainsi nous voyons la loi poser la règle que les incapables ne peuvent acquérir à titre gratuit, sans l'assentiment de l'assemblée de parents.

Quelle étendue doit être donnée aux deux règles que nous venons de rappeler ? Pour la déterminer, nous nous reporterons aux motifs de ces dispositions.

Le patrimoine qui se trouve transmis par succession ab intestat, comprend à la fois des droits et des obligations, des forces et des charges, et l'héritier se trouve tenu de ces dernières, même au delà des forces de la succession. Contre ce danger, l'incapable est protégé par le bénéfice d'inventaire qui s'impose au tuteur. Mais il n'en est pas moins vrai que l'acceptation, même sous cette condition, pourrait être désavantageuse.

Il suffit, pour le comprendre, de supposer que le mineur ou l'interdit a reçu une donation du défunt : il peut, dans ce cas, alors même que la succession est bonne, y avoir pour lui avantage à la refuser ; s'il accepte, il va se trouver en effet tenu de rapporter ce qu'il a reçu, et il se peut que la valeur de l'actif, qu'il toucherait pour sa part dans la succession, après le rapport, soit inférieure à la valeur de la libéralité rapportée. Il y a là une question délicate à trancher. En dehors même de cette hypothèse, la répudiation peut être avantageuse : si la succession est très obérée, à quoi bon se charger du règlement et de la liquidation de ce patrimoine? A quoi bon s'engager dans les embarras d'une procédure de partage pour ne rien acquérir de fait ?

La loi ne parle que des *successions*; ce mot, stricto sensu, ne comprend que les successions ab intestat. mais l'application de la loi indique assez qu'elle doit être également appliquée aux legs universels et à titre universel, qui entraînent des charges semblables à celles de l'héritier bénéficiaire, et qu'il peut y avoir le même intérêt d'éviter.

Nous pensons même qu'il faudrait l'appliquer aux legs particuliers. Si le legs particulier comporte des charges, il y a une analogie assez complète avec l'espèce précédente, pour donner à celle-ci la même solution : lors même que le legs particulier serait fait sans charges, nous considérons que le mot « succession » employé par la loi est assez large pour comprendre ces sortes de dispositions, et qu'il faudrait appliquer l'art. 461. A vrai dire, le legs particulier n'est pas l'objet d'une acceptation distincte de la demande en délivrance : et nous reconnaissons que l'interprétation que nous adoptons, paraît faire brèche à la règle selon laquelle le tuteur peut, sans autorisation, intenter les actions mobilières du mineur ou de l'interdit, puisque, alors même que le legs particulier n'aurait pour objet que des meubles, nous exigerions l'autorisation du conseil de famille pour que le tuteur formât la demande en délivrance. C'est qu'ici nous sommes dans une matière spéciale, à laquelle les règles ordinaires des actions ne sont point applicables : et il n'est pas moins exact de considérer qu'il y a lieu à une acceptation du legs avant l'introduction de l'instance en délivrance.

Au motif que nous avons indiqué, il vient, en faveur de cette solution, s'en ajouter un autre. Nous avons dit que la loi exigeait toujours que le tuteur fût entouré du conseil de famille pour accepter une donation, lors même qu'elle était faite sans charges.

Or le motif de cette disposition ne peut être que celui-ci : c'est qu'il importe que l'on s'assure que la donation est honorable. Ce n'est point seulement la question de savoir si elle est avantageuse que le conseil doit examiner : c'est encore celle-là. Ne se pose-t-elle pas lorsqu'il s'agit d'un legs particulier? Si la loi a jugé seul compétent, pour la résoudre, le conseil de famille dans un cas, n'est-ce pas encore à celui-ci qu'il faut la soumettre dans le cas qui nous occupe (1) ?

Deux questions nous restent à examiner, l'une se rattachant aux successions, la seconde aux donations.

La première question est de savoir si l'autorisation du conseil de famille est nécessaire au tuteur pour exercer le retrait successoral? Nous le croyons indispensable. « L'exercice de retrait ne constituerait pas seulement une extension de l'acceptation bénéficiaire, disent MM. Aubry et Rau, mais emporterait pour le mineur l'obligation personnelle de rembourser le prix de la cession, et pourrait, le cas échéant, constituer pour ce dernier une opération désavantageuse, engageant un patrimoine (2). »

La seconde résulte de l'existence dans notre Code d'une exception à la règle de l'art. 463. L'art. 935, § 2, reproduisant la disposition de l'art. 7 de l'ordonnance de 1731, porte que les père et mère du mineur ou les autres ascendants, même du vivant des père et mère,

---

(1) *Sic* : Laurent, t. V, n° 73. — *Contra* : Demol., t. VII, n° 708 ;
— Aubry et Rau, t. I, § 113, texte β et note 11.
(2) T. I, § 113, note 9.

quoiqu'ils ne soient point tuteurs du mineur, pourront accepter pour lui. Cette exception, on le voit assez, ne concerne que les donations faites aux mineurs. Quant aux donations faites aux interdits, elles doivent toujours être autorisées par le tuteur autorisé du conseil de famille.

On s'est demandé si l'art. 935 était applicable, alors même que la donation était faite sous certaines charges et conditions. On a répondu non d'une façon absolue ; on a, d'un autre côté, cherché à concilier les deux art. 935 et 463, en disant que l'acceptation du père ou de la mère, ou de l'ascendant, était suffisante pour faire acquérir au mineur le bénéfice de la donation, mais que l'autorisation du conseil de famille était nécessaire pour obliger le mineur à l'exécution des charges stipulées, ou du moins pour leur donner leur effet légal, si elles ne peuvent obliger le donataire. Cette conciliation ne nous paraît pas admissible, si le tiers donateur a consenti une libéralité sous certaines conditions, c'est afin d'en obtenir l'accomplissement, et il n'est pas conforme à sa volonté que le bénéfice de la donation soit acquis au donataire, s'il ne se trouve pas obligé à l'accomplissement des conditions (1). Restent donc en présence les deux opinions extrêmes : celle qui refuse tout effet à l'acceptation faite sans l'autorisation du conseil de famille, celle qui lui donne plein et entier effet. En l'absence de toute distinction dans l'art. 935, celle-ci nous paraît plus conforme à la loi.

---

(1) *Contra* : Demante, t. II, n° 224, bis, I.

§ 2. De l'autorisation que le conseil de famille doit donner au tuteur pour former une action en partage

Lorsqu'une succession a été acceptée sous bénéfice d'inventaire au nom du mineur ou de l'interdit, il reste, si celui-ci a des cohéritiers, à procéder au partage des biens indivis.

Ce partage ne peut être fait qu'en justice, et ne peut être demandé par le tuteur que s'il est autorisé par le conseil de famille. Cette autorisation suffit bien évidemment, s'il n'y a que des meubles dans la succession : mais la dernière jurisprudence a décidé que s'il y avait lieu à licitation d'immeubles, la demande ne pouvait être formée par le tuteur qu'en vertu d'une autorisation du conseil de famille homologuée par le tribunal (1). — Cette décision, contraire à la pratique constante, nous paraît fort douteuse en présence des dispositions spéciales relatives au partage en général qui sont au titre de la tutelle et du partage et qui paraissent en faire un acte distinct en dehors des aliénations ordinaires. Ces textes n'exigent jamais que l'autorisation du conseil de famille, (Art, 465, 817, C. civ.) C'est tout ce que nous pouvons dire de cette question qui ne rentre pas dans le champ de notre examen.

Les principes admis par le Code en matière de partage de biens appartenant pour partie à des mineurs, sont nouveaux.

En droit romain la règle écrite dans le sénatus-consulte de Septime-Sévère étant, pour les immeubles des pupilles, l'interdiction de toute aliénation en dehors du cas de nécessité absolue, la conséquence en était, et elle

(1) Cass., 20 janvier 1880. S., 1, 1, 880 ., 209, et la note

était indiquée dans l'oratio elle-même, que tout partage d'immeubles appartenant pour partie à des pupilles, ne pouvait être fait par le tuteur, à moins qu'il ne fût nécessaire de vendre la part qui leur revenait, pour faire face à leurs dettes, par exemple (1).

Le pouvoir de partager n'était que celui d'aliéner.

Notre ancien droit s'inspira de la même idée. Le tuteur pouvait demander le partage définitif des meubles d'une succession sans aucune autorisation. Pour les immeubles, il ne pouvait en consentir qu'un partage provisionnel (2).

Aujourd'hui, au contraire, le tuteur ne peut jamais consentir à l'amiable le partage même des meubles : ce partage doit être fait dans les formes judiciaires. Le tuteur ne peut même pas introduire en justice une demande à fin de partage de meubles sans l'autorisation du conseil de famille. D'un autre côté, alors même qu'il s'agit de partage d'immeubles, le conseil de famille peut autoriser le tuteur à le demander en dehors des conditions de l'art. 457. Il suffit qu'il lui paraisse convenable et utile. C'est que, quelque caractère qu'on attribue au partage, qu'on le considère selon la réalité des choses, comme une aliénation, ou, s'attachant jusqu'au bout à la fiction de l'art. 815, comme simplement déclaratif de droit, il faut y voir une opération qui peut être rendue nécessaire pour des immeubles par des raisons de convenance ou d'utilité particulières, étrangères à l'aliénation d'un immeuble isolé, et qui, lors même qu'il s'agit de meubles, produisent effet sur une univer-

______

(1) L. 1, § 2, et *L.* 7, pr. *de reb.*, *cor.*

(2) Pothier, *Succession*, 1, ch. IV, art. 1, § 2.—Cass. civ, 16 Nivôse an V. J. des aud. t. I, p. 100. — V. aussi *L. des droiz et commendemens*, n° 790.

salité, a des suites assez graves, pour qu'on ne laisse pas
au tuteur le soin de décider de son utilité.

Ces principes nouveaux, plus larges que ceux de l'ancien droit, sont plus rigoureux que ceux du droit intermédiaire. L'art· 53 de la loi du 17 nivôse an II permettait
au tuteur de de consentir un partage amiable avec l'autorisation du conseil. Des propositions dans le sens
d'un retour à cette législation se sont produites dans ces
derniers temps. Sans aller aussi loin, le projet de loi
élaboré par M. Bertin, cité déjà plusieurs fois, contient
une disposition nouvelle, qui permettrait d'éviter la
coûteuse et surtout inutile procédure des demandes
en licitation, toujours nécessaires aujourd'hui quand il
se trouve des cohéritiers ou copropriétaires mineurs.
Aux termes de l'art. 8, n° 9, de ce projet, dont l'idée est
empruntée à l'art. 13 de la loi du 3 mai 1841 sur l'expropriation pour cause d'utilité publique, le tuteur pourrait,
avec l'autorisation de la chambre du conseil du tribunal civil, donnée par ordonnance sur requête, consentir
à la licitation d'immeubles dont les mineurs ou interdits
se trouveraient copropriétaires (1).

Lorsque le partage a été ainsi demandé par le tuteur
dûment autorisé, il a les mêmes effets qu'à l'égard de
majeurs capables. Lors, au contraire, que les règles pré-
sentes n'ont pas été observées, il n'a que des effets
provisionnels (840). Nous croyons pouvoir tirer de cette
disposition ainsi que, de l'art. 818 C. civ. (1), cette conséquence que sans avoir besoin de se faire autoriser par
le conseil de famille le tuteur peut consentir un partage

(1) *J. off.*, Annexes., a. 1879, p. 3952.
(1) « Il (le mari) peut seulement s'il a le droit de jouir de ces
biens (ceux de la femme), demander un partage provisionnel. »

provisionnel. C'était l'ancien droit (1), et s'il n'en était pas ainsi, si le tuteur n'avait pas pareil pouvoir, comment le partage irrégulièrement fait aurait-il les effets d'un partage provisionnel (2)?

Les règles restent les mêmes lorsqu'il s'agit de partage d'un meuble, quand même l'opération ne devrait pas porter sur une universalité.

Faut-il également dire que le tuteur devrait se pourvoir de l'autorisation du conseil de famille lorsqu'il y a à partager non une universalité de meubles corporels, mais un ou plusieurs meubles? Cela peut paraître fort douteux. Car il ne s'agit point là de l'indivision et du partage auquel auquel la loi a pensé, et les pouvoirs ordinaires du tuteur paraissent lui permettre de faire seul un tel acte.

Mais lorsqu'il s'agit d'immeubles, nous le répétons, ou d'universalité de meubles, ces règles peuvent être suivies. Il en serait ainsi pour le partage de l'actif en marchandise, argent, etc., d'une société commerciale.

SECTION IV

LE CONSEIL DE FAMILLE JUGE DES CAUSES DE DESTITUTION ET D'EXCUSES

Nous avons montré le conseil de famille organisant la tutelle, tant au point de vue du personnel que du matériel. nous l'avons montré intervenant pour autoriser les actes les plus graves que comporte la gestion du patrimoine des mineurs ou des interdits. Nous l'avons montré

(1) Poth.. *Succ.*, loc. cit.
(2) Demol., t. VII, n° 723. — *Contra* : Laurent, t. V, n° 78.

désignant un représentant spécial à l'incapable dans les cas où les intérêts de celui-ci se trouvent en contradiction avec les intérêts de son représentant ordinaire.

Le conseil de famille, autorité supérieure de la tutelle, tient encore le tuteur dans sa juridiction : c'est à lui qu'il appartient d'apprécier si le parent ou l'ami qu'il a désigné s'acquitte des devoirs que fait peser sur lui le titre de tuteur. C'est lui qui juge ses agissements et dans les cas où ils lui paraissent dangereux pour la personne ou la fortune de l'incapable, lui enlève la direction de l'une et de l'autre, s'il s'agit d'un tuteur autre que le père ou la mère. S'il se trouve en présence de l'un de ceux-ci, ses pouvoirs se trouvent restreints ainsi que nous l'avons établi : ils se bornent à enlever au père ou à la mère l'administration des biens, la puissance paternelle proprement dite échappe complétement à sa juridiction.

Les mêmes pouvoirs lui appartiennent sur le subrogé-tuteur.

Il est un agent de la tutelle qui n'est point nommé par le conseil de famille, et qu'on a voulu soustraire à son contrôle, nous voulons parler du conseil de tutelle, désigné par le père prémourant pour assister la mère tutrice dans la gestion du patrimoine de leur ou de leurs enfants communs mineurs. Nous considérons que la personne désignée pour remplir ces fonctions est destituable, et que cette destitution appartient au conseil de famille. La tutrice elle-même est en effet destituable, et destituable par le conseil de famille : comment l'agent secondaire ne le serait-il pas ?

Les causes de destitution sont indiquées dans les art. 421 et 444 du Code civil. Nous avons à dire ici seulement que le conseil n'en peut admettre d'autres.

Le mot « destitution » impliquant une privation de fonction pour démérite de celui qui l'exerçait, la loi a dû en trouver un autre pour désigner et qualifier ceux à qui l'intérêt du mineur ou de l'interdit ne permet pas de confier la tutelle ou la subrogée-tutelle, sans qu'aucun démenti puisse leur être imputé : ceux-là sont appelés incapables. Certaines incapacités opèrent de plein droit. Il en est une au contraire qui, nous semble-t-il, doit être soumise à l'appréciation du conseil de famille. L'art. 442, 4°, déclare incapable d'exercer la tutelle, par conséquent d'exercer la subrogée-tutelle, et d'être membres du conseil de famille tous ceux qui ont, ou dont les père et mère ont avec le mineur (ou l'interdit) un procès dans lequel l'état de celui-ci ou une partie notable de ses biens sont compromis.

Lorsque tel cas se présentera, il faudra bien demander au conseil de famille si, en supposant qu'il agisse d'une instance pécuniaire, le conflit lui paraît assez grave pour qu'il y ait lieu de remplacer le tuteur en exercice. S'il se décide pour la négative, sa décision nous paraît devoir s'imposer, sauf recours dans les formes présentées par les art. 883 et suiv. C pr. civ.

Nous avons supposé que cette cause d'incapacité venait à surgir pendant le cours de la tutelle : elle pourrait exister lors de la délation de la tutelle. C'est alors à ce moment que le conseil l'apprécierait.

C'est également à ce moment que le conseil devrait examiner si ceux qu'il se propose de nommer ne se trouvent pas dans un cas d'exclusion. Les cas d'exclusion sur lesquels il est appelé à délibérer, ceux qui n'opèrent point de plein droit, sont les mêmes que les cas de destitution.

Cette identité nous a amené à parler ici, dans ce chapitre où nous avons montré comment le conseil, après avoir constitué la tutelle, être intervenu comme rouage de son fonctionnement, mettait fin à la gestion de ceux qu'il avait désignés pour en remplir les fonctions, à parler de fonctions qu'il peut se trouver appelé à exercer également lors de l'entrée en fonctions du tuteur.

Pour la même raison, nous parlerons ici des attributions du conseil de famille relatives aux excuses qu'il peut avoir à apprécier au début ou au cours de la tutelle.

Sous l'ancien droit le juge pouvait ou statuer lui-même sur l'excuse, après avoir pris l'avis de l'assemblée de parents, ou renvoyer à plaider selon la procédure ordinaire des instances.

Aujourd'hui le conseil de famille doit statuer sur l'admissibilité des excuses proposées.

Les causes d'excuses sont énumérées par la loi : le conseil pourrait-il, en dehors des cas prévus, décharger le tuteur ou le subrogé-tuteur de leurs fonctions sur leur demande. Le contraire paraît bien résulter de l'art. 431, qui pour un cas spécial, a cru devoir s'en expliquer et le permettre au conseil. Cette disposition a, semble-t-il, un caractère exceptionnel, qui s'accuse encore à la lumière de l'art. 1370 C. civ., qui range parmi les obligations résultant de l'autorité seule de la loi les engagements des tuteurs et autres administrateurs *qui ne peuvent refuser la fonction qui leur est déférée* (1).

(1) M. Demol., t. VII, n° 447.

CHAPITRE III

DES ATTRIBUTIONS DU CONSEIL DE FAMILLE RELATIVES A LA PERSONNE ET AUX BIENS DES MINEURS ÉMANCIPÉS

I

Nous avons dit dans quels cas appartenait au conseil de famille le droit d'émanciper le mineur. Dans ces cas son droit se borne à émanciper en laissant l'acte produire ses effets légaux sans pouvoir y rien changer. L'opinion de Toullier, qui prétendait que les conditions et les effets de l'émancipation pouvaient être diversifiés, est inadmissible, en présence de la règle souveraine qui veut que l'état des personnes soit réglé par la loi seule, sans que la volonté des particuliers y puisse rien changer.

Aussitôt que le mineur est émancipé, le conseil de famille doit lui désigner un curateur.

C'est du reste ce qu'il est appelé à faire lors de toute émancipation et lors même qu'elle est faite par le père et la mère. La curatelle est en effet toujours dative. Il n'existe pas en effet de disposition légale déférant la curatelle de plein droit à tel ou tel parent du mineur. Dans le seul article où il soit question du mode de nomination du curateur, celui-ci nous apparaît désigné par le conseil de famille. Telle est la teneur de l'art. 480. Nous croyons qu'on peut, de ces circonstances, conclure que le conseil de famille doit toujours être appelé à nommer le curateur. Cette conclusion est complètement confirmée par les travaux préparatoires. Les fonctions du curateur étaient, par le projet, déférées à celui qui aurait rempli les fonctions de tuteur. Cambacérès fit observer qu'il était quelquefois utile de donner au mineur un autre individu que celui qui avait rempli les fonctions de tuteur, ne fût-ce que pour préparer l'action en reddition de compte de la tutelle. On ne remarqua pas qu'il était possible de donner satisfaction à Cambacérès tout en conservant le principe du projet, par la nomination d'un curateur ad hoc. La disposition dont nous analysions le sens plus haut fut supprimée. Quand le projet fut communiqué officiellement au Tribunat, il était muet sur la délation de la curatelle : la section demanda alors qu'on ajoutât cette incidente, insérée aujourd'hui dans l'art. 480 : « d'un curateur... *qui sera nommé par le conseil de famille* (1). » L'article du projet qui portait le n° 84 après cette addition, se trouvait ainsi rédigé : « Il (le mineur émancipé) ne pourra intenter une action immobilière n y défendre, même recevoir et donner décharge d'un capital mobilier sans l'assistance d'un curateur qui lui sera nommé par le conseil de famille. » Si l'économie du Code était restée celle du projet, et si nous nous trouvions en présence de ce texte, on ne pourrait, comme permet de le faire la teneur de l'art. 480, objecter à notre théorie que si la loi ne parle que d'un curateur nommé par le conseil de famille, c'est qu'elle n'a pensé qu'au curateur chargé de recevoir le compte, pour lequel l'ancien tuteur, devenu curateur, ne pourrait assister le mineur, puisqu'il est intéressé dans l'acte. Mais cette analyse des travaux préparatoires suffit à établir que, quelle que soit la qualité de l'ancien tuteur, que ce soit même le père ou la mère, jamais la curatelle ne lui est dévolue de plein droit. Ceci nous permet de répondre à

(1) Fenet, t. X, pp. 594, 620, 636.

une seconde objection faite à la doctrine que nous défendons : Marcadé disait : « L'art. 480 n'a prévu que le cas où le mineur, par l'émancipation, sort de tutelle et ce n'est que pour ce cas-là qu'il nous dit que le conseil de famille nomme le curateur : il faut en conclure que cette règle ne s'applique pas au cas où le mineur est émancipé par le père, administrateur légal, et pour rester dans les données de la raison, il faut déférer de plein droit la curatelle à celui-ci. » A cela nous répondons que le père tuteur n'ayant été, quant à la curatelle, l'objet d'aucune préférence de la part du législateur, il serait évidemment contraire à l'intention de celui-ci de lui en accorder aucune, lorsqu'il est administrateur légal. La règle générale lui devient applicable, et il ne sera curateur que si le conseil de famille l'en juge digne. Mais, réplique la doctrine adverse, il n'y a point de conseil de famille pendant l'administration légale : comment, n'ayant point à intervenir dans celle-ci, se trouvait-il tout d'un coup investi du droit de contrôler ce père comme curateur et même de ne pas lui laisser la curatelle. Ceci n'a rien que de fort naturel : il faut bien admettre que le mineur émancipé pendant le mariage se trouve, dans la gestion de ses biens, soumis à l'autorité supérieure du conseil de famille (art. 483-484), comme le mineur émancipé au cours de la tutelle. Le père curateur, même légal, ne saurait avoir des pouvoirs plus étendus qu'un curateur étranger du moins en principe. Le régime de la curatelle est donc complètement étranger aux principes qui ont servi de base à l'établissement de l'administration légale. Le père n'a, à raison de sa qualité, aucun droit spécial. Pourquoi sa nomination ne serait-elle pas faite dans les formes ordinaires.

Enfin si l'on adopte la doctrine que nous avons soutenue relativement à l'administration légale, il paraîtra plus naturel encore que le conseil de famille qui y intervient, soit, lorsqu'elle prend fin, chargé de l'organisation du régime nouveau de la curatelle.

Une seule exception à ce que nous venons de dire nous paraît résulter de l'art. 2208 C. civ. Cette disposition porte que, dans le cas où le mari majeur refuse de procéder avec sa femme mineure dans une poursuite de saisie immobilière des biens de la femme, celle-ci doit demander au tribunal la nomination d'un curateur (1). On en a conclu avec raison, croyons-nous, que le mari était de plein droit le curateur de sa femme : le texte le suppose en effet (2) toujours investi de cette qualité, ce qui ne se conçoit qu'en supposant qu'elle lui est de plein droit déférée par la loi.

Quels sont, à l'égard du curateur, les pouvoirs du conseil de famille? On admet généralement par analogie avec la tutelle que le curateur peut être excusé, exclu ou destitué dans les cas où le tuteur peut l'être. Le conseil de famille a donc sur le curateur une autorité semblable à celle qui lui appartient sur le tuteur (3). Il pourra le destituer, l'exclure, dans le cas où nous avons indiqué qu'il y avait lieu de faire juger par le conseil la cause d'exclusion : c'est à lui que le curateur devra soumettre les excuses qu'il prétendra faire valoir et les pouvoirs du conseil se résumeront à admettre ces excuses spécifiées par la loi ou à les rejeter, sans qu'il puisse en être admis d'autres. Le conseil ne pourra donc jamais admettre la

(1) L'art. dit « un tuteur » : l'erreur est évidente, la femme mariée mineure, ne peut, étant émancipée, avoir un tuteur.

(2) Trib. Seine, 2 décembre 1853. D. P., 1854, 5, 293. — Cass. Req., 4 février 1868. D. P., 1868, p. 935.

(3) Aubry et Rau, t. I, § 128.

démission pure et simple du curateur ; la démission de celui-ci pourra seulement être acceptée dans le cas où elle serait offerte sans la menace d'une destitution et pour éviter scandale. Cette exception admise en faveur du tuteur doit être étendue au curateur.

Mais l'autorité du conseil en ce qui concerne les actes qu'il n'est point formellement et spécialement appelé par la loi à autoriser, se réduit-elle au droit de contrôle indirect s'exerçant par la destitution : si le curateur remplit mal son devoir ne peut-il pas le suppléer ? Si, par exemple, il refuse d'assister le mineur pour un acte que celui-ci juge utile pour la bonne gestion de son patrimoine, ce mineur ne peut-il pas recourir contre ce refus devant le conseil et lui demander de l'y autoriser ?

M. Demolombe enseigne l'affirmative et l'appuie de ces motifs : la femme mariée, dit-il, peut, dans le cas où son mari refuse de l'autoriser, s'adresser à la justice : si le conseil judiciaire refuse son assistance, la jurisprudence admet que le pourvu peut se faire autoriser par justice. Pourquoi n'accorderait-on pas de même au mineur émancipé le droit de recourir contre le refus d'assistance du curateur devant l'autorité supérieure de la curatelle.

M. Laurent répond que le droit d'assister implique celui de refuser l'assistance, que dans les cas où la loi n'a pas organisé de recours contre ce refus, il est sage de penser qu'elle n'a voulu en ouvrir aucun. Cette opinion nous paraît d'autant plus plausible, qu'il est admis que le conseil de famille ne peut en aucune façon s'engager dans les actes qui sont de la compétence du tuteur seul, et n'exerce dans la mesure de ces actes son autorité sur celui-ci que par la voie indirecte de la destitution : il y a une bien plus grande analogie entre la tutelle et la curatelle qu'entre cette dernière et toute autre assistance légale : nous croyons donc qu'il faut lui appliquer les principes de la première (1).

II

Les fonctions du conseil consistent, tant que le mineur émancipé est en curatelle, à l'autoriser à faire les actes pour lesquels l'assistance du curateur ne suffit pas. Dans ces cas, ce n'est point le curateur qui se fait autoriser par le conseil à assister le mineur, mais c'est celui-ci qui se fait directement autoriser par le conseil, et une fois autorisé il peut agir seul : l'intervention du curateur est superfétative.

Les attributions du conseil concernent, pendant la curatelle comme pendant la tutelle, la personne et les biens du mineur. Les premiers se trouvent naturellement bien moindres que pendant la tutelle. Le mineur émancipé libre de la puissance paternelle proprement dite, c'est-à-dire de cette puissance qui permet au père et à la mère, ainsi qu'à leurs représentants, s'ils ne sont point en état de l'exercer, de·diriger avec autorité la personne de leurs enfants, se place comme il veut, se fait donner l'instruction qu'il lui plaît, entre dans la carrière qui lui convient le mieux, travaille ou ne travaille point selon son gré, se place seul en apprentissage. (Arg. art. 3 L. 22 février 1851.) — Maître de sa personne, il n'a point à faire régler par le conseil ses dépenses d'entretien annuel, ni à faire déterminer l'instruction qu'il devra recevoir, ou l'état qu'il devra suivre.

Il peut contracter tel engagement militaire qu'il lui plaît. — Du moins le conseil de famille n'a-t-il jamais à

(1) Laurent, t. V, n° 228. — *Contra* : Demol., t. VIII, n° 314.

l'y autoriser. Prévoyant le cas où le mineur est resté sans père ni mère, l'art. 46 de la loi du 27 juillet 1872, n'exige que l'autorisation du tuteur autorisé du conseil pour les mineurs en tutelle : par le silence qu'il garde sur ceux qui sont émancipés, il permet implicitement à ceux-ci de s'engager sans aucune autorisation. — Quant aux mineurs émancipés qui ont encore leur père ou leur mère, on discute s'ils doivent ou non être autorisés de ceux-ci : question hors de notre sujet et que nous n'avons pas à traiter.

Les attributions du conseil concernant la personne du mineur émancipé se réduisent à trois.

Mariage. — Il autorise le mariage du mineur légitime émancipé. Cette autorisation est donnée dans les formes ordinaires, et comme lorsqu'il s'agit d'un mineur non émancipé. C'est également le conseil qui, dans ce cas doit prendre connaissance du contrat de mariage et autoriser le mineur à en consentir les conditions. Les règles à observer sont les mêmes que celles qui doivent être suivies pour le mineur en tutelle.

Si l'autorisation à mariage est toujours donnée directement par le conseil de famille au mineur enfant légitime, nous avons vu que la même autorisation n'était point donnée dans la même forme à l'enfant naturel : nous avons même indiqué que dans une certaine doctrine elle était donnée au mineur enfant naturel, non par le conseil, mais par le tuteur ad hoc désigné par celui-ci. Quelque opinion qu'on adopte sur ce point il nous paraît difficile de faire nommer un tuteur ad hoc au mineur émancipé enfant naturel pour l'assister à son mariage. Le conseil, pensons-nous, devra autoriser lui-même le mariage.

Engagement religieux. — Le décret de 1806 que nous

avons cité, exige, pour l'engagement dans les congrégations hospitalières de femmes, que les novices soient autorisées dans les mêmes cas et suivant les mêmes formes,
où les mineurs doivent l'être pour se marier. Il suit de
là que les enfants mineurs même émancipés doivent,
pour prendre semblable engagement, s'y faire autoriser
par leur conseil de famille, lorsqu'elles sont restées sans
père ni mère.

Retrait de l'émancipation. — Nous rangeons le retrait
d'émancipation parmi les attributions relatives à la personne, parce que, faisant rentrer celle-ci en puissance, il
ne change pas seulement sa capacité, mais encore fait
rentrer le mineur en puissance et le place à nouveau
quant à sa personne même, sous l'autorité d'un tiers.

Le conseil de famille est compétent pour retirer au
mineur le bé néfice de l'émancipation dans les mêmes
cas où nous avons dit qu'il pouvait l'émanciper, et ce,
sans qu'il y ait à considérer si l'émancipation à été conférée par le père, la mère ou le conseil de famille lui-
même.

La révocation ne peut s'appliquer qu'à l'émancipation
expresse. L'art. 485 dit en effet que l'émancipation ne
peut être retirée que dans les mêmes formes où elle a
été conférée. Par l'emploi de ces termes, la loi exclut
tacitement la révocation de l'émancipation résultant du
mariage.

La capacité des personnes ne pouvant être modifiée
que par la loi et ne pouvant leur être retirée que par elle,
nous déciderons, sans nous arrêter à la question qui
s'est élevée là-dessus, parce qu'elle n'est point spéciale
au conseil de famille, nous déciderons que le conseil ne
pourrait retirer au mineur le bénéfice de l'émancipation
que dans le cas où les engagements de celui-ci ont été

réduits en conformité de l'art. 484, et qu'il ne le pourrait faire pour simple inconduite (1).

Mais il s'élève sur l'effet et l'autorité de la délibération du conseil qui enlève le bénéfice de l'émancipation au mineur une question qui rentre dans notre sujet. Peut-il être formé un recours devant la justice? Assurément, si elle émanait du père ou de la mère, elle serait définitive sans appel ni réforme possible. Aussi les auteurs qui, dans l'exercice de la puissance paternelle, assimilent complètement l'autorité du conseil de famille à celle des père et mère eux-mêmes, décident-ils de même pour cette délibération. Nous avons déjà examiné le principe de cette doctrine, nous l'avons combattu et rejeté. Nous avons dit que jamais le conseil de famille ne pouvait ainsi prétendre à un rôle souverain. Ce principe contraire nous amène à adopter une solution contraire sur la présente question et à décider que la délibération prise à ce sujet par le conseil de famille est soumise au droit commun et susceptible de recours devant la justice.

Lorsque l'émancipation est ainsi révoquée, le mineur rentre en tutelle, et cette tutelle doit être déférée conformément aux règles ordinaires. Ce n'est donc qu'à défaut d'ascendants, ou par suite d'excuse ou d'exclusion de ceux-ci, que le conseil est appelé à nommer le tuteur. Le mineur se trouve en effet dans une situation identique à celle du mineur resté sans père ni mère, ni tuteur choisi par l'un d'eux: il se trouve à la suite de la révocation d'une émancipation, qui avait évidemment anéanti la première tutelle, sujet à cette puissance : quoi

(1) *Sic* : Laurent, t. V. — *Contra* : Demol. — Dans le sens, indiqué au texte : Toulouse, 25 novembre 1882. S., 1883, 2, 96.

de plus logique que de régler cette situation par les mêmes principes que la loi a établis pour la situation analogue qu'elle a prévue (1).

III

Le conseil, quant à la gestion des biens du mineur, est appelé à habiliter le mineur à faire les actes qu'il ne pourraitfaire même avec l'assistance de son curateur. Nous nous sommes expliqué là-dessus.

Nous suivrons pour l'examen de ces différents actes le plan déjà observé par nous lorsque nous avons traité de la gestion des biens du mineur en tutelle. Mais auparavant nous aurons à nous occuper d'une habilitation conférée au mineur non pour un acte unique et déterminé, mais pour une série d'actes de même nature : nous voulons porter de l'autorisation de faire le commerce.

Nous parlerons donc successivement :

    1° De l'autorisation donnée au mineur de faire le commerce ;

    2° Des emprunts ;

    3° Des aliénations ;

    4° Des droits litigieux ;

    5° Des successions et donation.

1° *De l'autorisation de faire le commerce.* — C'est en première ligne au père et à la mère que la loi confère le soin de décider si le mineur est apte à recevoir cette autorisation, et ce n'est qu'à défaut de ceux-ci qu'il passe au conseil de famille, tandis qu'au contraire les attribu-

(1) Laurent, Demolombe. — *Contra :* Marcadé, t. II, p 291-292. — Val , Explic. Som. p. 337.

tions du conseil que nous étudierons ensuite lui appartiennent du vivant même des père et mère.

C'est à défaut de ceux-ci, avons-nous dit, que le conseil de famille est chargé d'autoriser le mineur. (Art. 2 C. com.) A défaut de ceux-ci... les mots de l'art. 2 du Code de commerce doivent être entendus dans l'acception la plus large. Quelle que soit la cause qui empêche le père ou la mère d'exercer ses droits , ils passent au conseil. (Arg. de ces mots du 1° « au cas de décès ou absence du père) ».

L'autorisation ainsi donnée par le conseil de famille au mineur émancipé est soumise encore à une publicité dont les formes sont déterminées par l'art. 2 du Code de commerce.

Le conseil de famille qui a ainsi conféré au mineur l'autorisation de faire le commerce, peut-il la révoquer à son gré? La question présente un fort grand intérêt. Le mineur étant réputé majeur pour les actes de son commerce d'une façon complète, les engagements qu'il contracte dans l'exercice de cette profession ne pourront jamais être réduits. Il en résulte que jamais le désordre de ses affaire commerciales ne permettra de révoquer l'émancipation, et par là même, d'une façon indirecte, l'autorisation d'exercer le commerce (1). Il est donc très important de savoir si le conseil peut révoquer directement et à sa volonté cette autorisation.

____

(1) On ne saurait admettre l'opinion de M. Beslay, n° 222. Cet auteur enseigne que l'émancipation est nécessaire au mineur pour devenir, non pour rester commerçant, en s'appuyant sur ce que l'art. 2 n'exige que le mineur soit autorisé que pour commencer, non pour continuer, ce qui implique, selon lui, qu'en aucune manière l'autorisation de faire le commerce ne peut être révoquée même par le retrait de l'émancipation. Cette doctrine repose sur un jeu de mots.

Selon nous, qui peut donner une autorisation peut aussi la retirer. Nous ne voyons pas quel principe on pourrait invoquer contre cette opinion (1). Il est bien entendu que le mineur pourrait se pourvoir devant la justice pour faire casser la délibération révoquant l'autorisation.

2° *Emprunts*. — Aux termes de l'art. 483, le mineur émancipé ne peut faire d'emprunts sous aucun prétexte, sans une délibération du conseil de famille, homologuée par le tribunal de première instance après avoir entendu le procureur de la République.

Sur cet article deux doctrines se sont formées : la première tirant argument de ce que la loi a consacré à l'emprunt pour le mineur émancipé une disposition spéciale, où ne sont point reproduits les termes de l'art. 457, exigeant, pour que l'emprunt soit autorisé, qu'il y ait nécessité absolue ou avantage évident, en a conclu que, même sans que ces conditions fussent remplies, le conseil pouvait autoriser l'emprunt.

Mais cette interprétation est difficile à admettre en présence de l'art. 484, qui assimile complètement la gestion du mineur émancipé et celle du tuteur pour les actes autres que ceux d'administration, et qui semble, par son caractère général et absolu, corriger la signification apparente de l'article précédent. Mais, dira-t-on, si telle n'est point la signification de celui-ci, pourquoi une disposition spéciale sur l'emprunt alors, que la règle générale de l'art. 484 était suffisante. Cette bizarrerie s'explique ainsi : le projet du titre X, communiqué au Tribunat,

(1) Alauzet, l. I, n° 55. — En sens divers : MM Lyon - Caen et Renault *Pr. de dr. com.*, t. I, n° 166 ; — Molinier, *Tr de dr. com*, t. I, n° 157; — Demol, l. VIII, n° 353; — Demante, t. II, n° 258; l. III. — Boistel, *Pr. de dr. com.*, n° 82.

ne contenait que la disposition qui est devenue l'art. 483 : ce fut sur la demande du Tribunat que l'on introduisît la règle générale, qui est l'art. 484.

Aliénations. — Pour les aliénations d'immeubles, il nous suffira de renvoyer à ce que nous avons dit de l'aliénation des immeubles appartenant aux mineurs en tutelle.

Nous avons vu que dans une certaine mesure, des auteurs avaient assimilé à l'aliénation d'immeubles le bail qui en est consenti avec stipulation de payement des loyers d'avance. Ces auteurs ne permettent au tuteur de faire cette stipulation qu'avec l'autorisation du conseil de famille. Parmi ces auteurs, lorsqu'il s'agit d'un bail fait par un mineur émancipé, les uns s'en tiennent à exiger l'assistance du curateur ; les autres veulent qu'il soit autorisé par le conseil. Selon nous, si l'assistance du curateur est nécessaire, parce qu'il s'agit de faire un acte qui n'est point d'administration pure, qui ressemble au recouvrement d'un capital, l'autorisation du conseil est inutile. Cette stipulation n'a aucun des caractères d'une aliénation.

Pour l'aliénation des meubles corporels, elle peut être faite par le mineur émancipé sans aucune autorisation du conseil de famille : cette partie de ses biens n'est en aucune façon dépendante du conseil, et il peut ou les conserver ou les vendre sans se faire autoriser par celui-ci.

Quant aux meubles incorporels, la jurisprudence antérieure à la loi de 1880 décidait, conformément aux principes par elle admis pour la tutelle, que l'aliénation pouvait en être faite par le mineur émancipé assisté de son curateur, sans aucune autorisation du conseil de famille. Cette règle générale ne souffrait d'exception que

dans les cas et pour les valeurs indiquées dans les décrets de 1806 et de 1813, relatifs à l'aliénation des
rentes 3 0/0 sur l'État français et des actions de la
Banque de France : le mineur émancipé devait se faire
autoriser, pour aliéner, par le conseil de famille, lorsqu'il
était propriétaire de plus de 50 fr. de rente ou de plus
d'une action de la Banque de France.

La loi du 27 février 1880 a établi un système nouveau et
complet en ce qui touche l'aliénation des meubles incorporels appartenant à des mineurs émancipés, la conversion des valeurs mobilières dont ils sont propriétaires et
l'emploi de leurs capitaux.

Les mineurs émancipés, pour l'aliénation de leurs
meubles incorporels, la conversion en titres au porteur
de leurs valeurs mobilières, et l'emploi de leurs capitaux,
sont soumis aux règles que nous avons exposées au
titre de la tutelle. Ils ne peuvent non plus conserver les
valeurs au porteur qui leur appartiennent, que dans les
cas, et après s'être fait autoriser dans les formes indiquées pour le tuteur du mineur ou de l'interdit. Les
dispositions de la loi de 1880 leur étant pleinement applicables, nous renvoyons à ce que nous en avons dit
relativement au tuteur.

Mais nous devons signaler ici que ce principe subit deux
graves exceptions : les mineurs émancipés par mariage,
et les mineurs émancipés pendant le mariage de leurs père
et mère restent sous l'empire des anciens principes, et les
règles nouvelles ne leur sont point applicables. Nous le
dirons franchement : l'une et l'autre de ces exceptions sont
peu juridiques et peu pratiques à la fois. Peu juridiques..... En effet, puisque la capacité du mineur émancipé, relativement à l'aliénation de ses immeubles, est
par le Code civil toujours soumise aux mêmes restric-

tions, sans qu'on ait à rechercher par quel acte a été produite l'émancipation ni à quelle époque elle a eu lieu, il est impossible de comprendre comment le législateur, qui ne prétendait que compléter le Code civil, a pu admettre semblables distinctions quant à l'aliénation des meubles. On ne comprend pas non plus pourquoi le législateur a pu accorder à ceux qui sont émancipés suivant une certaine forme, la confiance et la capacité qu'il refuse à ceux qui l'ont ont été dans une autre. Cette dernière considération montre combien la loi est aussi peu pratique en refusant à certains émancipés la protection qu'elle accorde aux autres. — Si l'on voulait faire une exception pour les mineurs émancipés pendant le mariage, si l'on trouvait bizarre que le père curateur ne pût autoriser son enfant à faire des actes qu'il eût pu faire seul comme administrateur légal, encore fallait-il restreindre cette exception au cas où le père serait curateur, ce qui peut ne pas être puisque la curatelle est toujours dative. Si l'ingérence du conseil de famille dans l'administration des biens mobiliers d'un mineur marié, surtout d'une femme mineure mariée, paraissait froissante pour les époux, alors même que le Code civil l'avait en cas pareil admise pour l'aliénation des immeubles, encore ne fallait-il l'exclure que pendant le temps que durerait le mariage, et non pour le temps où le mineur serait devenu veuf. (V. art. 4 de la loi du 27 février 1880.)

De cette distinction, mal à propos admise par la loi de 1880, résulte un défaut d'harmonie entre les règles du Code civil relatives à l'aliénation des immeubles des mineurs émancipés, et les règles nouvelles sur l'aliénation des meubles incorporels appartenant aux mêmes personnes.

Droits litigieux. — Le mineur émancipé peut, aux termes de l'art. 482, exercer toutes ses actions tant immobilières que mobilières avec la seule assistance de son curateur. Il semble donc, puisque dans l'art. 404 la loi assimile l'acquiescement et l'exercice de l'action, que le mineur peut encore avec cette seule assistance acquiescer aux actions même immobilières intentées contre lui. C'est en effet la doctrine enseignée par M. Demolombe, et elle nous semble exacte. L'acquiescement dans la doctrine du législateur n'est point traité comme aliénation. Pour soutenir l'opinion contraire, on invoque la généralité des termes de l'art. 484, qui exige que le mineur émancipé, pour faire tous actes autres que ceux de pure administration, observe les mêmes formes que le tuteur. Mais ne peut-on pas admettre que la loi en écrivant une exception expresse à cette règle pour l'introduction des instances immobilières, en a par là même admis tacitement une autre pour l'acquiescement qu'elle assimile à celle-ci dans l'art. 404 (1).

Nous n'exigerions pas non plus que le mineur émancipé fût autorisé par le conseil de famille pour tous les actes que nous avons assimilés à l'acquiescement, en ce qui touche les pouvoirs du tuteur.

Nous ne permettrions pas au mineur émancipé de jamais transiger sans les formes indiquées par l'art. 467, — auquel renvoie l'art. 484. — Nous ne le lui permettrions pas alors même qu'il ne s'agirait que de transiger sur des actes qui seraient de pure administration. Nous avons vu que jamais en ce qui concerne les biens des mineurs en tutelle, la loi n'autorise la transaction sans ces formalités, qu'elle ne la répute jamais acte d'admi-

(1) V. M. Laurent.

nistration, et n'autorise jamais le tuteur à la faire seule, lors même qu'il s'agit de transiger sur un acte d'administration. S'il en est ainsi la transaction, lors même qu'elle ne porterait que sur un acte de pure administration, rentre dans les termes de l'art. 484, et ne peut être faite par le mineur émancipé que dans les formes indiquées par l'art. 467. C. civ. — Il est en effet inexact de dire que l'art. 481 a donné capacité pour ces sortes de transactions aux mineurs émancipés, parce qu'il les répute majeurs pour tout ce qui est de pure administration. L'art. 481 n'est pas aussi général, il ne répute pas majeur le mineur émancipé d'une façon absolue pour actes de pure administration : il porte seulement que quelles que soient les conséquences de ces actes, le mineur ne pourra se faire restituer que dans les cas ou le majeur le pourrait lui-même, ce qui est bien différent, et n'a d'autre effet que de donner toute solidité à ces actes (1).

Successions, donations et partages. — L'assistance de son curateur suffit au mineur pour accepter une donation (art. 935), il n'est point nécessaire qu'il se fasse autoriser par le conseil de famille.

La même assistance lui suffit pour introduire une demande en partage. (Art. 840.) — Néanmoins si la doctrine admise par la jurisprudence et selon laquelle la demande en licitation d'immeubles doit être assimilée à l'aliénation, est exacte, lorsque dans l'universalité à partager il se trouvera des biens de cette nature, il faudra que le mineur émancipé soit autorisé par une délibération du conseil de famille homologué par le tribunal.

---

(1) *Contra :* M. Demolombe.

Si, quant à ces deux actes, la capacité du mineur émancipé est plus étendue que les pouvoirs du tuteur, elle leur redevient égale lorsqu'il s'agit de l'acceptation ou de la répudiation d'une succession. Pour un acte de cette nature, le mineur émancipé doit être autorisé du conseil de famille. (Arg. 484.)

Les règles que nous venons d'exposer s'appliquent aux enfants assistés : le rôle du conseil de famille est alors rempli par la commission de l'hospice où ils sont placés.

PARTIE II

Nous avons dit quelles sont les attributions *normales* du conseil de famille, quels sont les patrimoines et les personnes sur lesquelles il est appelé à exercer son autorité tutélaire d'une manière régulière et permanente. Ces personnes sont : les mineurs en tutelle, les interdits, et les mineurs émancipés. Il nous reste à indiquer quelles sont les cas où le conseil de famille est consulté d'une façon exceptionnelle et spéciale.

CHAPITRE Ier

DE LA NOMINATION DU CURATEUR AU VENTRE

Aux termes de l'art. 393 du Code civil, lorsque la femme se trouve enceinte lors du décès du mari, il doit être nommé un curateur au ventre. On sait quelles sont les fonctions du curateur au ventre, chargé pendant la grossesse d'empêcher la suppression de part, chargé également d'empêcher une supposition de part, ayant fonction d'administrer, en s'en tenant aux actes conservatoires, les biens auxquels l'enfant qui naîtra peut avoir droit. A la naissance de l'enfant il devient son subrogé-tuteur. Ainsi s'explique que ce curateur au ventre soit nommé par le conseil de famille.

Si nous en parlons dans cette seconde partie, c'est que dans ce cas il n'y a pas vraiment un incapable à protéger, un patrimoine d'incapable à gérer : la nomination du curateur ad hoc est un acte unique et particulier, qui touche un patrimoine qui peut-être ne sera jamais soumis au régime de la tutelle.

CHAPITRE II

DE LA NOMINATION D'UN TUTEUR A UN SOURD-MUET

Le droit actuel n'a point suivi le droit ancien, il a reconnu aux sourds-muets la même capacité qu'aux autres citoyens. Cette capacité n'a subi de restriction qu'en matière de donation, pour lesquelles la loi s'est toujours montrée si rigoureuse. Le sourd-muet qui ne sait pas écrire, et ne peut manifester sa volonté d'accepter une donation que par signes, n'est pas admis à le faire par lui-même. Il est nécessaire qu'un tuteur lui soit nommé qui sera chargé d'accepter en son nom. (Art. 936 C. civ.)

Conformément à la règle générale que nous avons posée, et à défaut de raisons particulières de décider autrement, nous pensons que ce tuteur doit être nommé par un conseil de famille composé et réuni dans les formes ordinaires (1).

(1) Demante, t. IV, n° 75 bis.

CHAPITRE III

DE LA NOMINATION DU TUTEUR A LA SUBSTITUTION

Lorsqu'un donateur ou un testateur a fait une substitution sans désigner dans l'acte contenant la libéralité, ou dans un acte authentique postérieur, un tuteur chargé de surveiller la gestion du grevé, il y a lieu d'en désigner un. Pour les motifs indiqués au paragraphe ci-dessus, nous attribuons au conseil de famille la nomination de ce tuteur. (1055, C. civ.)

Ce n'est point, à vrai dire, un tuteur : ce n'est le représentant de personne, c'est un surveillant adjoint au grevé. A défaut de règles spéciales, nous déciderons néanmoins non seulement avec la loi, qu'il peut-être dispensé pour les mêmes causes qu'un vrai tuteur, mais encore qu'il pourrait être destitué aussi comme lui, et que destitution et excuses doivent être jugées par le conseil de famille.

CHAPITRE IV

DE L'AUTORISATION QUE LE CONSEIL DE FAMILLE EST APPELÉ À DONNER A LA RESTRICTION DE L'HYPOTHÈQUE LÉGALE DE LA FEMME MARIÉE.

Nous avons dit que la femme mariée, en tant que femme mariée, n'était point, quoique incapable, placée sous l'autorité tutélaire du conseil de famille. C'est que la loi a restreint le rôle de celui-ci à la sauvegarde de ceux qui sont naturellement incapables. L'incapacité de la femme mariée est purement légale, et n'a d'autre objet que de faire respecter par elle la puissance maritale : c'est donc toujours au mari à la relever de cette incapacité. Il existe néanmoins un cas où les parents de la femme sont appelés à donner leur avis sur ses intérêts. Aux termes de l'art. 2144. C. civ. le mari ne peut s'adresser à justice pour obtenir la restriction de l'hypothèque légale qui grève ses biens pour sûreté des droits de sa femme qu'après avoir obtenu le consentement de celle-ci et l'avis conforme des quatre plus proches parents de la femme. C'est là un conseil de famille spécial : il ne comprend que quatre membres, et ceux-ci doivent être toujours les quatre plus proches parents de l'intéressée. On comprend que la loi n'y admette que des parents : l'intervention de simples amis pourrait sembler malséante.

CHAPITRE V

DE LA RECTIFICATION D'UN ACTE DE L'ÉTAT CIVIL

Lorsqu'une demande en rectification d'un acte de l'état civil a été formée, le tribunal peut ordonner que les parties intéressées soient mises en cause et prendre aussi toutes les mesures qu'il juge utiles pour s'éclairer. Parmi celles-ci il en est une que l'art. 856 du Code de procédure civile prévoit expressément, c'est la réunion du conseil de famille de l'intéressé. On comprend sans peine quels renseignements pourront être ainsi obtenus : les membres

du conseil de famille, en relations fréquentes avec l'intéressée pourront indiquer si les allégations dirigées contre
la rédaction de l'acte sont ou non fondées.

Cette convocation du conseil de famille est purement
facultative, et le tribunal n'est point obligé de prendre cet
avis.

Mais il le peut toujours. La délibération que le conseil
est appelée à donner n'est pas dans l'intérêt du demandeur, mais a pour objet d'éclairer le tribunal. Il importe
donc peu que les intéressés soient mineurs ou non :
cette convocation peut toujours être utile ; elle peut donc
toujours être ordonnée. Aussi la loi n'a-t-elle fait aucune
distinction.

CHAPITRE VI

DES ATTRIBUTIONS DU CONSEIL, RELATIVES AUX ALIÉNÉS NON INTERDITS

Nous avons dit que les interdits étaient en tutelle par
conséquent placés sous la protection supérieure du conseil de famille.

Il n'en est pas de même des aliénés non interdits.
Lorsqu'ils sont placés dans un établissement public, leurs
biens sont gérés par un membre de la commission administrative. Si cette commission pense qu'il vaut mieux
que les fonctions d'administrateur provisoire soient remplies par une autre personne, elle peut en faire nommer
un : d'autres personnes qui sont indiquées par l'art. 32
de la loi du 30 juin 1838, peuvent intégralement le de-

mander. Cette nomination est toujours nécessaire pour l'aliéné placé dans un établissement privé, s'il a des biens. —C'est le tribunal qui désigne l'administrateur provisoire. Mais cette nomination ne peut être demandée qu'après avis du conseil de famille.

Quoique la loi n'en dise rien, il nous semble que le tribunal devrait également, avant de nommer un curateur à la personne de l'aliéné, prendre l'avis du conseil de famille.

Ce sont là les seules attributions qui appartiennent au conseil. Nommé par la justice, l'administrateur provisoire et le curateur à la personne ne relèvent que de la justice : c'est par celle-ci que l'administrateur provisoire doit se faire autoriser quand besoin est; c'est par elle qu'il devra se faire excuser, c'est par elle qu'il sera destitué. Le conseil n'intervient pas. (L. 30 juin 1838.)

Telle est du moins la conclusion qu'on pouvait induire des dispositions de la loi de 1838.

La loi du 27 février 1880 nous paraît, sans que ses auteurs y aient le moins du monde pensé, avoir changé cela. L'art. 8 porte que les dispositions de cette loi s'appliqueront aux valeurs mobilières appartenant à des aliénés non interdits. L'aliénation, la conversion de ces valeurs, l'emploi des capitaux de ces aliénés seraient donc placés sous le contrôle du conseil de famille, puisque c'est à lui qu'il incombe, aux termes de cette loi. C'est là une innovation importante, que nous n'avons vu cependant relever nulle part.

En ce qui concerne les aliénés placés dans les établissements ou à Paris, de plein droit le directeur de l'Assistance publique est leur tuteur, aux termes de l'art. 3 de la loi des 10-13 janvier 1849. Ses pouvoirs sont ceux conférés au tuteur par le Code civil (1). Nous pensons que le rôle du conseil de famille appartient pour ces aliénés à la commission de l'hospice où ils sont placés, s'il s'agit d'un établissement public (2) ; s'il s'agit d'un établissement privé, on se trouverait dans la nécessité de réunir un conseil de famille.

(1) Ch. du conseil de la Seine, 2 avril 1852, 15 mars 1852. — Bertin, t. II, n° 727.

(2) L'art. 9 de la loi, laquelle se rapporte également à la tutelle des enfants assistés, ne déclare abrogées les lois antérieures qu'en ce qu'elles ont de contraire à celle-ci. Or le décret du 19 janvier 1811 donnait ce rôle à la commission pour les enfants assistés : et cette disposition n'a rien de contraire à celles de la loi de 1849.

CONCLUSION

Lorsque le législateur de 1804 emprunta à l'ancien
droit, en lui donnant une organisation nouvelle, plus
précise et plus complète, l'institution du conseil de famille, il pensait y trouver un organe de protection pour
les incapables, commode et sûr. Parents, alliés ou amis
du mineur ou de l'interdit, les membres du conseil devraient être à même, mieux que personne, de désigner
celui d'entre eux qui serait le plus digne et le plus capable de remplir les délicates et lourdes fonctions de
tuteur ; mieux que personne aussi, par leurs relations
avec le pupille ou ses parents, ils seraient instruits de
sa situation de fortune, de sa condition sociale, très bien
placés pour apprécier ses intérêts, et juger ce qui serait
nécesaire pour y satisfaire ; ils seraient aussi bien placés pour juger la conduite du tuteur : le conseil de famille
devait être également très compétent pour donner son avis
à l'occasion sur les diverses questions concernant un individu, telles que la situation de son état mental. La présence du juge de paix dans le conseil devait assurer la
bonne application de la loi, et la sagesse des résolutions.

Les choses ne se sont point aussi bien passées que
l'avait espéré le législateur. Il est arrivé ce qu'avaient
déjà, lors de la communication du projet, pressenti et
prédit plusieurs tribunaux d'appel : les inconvénients
qu'ils avaient indiqués sont devenus plus sensibles chaque
jour.

« Le conseil de famille, disait le tribunal de Nancy

après avoir déclaré trop multipliées les attributions de celui-ci, composé de parents et souvent d'étrangers, sous le titre de voisins ou amis, indifférents au sort de la tutelle, ou mus par des vue d'intérêt particulier, fatigués de leurs fréquentes réunions, et empressés de se dissoudre, ou délibérera d'humeur, ou se laissera entraîner sans examen dans les mesures proposées... »

« L'intervention du juge de paix dégénérera, quant à l'intérêt des mineurs, en une vaine formalité; il sera le rédacteur passif des dires des parties (1), » ajoutait encore le même tribunal.

Tout cela s'est réalisé : l'indifférence des parents ou autres membres du conseil, le rôle passif adopté par certains juges de paix, ont fait des délibérations et autorisations du conseil un simple retard coûteux aux actes utiles ou aux spéculations malhonnêtes du tuteur, sans constituer un obstacle à celles-ci.

L'indifférence s'est traduite chez les membres du conseil par l'abstention : il est passé en usage aujourd'hui de se faire représenter au conseil de famille par un clerc du notaire, de l'avoué, que le tuteur a lui-même chargé de la réunion, ou bien le parent qui veut provoquer l'interdiction. Il est facile de comprendre que de cette façon celui qui provoque la réunion, tuteur ou demandeur en interdiction, est à peu près maître de la délibération : chaque mandataire étant stylé d'avance et ayant ordre de son patron de voter dans le sens du provoquant lui-même. C'est surtout en matière d'avis sur l'état mental de la personne qu'on veut faire interdire que cette pratique est dangereuse : elle constitue un véritable attentat à la liberté individuelle de la part de

(1) Fenet, t. IV, p. 599-601.

ceux qui consciemment, et cela est fréquent, organisent de semblables délibérations, destinées à créer un préjugé dangereux contre le défendeur.

A ce premier inconvénient il y a un remède qui sera suffisant dans la plupart des cas. Il y aura lieu d'interdire d'une façon absolue à un membre du conseil de famille de se faire représenter aux assemblées du conseil provoquées par un demandeur en interdiction, ou du moins d'exiger qu'il justifie d'un empêchement grave, dont l'appréciation serait confiée au juge de paix. Il faudrait toujours et dans tous les cas obliger également les membres du conseil d'assister aux séances, lorsqu'ils résideraient dans un certain périmètre du lieu où se tiendrait la réunion.

Qu'on ne nous objecte pas que l'indifférence de ces membres laissera subsister le danger. Leur rapprochement amènera naturellement une délibération plus sérieuse, et tel qui remet une procuration à un tiers pour le représenter au conseil sans se préoccuper du vote que celui-ci émettra, peut être amené par un exposé précis de la question, posée au conseil, fait en sa présence, à réflexion sur cet objet et à ne donner qu'un avis dûment délibéré.

Resteraient les cas où, pour cause d'éloignement ou de maladie, il serait véritablement impossible d'obliger les membres du conseil de prendre part à la délibération. Le remède n'est, ne peut être que le zèle du juge de paix : celui-ci pourra se faire éclairer, débattre lui même la question, et par ses observations faire adopter une bonne solution, s'il ne se trouve pas en présence d'un de ces conseils dont nous parlions tout à l'heure, dont chaque membre a reçu d'un officier ministériel mandat impératif de voter dans tel sens. Outre ce danger toujours possible, nous permettra-t-on de dire après le tribunal de Nancy, que la présence du juge de paix dégénère trop souvent en une pure formalité, et qu'il se borne à enregistrer passivement les dires des parties? Ce dernier inconvénient peut-il être évité ? en dehors des circulaires ministérielles, qui pourront venir rappeler les magistrats à leur devoir, peut-on trouver un moyen légal de ne point le leur laisser oublier? La question est la plus grave : car ce dernier inconvénient est le plus grave : la pratique montre en effet que lorsque le magistrat prend son rôle au sérieux, les délibérations du conseil de famille sont sérieuses aussi. Le juge contraint les membres du conseil à prendre part aux délibérations, et à donner un avis motivé. — Nous ne voyons pas ce moyen : en renouvelant l'ancienne pratique, en transportant au magistrat le pouvoir de décision, en augmentant par là sa responsabilité, attiendrait-on le but proposé? cela est douteux. On sait que ce pouvoir de décision réservé s'était singulièrement affaibli, était devenu purement théorique sous l'ancien droit, et qu'en fait la décision de l'assemblée s'imposait. Le même fait se reproduirait : les conséquences seraient les mêmes. Nous sommes bien obligé de reconnaître encore une fois la vérité de cette maxime, que les lois valent ce que valent ceux qui les appliquent, et qu'il n'est point de moyen légal d'assurer le bien. Disons d'ailleurs si l'inconvénient dont nous parlons est le plus grave, qu'il est aussi le plus rare et que, si quelques magistrats se montrent négligents, un grand nombre accomplissent soigneusement leur devoir.

L'inconvénient ainsi amoindri ne nous paraît pas être aussi grave que ceux qui résulteraient de la suppression du conseil de famille et de l'attribution de ses pouvoirs aux tribunaux de première instance. Ce serait surcharger cette juridiction, si occupée déjà dans la plupart des ressorts. La procédure serait, là même où les juges pourraient, sans retard, vaquer aux délibérations, inévitablement plus longue, par suite de l'éloignement de la juridiction. Elle serait aussi beaucoup plus coûteuse. Les frais d'une délibération de conseil de famille sont en moyenne de 30 fr. : ceux d'un jugement de la chambre du conseil de 70 fr.; nous opposons ici l'état des frais de l'avoué chargé de présenter la requête, à celui du greffier, en supposant qu'ils n'ont été taxés ni l'un ni l'autre, et que ces deux officiers ministériels ont reçu les honoraires que l'usage, sinon le tarif, leur accorde. Les deux inconvénients que nous signalons ici seraient généraux : les inconvénients que présente l'institution du conseil, avec les modifications que nous avons indiquées, ne seraient que locaux et accidentels. Nous pensons donc que ces réformes peu nombreuses et faciles suffiraient à mettre à l'abri de toutes critiques graves l'utile institution du conseil de famille, et qu'il y a lieu de la conserver.

POSITIONS

DROIT ROMAIN

I. — La propriété provinciale était un droit sui generis, distinct de l'in bonis.

II. — La propriété provinciale était protégée à la fois par une une revendication et par une Publicienne utiles.

III. — Les servitudes ne s'établissaient point par pactes ou stipulations.

IV. — La loi Julia ne contenait aucune disposition exceptant formellement les fonds provinciaux de la règle qui interdisait l'aliénation des immeubles dotaux sans le consentement de la femme.

V. — Le butin fait sur l'ennemi appartenait en principe à l'État.

VI. — L'occupation faisait acquérir dans tous les cas où la chose en était susceptible le dominium ex jure Quiritium, que la chose occupée fût res mancipi ou res nec mancipi.

VII. — Le trésor trouvé sur le fonds provincial appartenait pour moitié à l'empereur.

DROIT FRANÇAIS

I. — La puissance paternelle sur la personne du mineur orphelin appartient au tuteur et non au conseil de famille.

II. — L'autorisation du conseil de famille est inutile au tuteur pour faire les actes d'administration, lors même que ces actes engagent les capitaux du mineur.

III. — Le tuteur peut, avec la seule autorisation du conseil de famille, sans homologation du tribunal, former une demande en partage ou licitation d'immeubles.

IV. — Le tuteur ad hoc chargé de défendre à une demande en désaveu de paternité doit être nommé par le tribunal.

V. — Un tuteur peut former une demande en séparation de corps au nom de la femme placée sous sa tutelle.

VI. — Un tuteur peut, sans remplir les formalités imposées par la loi du 27 février 1880 concéder le

droit de publier une ou plusieurs éditions d'une œuvre
appartenant à son pupille.

VII. — Le juge de paix ne peut convoquer d'office le
conseil de famille que dans les cas où ce droit lui est
formellement accordé par la loi.

VIII. — C'est toujours au lieu où la tutelle s'est ouverte que doit être réuni le conseil de famille.

IX. — La majorité absolue est nécessaire pour la
formation de l'avis du conseil de famille.

X. — Le subrogé-tuteur peut prendre part aux délibérations relatives aux mesures qu'il provoque en vertu
de son droit de surveillance sur le tuteur.

XI. — Lorsqu'il se trouve des ascendants du mineur
ou de l'interdit dans le périmètre de la distance légale,
ceux-ci font de droit partie du conseil de famille, et en
font tous partie, quel que soit leur nombre.

XII. — Toutes les délibérations du conseil de famille,
sont sujettes à recours devant la justice, comme mal
prises au fond.

XIII. — La délibération du conseil de famille peut être
attaquée même par un des membres qui a été d'avis de la
délibération.

XIV. — L'unanimité de l'avis du conseil de famille ne
fait point obstacle au recours devant la justice.

XV. — La délibération d'un conseil de famille peut être attaquée par un parent du mineur, resté étranger à la convocation, si ce défaut de convocation n'a pas été régulier, si par exemple un ami a été convoqué en sés lieu et place, alors qu'il demeurait dans la distance légale.

DROIT PÉNAL

I. — Les art. 223 et 306 du Code pénal n'ont pas été abrogés par l'art. 68 de la loi du 29 juillet 1881.

II. — Une chambre de notaires n'est pas un corps constitué dans le sens de l'art. 30 de la même loi.

HISTOIRE DU DROIT

I. — La communauté entre époux est le résultat d'une combinaison des gains de survie assurés à la femme par les lois barbares, et des communautés taisibles.

II. — L'usufruit légal du père ne dérive pas de la garde coutumière.

DROIT INTERNATIONAL

I. — L'abolition de la course doit entraîner abolition du droit pour les navires de l'un des belligérants de s'emparer des marchandises, autres que la contrebande de guerre, trouvées sur les navires marchands de l'autre nation.

II. — Le blocus peut comprendre des places non fortifiées.

Vu par le Doyen,
CH. BEUDANT.

Vu par le président de la thèse.
C. BUFNOIR.

Vu et permis d'imprimer :
Le vice recteur de l'académie de Paris,
GRÉARD.

TABLE DES MATIÈRES

—

DROIT ROMAIN

De la condition du fonds provincial

DROIT FRANÇAIS

Du rôle et des attributions du conseil de famille

PARTIE I

PARTIE II

6511. — Tours, imp, Rouillé-Ladevèze.